Pasteur Salah Mokrani

Au Commencement, Dieu créa

Commentaire de la Genèse ch 1-11

La Bible

Du même auteur :

. Comprendre et aimer les musulmans en France, *Ed Viens et Vois, Sept 2017*

. Annoncer l'Évangile aux musulmans de France, *Ed Viens et Vois, Mars 2018*

. A la lumière de ta Parole, Enseignements bibliques aux Chrétiens d'arrière-plan musulman,
Ed Books on Demand, sept 2018

Pasteur Salah Mokrani

Au Commencement, Dieu créa...

Commentaire de la Genèse ch 1-11

La Bible

Photo : « designed by Freepik »

© 2024 Pasteur Salah Mokrani
Édition : BoD - Books on Demand, 31 avenue Saint-Rémy,
57600 Forbach, bod@bod.fr
Impression : Libri Plureos GmbH, Friedensallee 273,
22763 Hamburg (Allemagne)
ISBN : 978-2-3225-3569-9
Dépôt légal : Janvier 2025

difficiles, M Mokrani offre une synthèse des interprétations avancées tout en précisant et nuançant l'option qu'il a retenue. Il a le souci de laisser l'Ecriture s'interpréter elle-même (l'analogie de l'Ecriture) et n'hésite pas à faire appel au Nouveau Testament pour éclairer le texte qu'il commente. Il tient compte de l'histoire de la révélation et de la manière dont le Seigneur déploie progressivement son message de salut dont la plénitude est manifestée en Jésus-Christ.

Le livre de la Genèse se présente à nous sous la forme d'une narration, c'est-à-dire d'un récit qui s'enracine dans l'histoire. Dieu choisit de s'y révéler et d'éclairer les origines de l'humanité et les premières étapes de son projet de rédemption jusqu'à la fin de l'époque patriarcale. Il importe donc de maintenir la continuité entre ces deux grandes parties de la Genèse. Les onze premiers chapitres que M Mokrani commente, sont d'une importance capitale, car ils nous offrent une vision du monde et de la condition humaine qui suscite et stimule notre réflexion. Ils nous permettent d'avoir une juste compréhension du monde au sein duquel nous sommes appelés à vivre notre vocation humaine et chrétienne. Ces chapitres soulignent entre autres, que :

- Dieu est un être infini et personnel, créateur de toutes choses, qui n'a pas gardé le silence. Il s'est fait connaître en nous communiquant sa parole de vérité et de vie afin d'éclairer et de transformer notre existence humaine ;

- l'homme créé à Son image a pour vocation de vivre en présence du Seigneur et de bien gérer la création et ses richesses ;

- la rébellion en Eden liée à l'usage ultérieur de la liberté d'Adam et Eve a des conséquences désastreuses pour l'ensemble des êtres humains et de la création ;

- dans un monde où désormais le mal est à l'œuvre, la grâce de Dieu se déploie néanmoins par son juste jugement et son amour immense. En effet, dès les origines *« la bonté et la fidélité (de Dieu) se rencontrent, sa justice et sa paix s'embrassent »* (Ps 85.11). Il y a bel et bien une réponse divine au déploiement du mal dans le monde, espoir de rédemption et de réconciliation avec notre ultime Vis-à-vis.

Ce sont ces thèmes qui s'articulent autour du motif, création, chute, et rédemption, que M

Mokrani approfondit tout au long de son commentaire.

Que la lecture de cette étude suscite prise de conscience et émerveillement devant la sainteté, la grandeur et la bienveillante loyauté du Seigneur. Qu'elle incite à sonder encore plus les Ecritures afin d'y trouver en ces temps si troublés, conflictuels et violents, un message de vérité et de justice, de consolation et de paix. Comme le dit si bien ce grand pasteur théologien nord-africain, St Augustin, dans un passage de ses *Confessions* où il s'adresse au Seigneur: « *C'est vous qui poussez l'homme à mettre sa joie à vous louer, parce que vous nous avez créés pour vous, et que notre cœur est inquiet jusqu'à ce qu'il se repose en vous* »[1]. Ce repos nous le trouvons en Jésus, le Messie, en sa mort rédemptrice et sa résurrection, victoire acquise une fois pour toutes sur le péché, la souffrance et la mort. Il est l'ancre inébranlable de notre vie et de notre espérance éternelle.

Pierre Berthoud, Professeur émérite

---

[1] Saint Augustin, *Les* Confessions, trad., J. Trabucco, T1, Paris, Editions Garnier frères, 1960, p. 1

Sommaire du commentaire de Genèse 1-11

INTRODUCTION ....p 13

COMMENCEMENT DE LA CRÉATION *(Genèse 1)*.....p 34

L'HOMME ET LA FEMME *(Genèse 2)*....................p 129

LA CHUTE DE L'HOMME *(Genèse 3)*.....................p 195

LA FAMILLE D'ADAM ET ÈVE *(Genèse 4)*...............p 239

LES PATRIARCHES AVANT LE DÉLUGE *(Genèse 5)*.. p 283

LE GRAND DÉLUGE ANNONCÉ *(Genèse 6)*.............p 305

L'ARRIVÉE DU DÉLUGE *(Genèse 7)*....................... p 350

UN NOUVEAU COMMENCEMENT *(Genèse 8)*........p 372

LE RENOUVELLEMENT DE L'ALLIANCE *(Genèse 9)*..p 397

LES DESCENDANTS DE NOÉ *(Genèse 10)*..............p 421

LA DISPERSION DES NATIONS *(Genèse 11)*..........p 478

CONCLUSION..*p 507*
Bibliographie..*p 509*

Introduction au livre de la Genèse

Le premier livre de la Bible est, pour plusieurs raisons, l'une des parties les plus intéressantes et les plus captivantes de l'Écriture. Bien plus, elle est le fondement de toute la vision biblique du monde et de l'histoire, sans lequel on ne peut comprendre le reste de la Bible.

Les noms hébreux de beaucoup des livres de l'Ancien Testament reprennent l'un des premiers mots de ces livres. Ainsi, le premier livre de la Bible se nomme *be-re'shit*, « *au commencement* ». Le nom de la « Genèse » est la transcription du nom donné à ce livre dans l'ancienne version grecque la Septante LXX « *Genèsis* » et a le sens de « *origine* ». Il est tout à fait approprié puisque ce livre trace les origines du monde, de l'homme et de la femme, du mariage, du foyer, du péché, des sacrifices, des villes, du commerce, de l'agriculture, de la musique, du culte, des langues, des races et des nations, les débuts de la civilisation, et les origines du peuple de Dieu, l'Israël de l'ancienne alliance, mais aussi les débuts de l'œuvre de Dieu en vue du salut de l'humanité. En effet, c'est en vue d'apporter la bénédiction à tous les peuples que Dieu se forme un peuple. La plus grande partie du livre de la Genèse est donc consacrée à l'histoire des patriarches, ancêtres d'Israël, aux promesses qui leur ont été faites et à la manière dont Dieu a œuvré, de leur temps, à l'accomplissement de son dessein. Tout cela se trouve dans les onze premiers chapitres de ce livre !

Auteur et date du livre de la Genèse

Le livre de la Genèse doit être attribué à Moïse serviteur de Dieu. Il a pu être élaboré pendant les quarante ans d'Israël au désert, soit entre les XV et XIII siècles av. J-C. Le livre de la Genèse fait partie des livres de la Loi, le « Pentateuque ». Le terme « Pentateuque » est un mot qui dérive du grec *« pente »* qui signifie « cinq », et *« teukhos »* qui signifie « étui », servant à désigner le moyen de porter les rouleaux de papyrus, puis le « rouleau » lui-même. Ce sont donc les cinq premiers livres de l'Ancien Testament, *Genèse, Exode, Lévitique, Nombres, Deutéronome,* qui sont inséparables et qui doivent être considérés dans leur ensemble pour déterminer qui est l'auteur de la Genèse. En effet, bien qu'il ne soit dit nulle part explicitement que Moïse ait rédigé la totalité de cet ensemble, le contenu du Pentateuque se présente à de très nombreuses reprises comme une révélation qui lui a été accordée par Dieu. L'activité littéraire de Moïse est mentionnée plusieurs fois[2]. En particulier, le livre du *Deutéronome* indique que sa propre mise par écrit a été effectuée au moment où les discours qu'il contient ont été prononcés[3]. Ces données sont à juste titre le fondement de l'attribution de la rédaction du Pentateuque à Moïse *(Deutéronome 31.9,24)*. Dans le reste de l'Ancien Testament, plusieurs textes attestent qu'on considérait ces cinq livres comme « *Loi de Moïse* » ou comme « *livre de Moïse* »[4]. Jésus et les apôtres adhéraient à cette conception *(Jean 1.17 ; 5.46 ; Actes 15.1,21)*. Telle est notre position également dans ce commentaire. Deux précisions doivent cependant être apportées ici. Tout d'abord, en affirmant que Moïse est l'auteur du livre de la Genèse, nous n'excluons pas qu'il ait utilisé des sources préexistantes, écrites et orales. L'une de ces sources est d'ailleurs mentionnée, « *le livre des Guerres de l'Éternel* », que nous ne connaissons pas autrement *(Nombres 21.14)*. Il est très probable que les récits sur la vie des patriarches dans le livre de la Genèse se fondent sur des traditions orales que Moïse a reprises. Ensuite, l'attribution de la rédaction du Pentateuque à Moïse

---

2 *Exode 17.14 ; 24.4 ; 34.27 ; Nombres 33.2*
3 *Deutéronome 17.18 ; 28.58,61 ; 29.19-20.*
4 *Josué 1.7-8 ; 2 Chroniques 25.4 ; Esdras 6.18 ; Néhémie 13.1*

n'exclut pas quelques interventions mineures d'autres mains dans le texte. Ainsi, le récit de la mort de Moïse, qui clôture le Pentateuque, a certainement été ajouté par la suite, peut-être par Josué. Des mises à jour ont pu être effectuées bien longtemps après l'époque de Moïse, pour rendre le texte plus clair aux lecteurs. Par exemple, certains noms qui avaient changé ont pu être introduits dans le texte : ce peut être le cas de la ville de Dan, qui n'est connue sous ce nom que longtemps après le temps de Moïse *(Genèse 14.14)* ou pour la mention des Chaldéens dans l'expression *« Ur en Chaldée » (Genèse 11.31)*. La précision chronologique se référant aux rois d'Israël date évidemment au moins du temps de la monarchie israélite *(Genèse 36.31)*. Il s'agit là d'interventions dans l'œuvre de Moïse qui n'affectent en rien son contenu. L'archéologie a confirmé la fiabilité historique de ces textes en nous révélant de multiples correspondances entre les récits de la Genèse et les coutumes du Proche-Orient au début du IIème millénaire av J-C. Cependant, il fallut à Moïse autre chose encore : le Saint-Esprit de Dieu l'inspira dans le choix des matières à retenir et le conduisit à ignorer les autres. Le Saint-Esprit fournit probablement au moyen d'une révélation directe, les détails des conversations et de certains autres sujets. En dernier ressort, l'inspiration d'un livre biblique est simplement une question de foi. Soit Dieu est capable de produire un tel ouvrage au moyen de ses serviteurs, soit il ne l'est pas. Les croyants de toutes les générations dès les premiers âges jusqu'à aujourd'hui, certifient que Dieu est vrai *(Jean 3.33)*. L'archéologie nous aide à restituer la culture des patriarches afin de rendre les récits bibliques plus vivants, mais seul le Saint-Esprit peut appliquer la vérité de la Genèse à notre cœur et à notre vie quotidienne. Pour profiter vraiment des observations de cette étude de la Genèse ou sur n'importe quel autre livre de l'Ancien Testament – il nous faut rechercher la lumière que jette le Saint-Esprit sur cette Sainte Parole de Dieu lui-même.

Composition du livre de la Genèse
Le livre de la Genèse se compose d'une introduction : Commencement du monde *(Genèse 1.1-2.3)*, suivie de dix sections qui commencent par le mot hébreu « *toledot* », qu'on peut traduire : « *Voici l'histoire...* »

I. *L'histoire* de ce qui a surgi au ciel et sur la terre, et des premiers êtres humains *(Genèse 2.4-4.26).*
II. *L'histoire* de la famille d'Adam *(Genèse 5.1-6.8).*
III. *L'histoire* de la famille de Noé *(Genèse 6.9-9.29).*
IV. *L'histoire* de la famille de Sem, Cham et Japhet *(Genèse 10.1-11.9).*
V. *L'histoire* de la famille de Sem *(Genèse 11.10-26).*
VI. *L'histoire* de la famille de Térach *(Genèse 11.27-25.11).*
VII. *L'histoire* de la famille d'Ismaël *(Genèse 25.12-18).*
VIII. *L'histoire* de la famille d'Isaac *(Genèse 25.19-35.29).*
IX. *L'histoire* de la famille d'Esaü *(Genèse 36.1-37.1).*
X. *L'histoire* de la famille de Jacob *(Genèse 37.2-50.26).*

On notera qu'en général, l'histoire relatée dans une section n'est pas celle de l'individu mentionné dans son titre, mais celle de ses descendants, c'est pour cela que nous pourrions traduire *« histoire »* par *« généalogie »*

Le livre de la Genèse se compose donc de deux grandes parties. *La première partie* relate l'histoire des origines du monde et la naissance des grandes civilisations représentées par Babel *(Genèse 1-11)* ; elle s'intéresse à l'humanité dans son ensemble et s'étend sur une très longue période dont la durée demeure indéterminée. La lignée de Sem constitue une transition entre *les deux parties*, lignée appartenant à l'ensemble des peuples, mais de laquelle seront issus les patriarches. *La seconde partie* relate l'histoire des patriarches et les origines d'Israël sur quatre générations *(Genèse 12-50)*. Elle est dominée par trois grandes histoires, celles d'Abraham, de Jacob et de Joseph. Tout au long du livre de la Genèse, on assiste à une diminution délibérée du champ d'intérêt. Après le récit de la création et une partie consacrée à l'ensemble de l'humanité, l'auteur s'intéresse à une famille en particulier, celle de Noé, qui va échapper au Déluge. Puis il mentionne l'ensemble des peuples issus de Noé, pour s'intéresser à la lignée de Sem, et ensuite, au sein de celle-ci, à celle de Térach, avant de considérer Abraham. Ensuite dans le livre de la Genèse, une sélection va s'opérer au sein des descendants d'Abraham. À chaque génération, on mentionnera brièvement la lignée écartée avant de concentrer l'attention sur la lignée héritière de la promesse de Dieu faite à Abraham *(Genèse 17)*. Le livre de la Genèse est dominé par l'histoire. Il comprend cependant aussi des poèmes [5]. On y rencontre encore quelques textes législatifs, liés en particulier aux diverses conclusions d'alliance qui y sont rapportées, sans que ces textes atteignent l'ampleur de ceux que contiennent les autres livres du Pentateuque. Le livre de la Genèse n'est pas en effet un traité d'alliance, mais simplement l'extension du traité de l'alliance du Sinaï, qui rappelle les alliances antérieures, en particulier l'alliance avec Abraham, dont découle l'alliance du Sinaï. Le récit d'*Exode 1-18* ne se comprend pas vraiment sans les informations fournies par le livre de la Genèse. C'est ce dernier ouvrage qui nous apprend qui sont les Israélites et ce qu'ils faisaient en Égypte. C'est ainsi que les cinq premiers livres de la Bible forment un ensemble et apparaissent comme le traité de l'alliance conclue au Sinaï. La fonction des livres du Pentateuque telle qu'elle ressort de leur contenu et de leur forme indique que leur rédaction est à rattacher à la conclusion de l'alliance au Sinaï pour *Genèse, Exode et Lévitique,* et au renouvellement de cette alliance à la veille de

---

5 *Genèse 2.23 ; 4.23-24 ; 49.2-27.*

l'entrée dans le pays de Canaan pour *Nombres, Deutéronome.*

Un autre genre littéraire tient une place importante dans le livre de la Genèse : les listes généalogiques. On aurait tort de les assimiler totalement aux généalogies que nous connaissons dans notre société et qui enregistrent des liens de parenté biologiques entre des individus d'une même famille en présentant la succession de toutes les générations. Ces listes avaient, dans le Proche-Orient ancien, une fonction différente de nos généalogies. Elles étaient avant tout des représentations d'une réalité sociale, des droits à l'héritage et du rôle tenu dans la société (chef, prêtre, roi etc...). Leur caractère d'abord oral fait qu'on ne retenait que les aspects essentiels et décisifs dans la suite des générations, et les liens pertinents pour l'usage que l'on donnait à ces listes, liens qui pouvaient être juridiques et pas toujours biologiques. Ces listes généalogiques, qui se transmettaient et s'adaptaient à la nouvelle configuration des lignages de génération en génération ont été reprises par l'auteur de la Genèse comme moyen commode de relier entre elles diverses générations du passé depuis les origines de l'humanité jusqu'aux patriarches, sans qu'on ait à s'intéresser à tous les maillons de la chaîne.

Comprendre la fonction de ces généalogies permettra d'éviter de les solliciter pour un usage auquel elles n'étaient pas destinées, comme par exemple l'établissement d'une chronologie datée des événements, ou même la recherche d'un ordre de grandeur des durées.

Ce qu'enseigne le livre de la Genèse

Le livre de la Genèse est théologiquement très riche et comporte de nombreux enseignements sur Dieu et les humains. Le récit de la création s'oppose au polythéisme et présente un Dieu pleinement souverain, distinct de sa création, de qui tout autre être tire son existence et dépend. Les deux premiers chapitres révèlent en particulier le sens de l'existence humaine : l'homme et la femme créés par Dieu, à son image, dépendent de lui et font l'objet de sa volonté de bénédiction. Les chapitres suivants éclairent l'état du monde actuel : le comportement désobéissant de l'homme et la volonté humaine d'autonomie par rapport à Dieu ont engendré le mal, la souffrance, la rupture, jusque-là inconnus dans la bonne création divine. Adam et Eve ont mis le doigt dans un engrenage qui entraîne les hommes toujours plus loin de Dieu : ainsi voit-on le mal s'intensifier au fil des générations, en particulier dans la lignée de Caïn *(Genèse 4)*, et ce jusqu'au moment où Dieu y met un coup d'arrêt par le déluge *(Genèse 6)*. Au-delà de ce jugement, on assiste encore au développement du mal dans sa dimension sociale, notamment à Babel où les hommes tentent d'ériger un système totalitaire par le moyen duquel l'homme a la prétention de s'élever jusqu'au ciel *(Genèse 11)*. Les jugements que Dieu exerce alors contre les êtres humains (l'expulsion du jardin d'Éden, le déluge, la dispersion des peuples à partir de Babel, etc.) manifestent qu'il reste malgré tout pleinement maître de la situation. Parallèlement s'affirme la volonté de Dieu de sauver l'humanité. Il l'annonce dès que la malédiction découlant du péché prend effet : le serpent tentateur sera un jour vaincu *(Genèse 3.15)*. En suscitant Seth à la place d'Abel, mis à mort par Caïn, Dieu réalise sa promesse de susciter à la femme une lignée qui s'opposera au serpent qu'avait suivi Caïn. Malgré la présence du mal, la civilisation se développe *(Genèse 4.17-22)*. Dieu préserve une humanité pécheresse, alors que le Déluge détruit son œuvre créatrice. L'alliance avec Noé *(Genèse 8.21-9.17)* scelle cet engagement de Dieu de préserver le monde et l'humanité en vue du salut.

La seconde partie du livre de la Genèse présente le commencement de l'œuvre de salut de Dieu *(Genèse 12-50).* Dieu choisit Abraham et une descendance à partir de laquelle il se constituera un peuple à qui il promet aussi le pays de Canaan. D'emblée, il est précisé que, par-là, c'est la bénédiction de tous les peuples de la terre entière qui est visée *(Genèse 12.3).* Toute la suite montre comment Dieu s'emploie à réaliser sa promesse. Il y est souligné que c'est Dieu qui a créé, suscité ce peuple qui est le sien. C'est en effet d'un miracle que naît Isaac, le fils d'Abraham, héritier de la promesse, alors que ses parents âgés se trouvent dans l'incapacité d'enfanter. À la génération suivante, Dieu devra à nouveau ôter l'obstacle de la stérilité, celle de Rébecca cette fois, l'épouse d'Isaac. La prière d'Isaac dans ce sens montre combien tout dépend de Dieu *(Genèse 25.21).* Ainsi, le salut apparaît comme l'œuvre de Dieu seul, à laquelle les hommes ne peuvent contribuer que par leur adhésion. D'ailleurs, lorsque Abraham essaie de contribuer par ses propres moyens à la réalisation de la promesse, il cause par-là bien des problèmes *(Genèse 16 ; 21).* Dieu requiert simplement des hommes la foi, l'obéissance et la fidélité. L'histoire de Jacob, fils d'Isaac, met en avant l'indignité de l'héritier de la promesse. Pourtant, Dieu accomplit ses projets : d'une part, en protégeant Jacob des conséquences de ses coups tordus, par exemple lorsque sa vie est menacée par son beau-père Laban ou par son frère Ésaü ; d'autre part, en l'amenant au cours d'un long cheminement à apprendre la confiance en Dieu et la soumission. Puis il accordera à Joseph, l'un des fils de Jacob (victime de ses frères, il échappe de peu à la mort, étant vendu comme esclave en Égypte) une destinée exceptionnelle ; par lui toute la famille sera sauvée de la terrible famine qui sévit alors.

Ainsi, comme l'auteur semble avoir voulu tout particulièrement le souligner à la fin du livre de la Genèse, Dieu se sert du mal commis par les hommes pour réaliser ses projets *(Genèse 50.19-20)*. Dieu apparaît donc comme celui qui conduit l'histoire, qui intervient dans la vie des hommes, en utilisant les circonstances, y compris les actes mauvais des hommes, pour réaliser ses plans sans que rien ne puisse les contrecarrer.

La gratuité de la bénédiction se manifeste encore dans le choix de Dieu. Plusieurs fois, on voit Dieu préférer un cadet à un aîné, et parfois contre l'avis du père. C'était déjà le cas d'Abel par rapport à Caïn, puis Sem par rapport à Japhet *(Genèse 10.21)* ; c'est le cas d'Isaac choisi de préférence à Ismaël, de Jacob préféré à Ésaü, alors qu'Isaac tente de faire de son aîné son héritier *(Genèse 27)*, et enfin d'Éphraïm le cadet qui obtient la supériorité sur Manassé l'aîné, lors de la bénédiction de Jacob aux enfants de Joseph, ce qui va surprendre leur père et aller contre son souhait *(Genèse 48)*. Il apparaît ainsi que les privilèges naturels ne donnent aucun droit spécial devant Dieu, l'homme n'a rien à faire valoir pour obtenir la bénédiction de Dieu : celle-ci est pure grâce.

On peut encore réfléchir sur le caractère des patriarches. Abraham le pionnier, est un homme de courage et de foi. Isaac est effacé. Sa contribution est essentiellement celle d'une attente dans la prière, pendant vingt ans. Isaac assure, toutefois, la continuité de l'alliance et transmet la bénédiction. Jacob, le débrouillard, tient coûte que coûte à la promesse, mais tente de l'obtenir par des moyens tortueux. Il devra apprendre, de manière souvent douloureuse, que la voie de la bénédiction se trouve dans la soumission et l'obéissance à Dieu. Contrairement aux trois précédents, qui mènent une vie semi-nomade, Joseph connaît une destinée exceptionnelle, parvenant aux plus hautes fonctions, celle de premier ministre, dans l'un des plus grands royaumes d'alors, l'Égypte. Il sait cependant qu'il le doit à son Dieu.

Le livre de la Genèse ne cache pas les faiblesses humaines. Nous l'avons déjà souligné à propos de Jacob et des frères de Joseph. Le grand homme de foi que fut Abraham n'a pas été à l'abri du doute, lequel l'a poussé à essayer de réaliser la promesse de Dieu par ses propres moyens. Isaac va tenter d'aller à l'encontre de la décision de Dieu en voulant transmettre la bénédiction à son fils Ésaü *(Genèse 27.1-4)*, alors que Dieu a choisi Jacob *(Genèse 25.23)*. Abraham va aussi recourir à une ruse peu louable pour sauver sa vie : il fait passer sa femme pour sa sœur, au risque de perdre celle qui devait mettre au monde son héritier porteur de la promesse de Dieu. La répétition de cette même erreur dans des circonstances différentes, par Abraham, puis Isaac *(Genèse 12.10-20 ; 20.26)*, en dit long sur les faiblesses des hommes qui reproduisent parfois les mêmes fautes sans en tirer les leçons. Ainsi le portrait des patriarches apparaît-il dénué de toute idéalisation, ce qui donne aux récits du livre de la Genèse un parfum d'authenticité et apporte un témoignage de vérité.

Le livre de la Genèse dans le Nouveau Testament

L'Ancien Testament se retrouve dans le Nouveau Testament, il est en quelque sorte les prémisses du Nouveau Testament. Le Nouveau Testament est la clé de l'Ancien Testament. Autrement dit : c'est à la lumière du Nouveau Testament que nous pouvons et devons interpréter l'Ancien Testament. La Bible s'interprète par la Bible. Le Seigneur Jésus et les apôtres avaient devant leurs yeux ou en mémoire l'Ancien Testament, leurs enseignements et leurs discours reposaient sur ce dernier. L'enseignement de la Genèse a orienté toute la vision de Dieu, du monde, de l'être humain et de sa place dans le monde, ainsi que le salut, qui se trouve développé dans le reste de la Bible. Ce livre demeure fondamental pour la compréhension de toute la Bible et pour la foi chrétienne.

Le Nouveau Testament y fait référence de diverses manières. La description de l'Éden *(Genèse 1-2)* a inspiré la description de la nouvelle terre et du paradis futur *(Apocalypse 21-22)* : l'œuvre de salut de Dieu consiste, entre autres, en une restauration de la création, soumise à la malédiction et à la corruption *(Romains 8.20*, renvoyant à *Genèse 3)*. Le « Protévangile » de *Genèse 3.15* trouve sa réalisation en Jésus-Christ, le fils promis de la femme, qui devait vaincre le serpent (Satan)[6]. De même, la promesse d'une descendance faite à Abraham trouve en lui sa réalisation, car c'est en Jésus-Christ que se constitue la nouvelle humanité qui héritera de la promesse de bénédiction faite au patriarche [7]. En effet, si la promesse d'Abraham concernait d'abord son fils Isaac et ses descendants, les Israélites, elle visait, au-delà, la bénédiction de tous les peuples *(Genèse 12.3)*. Cette bénédiction vient au moyen du salut accompli par Jésus-Christ. Ainsi, Abraham est présenté comme le père de tous les croyants, Juifs et non-Juifs, lesquels sont les héritiers véritables de la promesse *(Romains 4.9-12)*. De même, le pays promis à Israël préfigurait « le monde », la terre renouvelée, dont hériteront les croyants *(Romains 4.13)*. Abraham a donné l'exemple de l'attitude à adopter pour bénéficier des dons de Dieu. Paul cite en effet *Genèse 15.6* pour souligner que c'est en raison de sa foi, de son attitude de confiance en Dieu, qu'Abraham a été déclaré juste par Dieu et qu'il a obtenu la promesse. L'apôtre en conclut que c'est la même attitude qui permet aujourd'hui à quiconque d'obtenir la bénédiction contenue dans cette promesse, la confiance dans le Dieu qui seul peut

---

6 *Romains 16.20 ; Apocalypse 12.9-11*
7 *Galates 3.6-14 ; Romains 4.9-25*

accomplir notre salut, et l'a accompli en Jésus-Christ, sans que nous y soyons pour quelque chose *(Romains 4)*. De même dans *Hébreux 11.8-19* l'auteur présente Abraham comme un modèle pour notre foi. L'apôtre Jacques rappellera que cette foi s'est traduite en actes pour souligner un aspect de la foi authentique *(Jacques 2.20-23)*.

Le message de la Genèse pour nous

Commencement... début... départ... prélude, ces mots respirent la fraîcheur et l'optimisme, car ils nous font penser à l'aube d'un jour nouveau, à la naissance d'un enfant, aux premières notes d'une symphonie, aux premiers kilomètres d'une route de vacances. Généralement exempts de problèmes et remplis de promesses, les débuts sont synonymes d'espoir et de vision pour l'avenir. La Genèse signifie « origine », « naissance », et ce sont bien les origines du monde, de l'humanité, de la famille, de la civilisation et du salut que ce livre raconte. Il dévoile l'histoire du plan et de l'objectif de Dieu pour sa création.

Quel message tirer de ce livre pour nous aujourd'hui ? Comme le montre la Genèse, ce monde, pourtant créé bon et béni par Dieu, est depuis la chute imprégné par le mal et subit les conséquences de la malédiction du péché. Ce monde béni par Dieu, est porteur de vie et d'épanouissement. Maudit, il est caractérisé par la mort et le dépérissement. Dans l'expérience humaine, le bien et mal sont souvent mélangés. C'est un monde dans lequel les promesses de Dieu se heurtent violemment aux changements de la vie. Dieu est souverain et fidèle à ses promesses, à son alliance. Il est bon. Il promet de nous aimer, de nous accueillir et de nous pardonner. Le seul moyen de bénéficier des promesses de Dieu, c'est d'y croire puis de lui obéir. En obéissant à Dieu, nous expérimentons la vie en paix avec lui, avec les autres et avec nous-mêmes. Comment donc concilier une telle compréhension de la vie avec cette connaissance de Dieu ? Comme Abraham, Isaac, Jacob et Joseph, nous connaîtrons le déchirement, la précarité, le déracinement, le doute, les luttes internes et externes, les tragédies inexplicables et toutes sortes de maux. Jacob estimait que sa vie avait été *« courte et mauvaise » (Genèse 47.9)*. Le livre de la Genèse s'achève sur le constat que les événements les plus durs provoqués par le péché de l'homme avaient été prévus par Dieu dans sa prescience, et ont été pédagogiquement intégrés dans son plan de salut. Par exemple, Joseph est vendu comme esclave par ses frères. Son père vit dans la douleur, convaincu de la mort violente de son fils. Mais Joseph devient vice-pharaon et sauve sa famille de la famine. Dieu peut changer le mal en bien *(Genèse 50.20)* ! L'apôtre Paul commentera ce verset en affirmant que « tout contribue au bien de ceux qui aiment Dieu » *(Romains 8.28-39).* La réponse est là. Nous ne devons pas nous faire d'illusions : on a beau y travailler, on ne peut pas résoudre tous les problèmes, ni dans un monde assujetti au péché, ni dans la vie des hommes enclins au mal. Néanmoins, les difficultés sont là justement pour briser l'espoir que nous avons tendance à placer dans la réalité passagère du monde, pour créer l'espérance dans les plans éternels et bénéfiques de Dieu. Ou encore pour nous amener à imiter Abraham : regardant de loin ce monde déchu, il voyait la patrie céleste, Christ, et a pu faire le pèlerinage de cette vie tout en jouissant de la bonté de la présence de l'Éternel. Paul évoque ainsi le regard de ce *« père »* de tous ceux qui placent leur foi en Christ : après avoir parlé de la résurrection, il dit : *« C'est pourquoi nous ne perdons pas courage. Et lors même que notre homme extérieur se détruit, notre homme intérieur se renouvelle de jour en jour. Car nos légères afflictions du moment présent produisent pour nous, au-delà de toute mesure, un poids éternel de gloire, parce que nous regardons, non point aux choses visibles, mais à celles qui sont invisibles ; car les choses visibles sont passagères, et les invisibles sont éternelles. » (2 Corinthiens 4.16-18).* Ces choses « *invisibles* » ne deviennent visibles que si le désir de le chercher et de le trouver, pour le connaître, lui qui les créées, l'emporte même sur la quête du soulagement des souffrances. Les peines permettent justement que les réalités célestes dépassent en valeur ou en « *poids* » les choses visibles dans ce monde passager. Aujourd'hui encore, Dieu cherche des hommes et des femmes qui le suivent. A nous d'annoncer sa vérité et son amour à toutes les nations. Accomplissons fidèlement la mission qu'il nous a confiée de le faire connaître, comme c'était le cas des patriarches et d'Israël. Lire le livre de la Genèse, c'est nous exposer à être encouragés : ce texte déborde d'espérance ! Aussi sombre que puisse paraître la situation du monde, Dieu a son plan de salut. Même si nous nous sentons insignifiants et inutiles, il nous aime et veut se servir de nous pour réaliser ses projets. Quels que soient nos péchés et notre éloignement de lui, il nous offre son salut.

COMMENCEMENT DE LA CRÉATION
(Genèse 1)

Dieu créa les cieux et la terre *(1.1-2)*

1 Au commencement, Dieu créa les cieux et la terre. 2 La terre était informe et vide : il y avait des ténèbres à la surface de l'abîme, et l'Esprit de Dieu se mouvait au-dessus des eaux.

Verset 1. Le récit de la création s'ouvre par *(be-re'shit)* **« Au Commencement »**, qui est en lien avec l'activité créatrice de Dieu. Le mot hébreu *(be-re'shit)* n'est pas ici, comme d'ordinaire, suivi d'un complément, parce qu'il désigne le commencement absolu *(Jean 1.1)*. C'est le commencement de l'univers, de l'espace, et du temps, aussi bien que de tous les êtres qui se développent dans le temps. La traduction traditionnelle, que nous retrouvons dans toutes les versions anciennes de la Bible, fait de ce verset une phrase indépendante qui résume tout le reste du chapitre *(Genèse 1.2-31)*, en accord avec la version des Massorètes (les scribes juifs), qui ont ajouté les points et les accents au texte hébreu vers l'an 800 après Jésus-Christ.

Ce verset correspond à l'introduction des déclarations généalogiques en *Genèse 5.1 ; 6.9 ; 10.1 ; 11.10*.

Les deux premiers versets annoncent les thèmes et la structure du récit de la création. Comment traduire ce *verset 1* et comment le relier aux versets suivants ? Différentes possibilités ont été effectivement explorées par les traducteurs et les exégètes :

a) le mot du *verset 1* : «*Au commencement* » (littéralement « En-tête » en hébreu) est un mot absolu, c'est-à-dire qu'il fonctionne indépendamment de tout autre mot et le *verset 1* constitue une phrase indépendante :« *Au commencement Dieu créa l'univers* ».

b) Le premier mot est un nom indéterminé utilisé comme désignation temporelle relative : « *Initialement, Dieu créa...* ».

c) Le premier mot fonctionne en relation directe avec un autre mot et le *verset 1* est une clause temporelle subordonnée : «*Lorsque Dieu commença à créer, la terre était informe et vide* ».

d) Le verset est une clause subordonnée au *verset 3*, le *verset 2* étant une parenthèse : « *Lorsque Dieu commença à créer les cieux et la terre – la terre étant informe et vide – Dieu dit...* ». Ces quatre possibilités ont été défendues par des hébraïsants compétents, anciens et modernes. La première et la quatrième option sont de loin les plus proposées. La question de fond qui départage ces deux traductions est la suivante : Est-ce que le *verset 1* enseigne un commencement absolu, la création étant un acte direct de Dieu, ou bien est-ce qu'il affirme l'existence de la matière avant la création des cieux et de la terre ? En d'autres termes : est-ce qu'au commencement absolu, il y avait Dieu seul ou Dieu et un chaos préexistant?

La théorie du « Big Bang », qui est maintenant reconnue par la grande majorité des scientifiques, validée par l'astrophysique et par les observations spatiales, est en faveur d'un commencement absolu, avec la création de l'énergie et de la matière en même temps que la création de l'espace-temps, ce qui signifie pour les croyants qu'avant il n'y avait que Dieu et rien d'autre, ni espace ni temps.

Pour nous, le style simple, ciselé, de ce prologue hébreu nous invite à considérer ce verset comme la simple déclaration du fait d'une création divine. Lorsque nous considérons l'univers et que la question surgit dans notre esprit : Qui a fait toutes ces choses ? Quelle est leur origine ? Le premier verset de la Genèse nous donne la réponse. Et il nous répond que Dieu a créé le ciel et la terre.

Si « *Au commencement* » comprend toute la période de la Création, faisant de la première phrase un titre résumant le texte suivant, le chapitre 1 ne contient pas de déclaration particulière sur « l'avant » du commencement. Or d'après *(Proverbes 8.22-23 ; Jean 1.1)* nous sommes poussés à voir dans le «Au commencement» le début du récit des 7 jours. Le professeur Pierre Berthoud après avoir passé en revue les différentes approches dit sagement : « la lecture traditionnelle des trois premiers versets de la Genèse est celle qui rend le mieux compte de la syntaxe de ce passage, tout en s'intégrant parfaitement au contexte du premier récit de la création »[8].

Le terme désignant **« Dieu »**, *Elohim*, est employé, mais il ne s'agit pas, en réalité, d'un nom personnel comme *Yahweh*, *« Éternel »*. Dans ce chapitre, c'est ce nom qui est le plus approprié du fait que le sujet en est le Dieu, Créateur souverain de tout l'univers, plutôt que l'Éternel, le Dieu personnel de l'alliance avec Israël. Le texte affirme par ailleurs

---

[8] *En quête des origines. Les premières étapes de l'histoire de la Révélation : Genèse 1 à 11,*
Editions Kéryma et Excelsis, pages 211 à 216

que Dieu a créé *« les cieux et la terre »*, ce qui n'est qu'une autre manière de dire qu'il a créé l'univers entier. D'autres y voient l'origine d'une racine arabe, *aliah*, qui signifie « trembler » ; c'est donc l'être devant lequel on tremble, l'être souverainement redoutable[9]. *El en* hébreu, qui vient de la racine *'oul*, être fort, désignait le dieu suprême dans les peuples avoisinants. Le nom de *« Elohim»* est le pluriel de *El ou Eloah,*, qui se trouve dans certains textes poétiques[10]. Les pères de l'Église ont vu dans ce pluriel une allusion à la pluralité des personnes divines *(verset 26)* d'autant plus que le verbe dont il est le sujet est au singulier.

Le terme hébreu *bara **« créa »***, est un verbe qui n'admet que Dieu comme sujet dans l'Ancien Testament ; il décrit toujours un acte créateur divin, plutôt qu'humain, dont le résultat est extraordinaire ou merveilleusement nouveau. Il désigne toujours l'acte de faire exister quelque chose, soit à partir de matériaux préexistants [11], pour en faire quelque

---

9 Comparez une expression analogue : « *la frayeur d'Isaac* » dans *Genèse 31.42,53*
10 *Job 12.6; 35.10; Habakuk 1.11; Deutéronome 32.15; Psaumes 50.22)* et dans l'hébreu postérieur *(Daniel 11.37-39; 2Chroniques 32.15; Néhémie 9.17*
11 Comme dans *Ésaïe 43.15-16 ; 65.18 ; Jérémie 31.22*

chose de nouveau et de parfait, soit à partir de rien[12]. Le mot hébreu *bara*, signifie primitivement « tailler » et n'implique pas nécessairement, comme notre mot « créer », l'absence de toute matière déjà existante : mais il faut observer que les idées abstraites ne peuvent être énoncées dans le langage humain qu'au moyen de termes exprimant des notions sensibles; puis, quand ce verbe désigne une action exercée sur une matière existante, il se met à une autre forme en hébreu au pi'el : *béré'* et a pour sujet un être humain et pour régime la matière même sur laquelle le travail s'exerce *(Josué 17.15)*, tandis que dans la forme employée ici, il a toujours pour sujet Dieu et pour régime le mot qui désigne le résultat de l'action accomplie *(Ésaïe 43.1)*. Même si ce verset n'affirme pas spécifiquement que Dieu a créé l'univers ex nihilo « à partir de rien », c'est pourtant ce que cela implique puisqu'il l'a fait sans effort, par le seul exercice de la parole, sans qu'une matière préexistante soit mentionnée. «***Dieu dit***», la création suit un simple décret exécutif. L'idée est plus explicite dans la lettre aux Hébreux, où il est écrit :

---

12 Comme dans Psaumes 89.12 ; Ésaïe 45.12

« C'est par la foi que nous comprenons que le monde a été formé par la parole de Dieu, de sorte que ce qu'on voit ne provient pas de ce qui est visible » (Hébreux 11.3). Du reste l'hébreu a d'autres expressions pour désigner l'action de Dieu sur une matière existante : *'asah* faire *(versets 7, 16, etc.)*, *yatsar* former *(Genèse 2.7)* [13]. Mis en relation, comme il l'est ici, avec l'idée de *« commencement »*, le mot « créa » ne peut désigner que la formation même de la matière ; autrement il faudrait admettre que, dans la pensée de l'auteur, le chaos est apparu de lui-même ou qu'il est éternel, deux suppositions qui seraient évidemment contraires à l'intention de tout le récit.

« Les cieux », le mot hébreu *Shâmayim* est en lien avec la racine arabe désignant l'élévation. Le pluriel fait allusion aux nombreux espaces célestes qui se superposent les uns aux autres : 1 *Rois 8.27* « *les cieux des cieux* » ; 2 Corinthiens 12.2 « *le troisième ciel* ». Il sera parlé dans ce qui suit du ciel des oiseaux et du ciel des astres, au-dessus desquels Dieu habite dans son ciel invisible. *Les cieux et la terre* désignent tout l'univers. Dieu posa la matière dont l'univers fut ensuite formé.

---

13 *Sur le rapport entre créer et faire, voir encore Genèse 2.3.*

« *La terre* », l'auteur isole la terre, comme objet de son récit ; il n'a pas à s'occuper du reste de l'univers ; et s'il parle des cieux au quatrième jour, ce ne sera encore qu'en rapport avec la terre.   « *Les cieux et la terre* » sont ainsi considérés en général dans leur état initial. L'écrivain a pu également inclure dans sa vision les armées d'astres ou d'anges *(Néhémie 9.6)*. On peut se demander s'il se représente la terre chaotique comme une masse entièrement aqueuse, ou comme une masse aqueuse à sa surface, mais reposant sur un noyau solide. Le *verset 9* est plutôt en faveur du second sens, et c'est aussi de cette manière que le psalmiste paraît avoir compris notre passage *(Psaumes 104.6)*. La terre, dépeinte ici à son stade d'abîme et d'obscurité *(Job 38.8-9)*, doit devenir la demeure de l'homme *(Esaïe 45.18 ; Proverbes 8.30-31)*.

On pourrait donc assez naturellement penser que ce premier verset est « le titre » de la narration qui va suivre dans ce chapitre. Mais il faudrait dans ce cas donner au mot « créer » les deux sens simultanés et différents de produire et d'arranger, ce qui n'est pas naturel ; et surtout nous voyons immédiatement après, au *verset 2*, que la matière terrestre existe déjà réellement, puisque l'Esprit de Dieu agit sur elle ; le fait de sa création doit donc être renfermé dans le *verset 1*. Cela s'applique non seulement à la matière de la terre, mais aussi à celle de l'univers tout entier ; car l'œuvre du quatrième jour en suppose également l'existence. Le *verset 1* est donc l'indication d'un fait positif qui a précédé l'organisation progressive de l'univers. Ce fait ne peut être que celui par lequel Dieu a posé la matière d'où procèdent les cieux et la terre actuels *(Genèse 2.4)*. Parmi plusieurs interprétations du récit de la création par ceux qui croient à son inspiration, c'est celle appelée «*restitutionniste*[14]». D'autres encore situent la « catastrophe » avant le premier verset, qu'ils voient comme un résumé. Les partisans de cette interprétation soutiennent que le mot ici traduit par *« était » (*en hébreu *hayetha)* pourrait aussi se traduire par *«était devenu ».* Ainsi la terre *« était devenue informe et vide ».* Cependant le verbe *hayah* en hébreu, lorsqu'il signifie « devenir », est suivi habituellement de la préposition « *lé* », ce qui n'est pas le cas ici. On a supposé parfois que le *verset 1* renfermait l'idée d'une création complète, achevée et parfaite, qui aurait été détruite par un cataclysme résultant de la révolte des anges, et auquel aurait succédé le chaos décrit au *verset 2*. Autrement dit,

---

14 *Voir ci-dessous pourquoi nous n'avons pas retenu « cette théorie du chaos » ou de la catastrophe*

un intervalle entre les deux premiers versets, intervalle durant lequel ils situent la chute de Satan et l'entrée du péché dans le monde, événement qui aurait provoqué le chaos. Pour ces interprètes, il est plus probable que le *verset 1* lui-même se rapporte à un commencement relatif plutôt qu'à un commencement absolu. L'œuvre des six jours serait ainsi un travail de *restauration*, non de création proprement dite. On a allégué en faveur de cette opinion le terme en hébreu *tohou vabohou « informe et vide »* du *verset 2*, qui indiquerait un désordre résultant d'une destruction, un état anormal qui, pense-t-on, ne peut être sorti tel quel des mains du Créateur. Les partisans de cette hypothèse expliquent ainsi les imperfections du monde actuel, qui seraient les restes de ce bouleversement primitif.

Nous ne saurions démontrer l'impossibilité de cette hypothèse peu vraisemblable, et nous ne croyons pourtant pas que le texte conduise naturellement à une telle idée. La liaison entre le *verset 1* et le *verset 2* paraît trop immédiate; le sens naturel est : Dieu créa, et de cet acte divin sortit l'état de choses suivant *(verset 2)*. L'idée d'un commencement du monde exprimé par notre verset est suggérée par des études de la nature, avançant qu'il y a eu sur la terre une succession d'êtres vivants allant du plus simple au plus complexe.

Verset 2. Après la déclaration inaugurale concernant la création des cieux et de la terre dans le premier verset, l'écrivain parle de la terre (ou de l'univers) comme étant **« *informe et vide* »** *(tohou vabohou)*. En d'autres termes, elle était inhabitable. « Le *tohou vabohou* n'est au fond qu'une représentation plastique du néant absolu ».[15] Cet état sans vie dans lequel se trouve la planète (ou l'univers) est mis en contraste la beauté et de la vie dépeints au terme des six jours de la création. En hébreu le premier de ces mots *tohou* provient de la racine *taha*, qui signifie *être désert* ; il s'emploie, par exemple, pour désigner une terre ou une ville dévastée[16]. Le second mot *bohou*, plus rare, vient d'une racine qui signifie « être vide ». Ce second terme sert plutôt à renforcer le premier qu'à exprimer une idée nouvelle; ils forment en hébreu une locution unique dont le sens est « absolument vide ». Ces deux mots se trouvent aussi réunis dans *Jérémie 4.23* pour désigner un manque absolu d'êtres et de lumière soit un retour à

---

15 *La Bible et les origines du monde*, H.Renkens, *éditions Desclée, 1964, pages 60-61.*
16 *Job 12.24; 26.7; Ésaïe 24.10.*

un état de désolation, et dans *Ésaïe 34.11* où ils sont le pendant l'un de l'autre dans deux propositions parallèles qui expriment une destruction totale.

Ces deux textes, dans leurs contextes, décrivent le jugement divin sur les nations méchantes. Le premier passage affirme que l'épée du Seigneur « *va descendre sur Édom, sur le peuple que j'ai voué à l'interdit pour le jugement* » *(Ésaïe 34.5)*, après quoi le prophète Ésaïe qualifie le résultat de ce jugement divin comme « *désolation* » et « *désert* » *(Ésaïe 34.11)*. L'autre passage se trouve en Jérémie. Le prophète proclamait un message de désolation à Jérusalem et Juda à cause de leurs crimes et de leur idolâtrie. Usant d'une imagerie poétique puissante, il décrit la terre comme de nouveau plongée dans son état originel d'avant la création. Toutes les villes étaient détruites et il n'y avait ni hommes, ni oiseaux, ni végétation, ni lumière. La terre était de nouveau « *informe* » et « *vide* » *(Jérémie 4.23)*. L'usage conjoint de ces deux termes dans ces oracles prophétisant des dévastations permet d'élaborer une interprétation de *Genèse 1.2-31,* à savoir que rien ne saurait être déclaré « *bon* » avant que l'obscurité, l'informe et le vide ne soient remplacés par la création de la lumière, de la forme, de la beauté et du sens.

Cette expression peut donc désigner aussi bien une matière non encore organisée qu'un état de choses bouleversé. C'est ici l'état originel dans lequel aucun être particulier ne se distinguait encore de l'ensemble. Cet état n'est pas nécessairement mauvais ou anormal; il est seulement inférieur et susceptible de progrès, d'aménagement, et rien n'empêche qu'il ne soit sorti comme tel des mains du Créateur.

Dans l'affirmation **« *il y avait des ténèbres à la surface de l'abîme* »**, les *termes* « *ténèbres* » et « *abîme* » sont cités conjointement et font uniquement référence aux eaux sombres et profondes à la surface de la terre informe. En ce sens, les expressions employées indiquent moins des faits nouveaux que deux traits caractérisant l'état de choses indiqué plus haut. « *Les ténèbres* » n'impliquent pas l'idée de mal *(2 Samuel 22.12; Jean 9.4)* mais que la lumière n'était pas encore parvenue à la surface de la terre : c'était le point de départ de l'œuvre qui devait suivre. « *L'abîme* » : ce mot n'est pas pris dans le sens qu'il a fréquemment, celui d'un vaste espace vide, d'un gouffre profond, mais dans celui où l'on parle de l'abîme pour la mer immense et profonde. Le mot hébreu *tehom* vient de la racine *houm*, qui signifie bouillonner en grondant. Ce mot désigne donc la masse des eaux. Ce qui confirme ce sens du mot *tehom*, c'est qu'il a pour parallèle dans la phrase suivante le mot « *les eaux* ». Mais cette nuit silencieuse n'était pas celle de la mort; c'était la nuit féconde d'où devait sortir la vie. Il fallait qu'elles soient séparées et se voient imposer des limites au fur et à mesure que Dieu poursuivait son œuvre créatrice, organisant et séparant l'habitat des animaux marins de celui des oiseaux, des animaux terrestres et de l'homme.

Le texte affirme aussi que **« *l'Esprit de Dieu planait au-dessus des eaux* »**. L'Esprit de Dieu planait sur cette vaste étendue d'eau. Le mot *rouah* signifie primitivement «souffle», « vent ». On pourrait traduire ici, comme plusieurs commentateurs juifs : « un vent puissant ». Mais le participe qui suit indique plutôt un état de repos et comme une calme incubation. Cette traduction, cependant, semble hautement improbable du fait que dans quinze autres passages de l'Ancien Testament où apparaît cette expression, aucune ne semble signifier « *un vent puissant* ». Là où « *l'Esprit* » est employé pour désigner un « *vent* », il s'agit d'une manifestation de la puissance destructrice du Dieu juge. Par exemple, dans *Exode 15.10* « *Tu as soufflé de ton haleine : la mer les a couverts ; ils se sont enfoncés comme du* *plomb, dans des eaux puissantes »*[17]. Le contexte de *Genèse 1* interdit une telle interprétation de l'Esprit de Dieu. Bien plus qu'une force destructrice, l'Esprit de Dieu se présente ici comme faisant partie du processus de création qui commence en Genèse.

Lorsque le texte se réfère à **« l'Esprit de Dieu se mouvait »**, (en hébreu *merahepet*), **« au-dessus des eaux »**, le verbe peut signifier que l'Esprit *« se déplaçait »* (Bible en Français Courant) au-dessus des eaux. La raison de cette interprétation est qu'un autre passage compare l'Éternel à un aigle *« voltigeant » (rahaf)* au-dessus de ses petits pour les protéger *(Deutéronome 32.11)*. Ce n'est pas précisément l'idée de couver, mais celle de planer au-dessus, comme la colombe sur la tête du Sauveur à son baptême[18]. L'Esprit de Dieu est envisagé ici comme le principe de la vie physique et morale qu'il va communiquer au monde. Dans ce sens, ce verset soulignerait le fait qu'en dépit de cette désorganisation apparente des profondeurs aquatiques, l'Esprit protecteur de Dieu les gardait sous son emprise. La présence de l'Esprit créateur préside à la transformation de l'abîme obscur en règnes distincts (thèmes des trois premiers jours).

---

17 **Voir également** *Ésaïe 11.15 ; 40.7 ; Osée 13.15*
18 *Matthieu 3.16 ; Marc 1.10; Luc 3.22 ; Jean 1.32-34*

Dans les ténèbres du chaos, l'Esprit de Dieu agissait en vue de préparer la voie à la parole créatrice de Dieu. Ce n'était qu'une question de temps avant que Dieu commence à parler et à établir l'ordre, la vie et la beauté dès la première étape de la création.

Nous trouvons dans ce verset les deux principes de l'état primitif : la matière (l'abîme) et la puissance organisatrice ou la force divine (l'Esprit). Mais de même que dans le premier verset l'auteur a placé nettement Dieu en dehors et au-dessus du monde, il distingue ici non moins positivement le foyer divin de la vie, d'avec la nature elle-même. La Bible est le seul texte antique qui parle d'un Dieu unique et créateur, transcendant et éternel, c'est-à-dire extérieur à l'univers, à l'espace et au temps qu'il a créés.

« *Les eaux* », ce terme spécifie ce qui avait été exprimé d'une manière abstraite par le mot « *l'abîme* ». En raison de ce verset on a attribué à l'auteur la théorie neptunienne exclusive, qui fait sortir la terre de l'eau et qui rejette l'idée de sa formation par le feu. Mais tout ce qui nous est dit sur l'état décrit ici, c'est qu'il est antérieur à la formation des êtres particuliers.

Premier jour *(1.3-5)* **: La lumière est créée et séparée des ténèbres**

3 Dieu dit : Que la lumière soit ! Et la lumière fut. 4 Dieu vit que la lumière était bonne, et Dieu sépara la lumière d'avec les ténèbres. 5 Dieu appela la lumière jour et il appela les ténèbres nuit. Il y eut un soir et il y eut un matin : ce fut un jour (littéralement *yom eh̲ad* « jour un » et non « premier jour »).

Verset 3. De même que c'est la parole qui dans l'homme manifeste extérieurement sa volonté, l'auteur de notre récit a employé cette expression « ***Dieu dit*** », pour définir l'activité créatrice de Dieu comme un acte de sa volonté, tandis que dans toutes les autres cosmogonies mythologiques le monde est une « émanation » de l'être ou de la pensée de la divinité.

Cette expression revient huit fois dans ce texte de *Genèse 1*. Alors que le processus d'organisation du monde commence, Dieu parle et ordonne. L'affirmation *« Dieu dit »* donne le ton et établit une trame que l'auteur continue à suivre dans l'ensemble de ce chapitre et dans le reste des Écritures. À cette idée s'ajoute celle de la facilité avec laquelle Dieu exécute l'acte créateur. À titre d'illustration, un psalmiste a écrit : « *Les cieux ont été faits par la parole de l'Éternel, Et toute leur armée par le souffle de sa bouche... Car il dit, et (la chose) arrive ; il ordonne, et elle existe* » (Psaumes 33.6, 9), dans ce même psaume, *au verset 6*, la parole est également jointe à l'Esprit comme instruments de l'œuvre créatrice. D'après l'intention de notre récit, l'Esprit de Dieu planant sur la face de l'abîme serait l'agent tout-puissant qui exécute au fur et à mesure les ordres énoncés par la parole créatrice. Il existe un rapport entre « *parole* » et « *souffle* » *(rouah)* dans ce passage. Lorsque Dieu parle, il libère l'énergie créatrice de son Esprit si bien que ce qu'il dit survient. Le déroulement de chaque jour de la Création apparaît ici : (a) la parole créatrice, (b) l'indication de son effet, (c) l'approbation de Dieu, (d) parfois, un nom donné souverainement par Dieu, et, (e) l'indication du numéro du jour concerné.

Le premier jour, Dieu ordonna que la lumière luise du sein des ténèbres et établit le cycle du jour et de la nuit. Il ne faut pas confondre cet acte avec l'établissement du soleil, de la lune et des étoiles le quatrième jour. Certains pensent que le mot « lumière » *(or* en hébreu*)*, désigne l'énergie primordiale de l'univers, qui a donné ensuite naissance à la matière.

Plusieurs interprétations du mot *« jour »* en hébreu *yom* ont été suggérées :

(1) Les jours de la Création se rapporteraient à de longues ères géologiques avant l'avènement de l'homme sur terre.

(2) Les jours seraient les périodes de 24 heures lors desquelles Dieu révéla ses actes créateurs à Moïse sur le Sinaï.

(3) Ce seraient des jours de 24 heures pendant lesquels Dieu aurait donné libre cours à son activité créatrice. Un argument en faveur de la troisième interprétation est le fait que, dans l'Ancien Testament, chaque fois que le terme *yom* s'accompagne d'un adjectif ordinal (second, troisième, etc.), il signifie un jour de 24 heures. En outre, cette interprétation correspond au sens naturel du 4_e commandement dans *Exode 20.11*. Par ailleurs le mot « jour » peut aussi avoir le sens de « période » dans d'autres textes : déjà Gen 2.4, et aussi Job 20.28, Ps.20.2, Proverbes 24.10, Ecclésiaste 7.14, etc.

La première parole du Créateur qui nous soit rapportée est un ordre : *« Que la lumière soit ! Et la lumière fut »*. La première parole créatrice de Dieu produit le phénomène de la clarté[19] non seulement pour dissiper les ténèbres de la terre, mais aussi pour engendrer la succession bienfaisante du *« jour et de la nuit » (Psaumes 104.20-23).*

L'élégance et la majesté d'une création opérée par un décret de Dieu constituent un contraste rafraîchissant au regard des récits bizarres de la création courants chez les autres peuples païens. Voici une démonstration de la puissance de la parole de Dieu, parole qui encouragea les Israélites à lui accorder leur confiance et à lui obéir. L'œuvre initiale de Dieu, puisqu'elle apporte ordre et beauté au cosmos, est par conséquent la création de la lumière. Il s'agit d'une lumière physique du fait que, avant qu'elle soit, tout n'avait été qu'un état physique de ténèbres et de chaos. Cette lumière physique naturelle, remportera dès sa création une victoire immédiate en dissipant « les ténèbres». Selon certaines interprétations, l'auteur ne peut penser à la lumière solaire qui ne paraît qu'au quatrième jour. Cette lumière, dont l'apparition succède à l'époque de ténèbres par laquelle la terre vient de passer, n'est pas présentée d'ailleurs comme provenant d'un corps extérieur à la terre.

---

19 *Révélé dans les différents noms choisis : jour, aurore, lumière (Job 38.12-13,19)*

Dieu a fait jaillir, en ce premier jour, la lumière d'une autre source que le soleil créé trois jours après, selon le texte. Cette source ne serait-elle pas la personne de Dieu lui-même qui est lumière[20]. Cette lumière était une condition de l'œuvre qui allait suivre.

Pour d'autres commentateurs, il s'agirait d'une lumière diffuse avec laquelle les aurores boréales présentent peut-être une analogie éloignée (ce n'est qu'une hypothèse).

Enfin, pour les concordistes[21] qui essaient de donner une lecture scientifique du texte de la

---

20 *Psaume 27.1 ; 84.12 ; Esaïe 60.20 ; Michée 7.8 ; Jean 1.4 ; 8.12 ; 1Jean 1.5 ; Apocalypse 22.5*
21 *Selon Jean-Igor Wolga,* **le concordisme** *est l'interprétation qui consiste à avoir le livre de la Bible dans une main et le livre de la nature (la Création de Dieu révélée par la science) dans l'autre et à les rapprocher, pour les faire correspondre le plus possible... La Bible et la science apportent chacune leur vérité :* **La Bible** *apporte la vérité spirituelle sur l'origine de l'univers et sur son Créateur (il y a eu un Commencement), dans un langage compréhensible par tous les hommes dès l'époque d'Abraham et de Moïse.* **La science** *(donnée par Dieu aux hommes) apporte une vérité relative (qui peut être remise en question) sur la façon dont l'univers a été créé (l'univers n'est pas éternel et il est apparu au commencement, soit selon la science contemporaine au moment du "Big Bang").*
« La Bible et le discours scientifique actuel concordent, s'accordent sur le fait que l'univers n'est pas éternel (contrairement à ce qu'on pensait jusqu'au début du 20ème siècle) et qu'il y a eu un commencement. Le concordisme essaie de rapprocher et si possible de faire correspondre les principales étapes de la Création rapportées dans la Genèse, avec les découvertes scientifiques... »

Genèse [22], l'auteur raconte la succession des évènements tels qu'ils sont vus depuis la terre : apparition d'abord de la lumière solaire qui traverse l'épaisse couche nuageuse qui entoure la terre, puis apparition au 4ème jour du soleil et de la lune après dissipation de cette couche nuageuse.

La lumière et l'obscurité sont souvent utilisées dans la Bible pour désigner deux états mutuellement exclusifs, ils sont aussi les symboles du bien et du mal. Ici commença une œuvre de Dieu qui atteindra son apogée dans l'éternité lorsqu'il n'y aura plus de ténèbres du mal *(Apocalypse 22.5)*; Israël saurait que Dieu est Lumière – que la Vérité et le Chemin lui appartiennent. Avant l'Exode des Hébreux, les ténèbres et l'obscurité, spirituelles plus que physiques, régnaient dans l'ensemble du pays d'Égypte, même dans les maisons des Égyptiens ; mais les foyers israélites ont joui de la lumière selon *Exode 10.21-23*. Également, les Israélites lors de la délivrance, suivirent la lumière de Dieu dans le désert, tandis que l'obscurité entourait le camp des Israélites ; mais au-dessus du Tabernacle se trouvait la colonne de feu, qui éclairait le peuple de Dieu[23].

---

22 *A.E. Wilder-Smith, Philippe Gold-Aubert, Ralph Shallis, John Alexander, Gerald Schroeder, Hugh Ross, etc.*
23 *Nombres 9.15-18 ; Exode 13.20-22*

Au sens spirituel, le caractère distinctif de « *la lumière* » est particulièrement évident, comme le bien se distingue du mal. Dans la Bible, « *la lumière* » est souvent utilisée dans un sens figuré comme représentant la justice et la vie *(Psaumes 37.6 ; 56.13)*, la sagesse et les commandements de Dieu *(Job 12.22 ; 24.13)* ainsi que le salut et la présence de Dieu *(Nombres 9.15, 16; Psaumes 27.1 ; Ésaïe 9.2)*. D'un autre côté « *les ténèbres* » symbolisent le péché et la méchanceté *(Job 5.14 ; Proverbes 2.13; Ecclésiaste 2.14)*, la superstition et l'idolâtrie *(Ésaïe 9.2 ; Ézéchiel 8.12)*, le jugement et la mort *(Psaumes 105.28 ; Ézéchiel 30.18 ; Joël 2.2)*. Dans *2 Corinthiens 4.6*, l'apôtre Paul établit un parallèle entre la séparation originelle de la lumière d'avec les ténèbres, et la conversion d'un pécheur.

Verset 4. L'expression « ***Dieu vit*** », accentue fortement le caractère d'indépendance de la chose créée, non vis-à-vis de la volonté de Dieu, mais vis-à-vis de Dieu lui-même ; la matière existe réellement de façon autonome après avoir été créée, puisqu'elle est l'objet de la perception de Dieu. Le jugement que Dieu prononce sur le résultat de son activité créatrice suppose que la causalité divine n'est pas seule à produire les êtres qui se succèdent, mais que des causes secondes ont aussi un rôle dans cette œuvre. Une fois l'œuvre achevée, Dieu constate que les forces mises en jeu ont bien réalisé sa pensée. Après la création de la lumière, Dieu, en tant que maître d'œuvre, ayant pris du recul, vit à quel point **« *la lumière était bonne* »**. Par conséquent, **« *Dieu sépara la lumière d'avec les ténèbres* »**. Par l'emploi du mot « bonne » en hébreu *tov*, Dieu ne signifiait pas que la lumière était bonne sur le plan moral ; c'était bien plutôt qu'elle se prêtait à l'usage qu'il comptait en faire, à savoir fournir l'énergie permettant qu'apparaisse la vie, ainsi que révéler la beauté de sa création. Dieu ne prononce pas le même jugement sur les ténèbres, qui ne sont que l'absence de lumière, et qui a contrario mettent en valeur le côté positif de la lumière. Lorsque Dieu « *sépara la lumière des ténèbres* », il n'a pas détruit ou anéanti les ténèbres déjà présentes. Au lieu de cela, il les a séparées, de façon à les garder distinctes. Ce que Dieu avait en vue n'était pas un mélange de lumière et d'obscurité, qui n'aurait produit qu'un demi-jour permanent. Au lieu de cela, il établit une alternance régulière de la lumière et de l'obscurité, pour permettre à l'une d'être pleinement clarté et à l'autre d'être pleinement obscurité. La lumière et les ténèbres allaient chacune avoir son domaine respectif à un moment donné, l'une et l'autre opérant successivement.

Zacharie 14.6-7, qui décrit le moment où l'ordre actuel des choses est sur le point de faire place à un monde renouvelé par la venue de l'Éternel, nous montre le mélange se substituant à l'alternance : « *En ce jour-là, il n'y aura point de lumière; Il y aura du froid et de la glace. Ce sera un jour unique, connu de l'Éternel, Et qui ne sera ni jour ni nuit; mais vers le soir la lumière paraîtra* ». À cette crise succède le temps où il n'y a plus de nuit et où la lumière seule demeure à toujours *(Apocalypse 21.23-25)*. C'est le terme vers lequel tend la création, l'antipode du chaos primitif.

Verset 5. « *Dieu appela la lumière jour et il appela les ténèbres nuit* », une fois l'alternance de l'obscurité et de la lumière établie, Dieu donne un nom à chacun de ces deux espaces de temps, ce qui signifie qu'ils doivent se succéder désormais d'une manière régulière et irrévocable. Dans l'ensemble du premier chapitre de la Genèse, l'auteur souligne que le Créateur a donné un nom à un grand nombre de choses qu'il avait faites. Il a nommé la lumière « *jour* » et l'obscurité « *nuit* ». Dieu a appelé l'étendue « *cieux* » (Genèse 1.8), « *la partie sèche terre* » et « *il* *appela mers la masse des eaux » (Genèse 1.10).* En outre, Il a appelé l'humain, mâle et femelle, « *homme* », en hébreu *'adam*, ou « humanité » *(Genèse 1.27 ; 5.1-2)* en rajoutant l'article *ha*, soit *ha'adam* « l'homme ». Dans l'Ancien Testament, le fait de donner un nom à une chose revenait à affirmer sa domination sur elle[24]. De cette manière, Dieu a défini le rôle adéquat que les créations ainsi nommées devaient jouer dans son projet. Dieu fixa d'une manière stable les choses.

« Il y eut un soir et il y eut un matin : ce fut un jour ». À la conclusion de chaque jour de la création, l'auteur termine le paragraphe par une expression semblable, tout en présentant chronologiquement l'ordre d'arrivée du jour en question[25]. Les Juifs font commencer leur jour de vingt-quatre heures « entre les deux soirs », c'est-à-dire au moment où le jour faisait place à la nuit, et par conséquent la première moitié de la journée de vingt-quatre heures était la nuit et la seconde moitié était le jour.

Ces expressions de « *soir* » et de « *matin* » sont empruntées à la même image générale sur laquelle repose toute cette narration, celle d'une semaine de travail humain, où l'œuvre de chaque jour est

---

24 *Genèse 2.20, 23; 3.20 ; 4.25 ; 2 Rois 23.34 ; 24.17*
25 *Genèse1.8, 13, 19, 23, 31.*

précédée et suivie du repos de la nuit. Appliquées au travail de Dieu, ces expressions du « *soir* » et du « *matin* » désignent à chaque fois la fin paisible de l'œuvre précédente et le commencement de l'œuvre nouvelle.

« *Ce fut un jour* », on peut traduire aussi : ce fut le premier jour. Mais dans le texte original hébreu, il est écrit *yom ehad,* ce qui signifie « jour un » et non « premier jour ». Il s'agit d'un adjectif cardinal et non ordinal, il s'agit du Jour « un », jour « unique ». Les autres jours ne sont pas encore là ! Il ne peut pas encore entrer dans un ordre, car il faut une suite de jours pour pouvoir les ordonner.

Pour les jours suivants, on a affaire à des adjectifs ordinaux (deuxième, troisième, etc...). L'auteur a-t-il voulu parler d'un jour de vingt-quatre heures ou d'une période d'une durée incalculable ? Il semble qu'en raison des six jours de travail, des six nuits de repos qui les séparent et du jour de sabbat qui les termine, que Dieu ait montré la semaine comme modèle de vie idéal pour l'homme. Mais dans ce récit même (comme dans toute la Bible) le mot « *jour* » est employé d'une manière très polyvalente ; il désigne :

1° le jour de vingt-quatre heures *(verset 14)*;

2° la partie éclairée de ce jour, comprenant donc douze heures *(verset 18)*;
3° toute la période de la création *(Genèse 2.4)*.

Nous trouvons de même, dans un passage de *Nombres 3.1*, le terme de *« jour »* appliqué aux six semaines du séjour de Moïse sur le Sinaï. Un « jour » peut donc désigner une durée indéfinie, *« une époque »* ayant pour contenu une œuvre unique.

En employant l'image de la semaine, l'auteur n'a pas été dirigé par une idée de durée, mais plutôt par la notion d'une œuvre accomplie graduellement, avec des intervalles de travail et de repos et aboutissant à un état stable et permanent qui en est le terme. De plus, il est bien manifeste que ce cadre a été choisi dans le but de faire ressortir la sainteté du sabbat en lien avec le repos de Dieu. Lorsque Dieu ordonna à Israël de se reposer le 7e jour, il fonda ce commandement sur le fait qu'il s'était lui-même reposé le 7e jour après 6 jours de travail *(Exode 20.8-11)*. Pour certains, une interprétation logique et cohérente entre les deux textes de la Genèse et de l'Exode exige une même définition et une même durée de 24h pour le mot « jour ». D'autres, qui sont en faveur d'une interprétation variable de ce mot, font remarquer que le jour du repos de Dieu n'est pas de 24h et qu'il se prolonge jusqu'à présent

(Hébreux 4.9-11). Il n'est peut-être pas finalement indispensable de trancher définitivement pour comprendre le sens de ce texte.

Deuxième jour *(1.6-8)* : Les eaux sont séparées par l'étendue

6 Dieu dit : Qu'il y ait une étendue entre les eaux pour séparer les eaux des eaux. 7 Dieu fit donc cette étendue, sépara les eaux qui sont au-dessous de l'étendue d'avec les eaux qui sont au-dessus. Il en fut ainsi. 8 Dieu appela l'étendue ciel. Il y eut un soir et il y eut un matin : ce fut un deuxième jour.

Versets 6-8. « **Dieu dit** » encore, avec pour résultat la création d'*«une étendue entre les eaux pour séparer les eaux des eaux.»* Dieu sépara les *« eaux »* de l'atmosphère de celles de la terre par une *«étendue»*, le ciel. La terre apparaît complètement entourée d'une épaisse couche d'eau, peut-être sous forme d'une vapeur épaisse, déversant au début une pluie continue sur la terre. Ce fait suggère qu'auparavant, une buée dense enveloppait la terre comme un linceul.

« *L'étendue* », ou le « firmament » désigne le ciel, en raison de sa ressemblance avec une tenture ou une vaste tente, que Dieu déploie pour en faire son habitation [26]. Cette étendue du ciel ou atmosphère séparait deux parties, l'une couvrant la terre d'eau et l'autre formant des nuages. Le partage qui distingue les eaux d'au-dessus de l'atmosphère, et les eaux d'en dessous, c'est-à-dire les eaux de la terre, est la première limite imposée à l'abîme. Pour les eaux au-dessous de l'étendue, une seconde intervention sera nécessaire au troisième jour *(verset 9)*. Les eaux d'en haut sont les nuages *(Proverbes 8.29)*, ou, en langage poétique, les réserves de pluie dans la « haute demeure » de Dieu *(Psaumes 104.13)*. Cet espace juste au-dessus de la terre, est le domaine où volent les oiseaux *(verset 20)*, et non le ciel astral où se trouvent les astres, ni « le troisième ciel » où Dieu demeure *(2 Corinthiens 12.1-4)*. Fait significatif de l'organisation divine, l'œuvre de Dieu implique des distinctions.

Le mot traduit par « *étendue* » est en hébreu *raqia'*, et son sens premier se rapporte à ce qui est « aplati » ou « martelé » (à l'image de plaques de métal). Certains passages utilisent le verbe relatif *raqa'* pour désigner le fait de frapper sur du métal

---

26 *Psaumes 104.2* ; *Proverbes 8. 27* ; *Ésaïe 40.22*

solide[27]. C'est ce qui a conduit certains érudits à interpréter *raqia'* comme « la voûte des cieux » ou « le firmament », considéré par les Hébreux comme solide, et soutenant « *les eaux* » d'en-haut. Mais, il est clair que le mot hébreu *raqia'*, de *raqa'* signifiant « frapper au marteau, étendre en frappant », désigne cette étendue azurée au-dessus de nos têtes, que nous appelons le ciel. On a dit souvent, en pressant le sens étymologique, que l'auteur se représentait cette surface azurée comme une voûte solide dans laquelle les astres seraient cloués, selon la croyance populaire de son époque. La comparaison de ce terme « *étendue* » avec celui de « *cieux* », qui en est donné comme l'équivalent, montre que l'auteur se représente l'étendue comme les Hébreux se représentaient les cieux, c'est-à-dire comme autant d'espaces superposés les uns sur les autres.

Il est donc clair qu'il n'envisageait pas cette étendue comme une chose faite de métal ou de verre. Bien plutôt, il décrivait l'étendue d'une manière phénoménologique. Les expressions qui ont donné lieu à ce malentendu[28] se trouvent toutes

---

27 *Exode 39.3 ; Nombres 16.39 ; Ésaïe 40.19 ; Jérémie 10.9 ; Job 37.18*
28 *Job 26.11; 37.18; Amos 9.6 etc.*

dans des morceaux poétiques et n'ont pas plus de valeur pour définir la nature de l'étendue que lorsque nous parlons par exemple de la voûte céleste. Qui voudrait conclure de cette expression que nous nous représentons le ciel comme une voûte solide ? L'étendue dont parle ici l'auteur désigne donc l'enveloppe atmosphérique de notre terre[29].

« *Entre les eaux* », quelques interprètes ont cru devoir donner à ce mot « *les eaux* » le sens de fluides gazeux, et l'ont appliqué à la matière dont sont formés les astres et les nébuleuses. Ce qui pourrait autoriser ce sens, c'est l'expression du *verset 7* : les eaux qui sont au-dessus de l'étendue (des cieux); puis le fait qu'une expression analogue se trouve dans la cosmogonie égyptienne. Mais les gaz lumineux dont sont formés les astres pourraient-ils être désignés ici du même nom que les eaux de la mer terrestre ? Si les eaux d'en-bas sont celles dont sont formés les océans, les eaux d'en-haut ne peuvent être que celles qui sont renfermées dans les

---

29 *Le langage est poétique comme dans notre expression "la voûte céleste", donc il ne peut décrire une réalité matérielle, mais seulement traduire l'impression que le ciel donne à la vue. L'auteur de la Genèse parlait le langage concret compris à son époque et utilisé dans sa culture pour suggérer des choses abstraites.*

nuages. Sans doute les nuages ne sont pas au-dessus de l'atmosphère absolument parlant, mais ils flottent en général au-dessus du ciel inférieur, de la portion de l'atmosphère qui enveloppe immédiatement la terre[30].

L'homme voit le soleil et les étoiles comme situés dans les cieux, mais en même temps, les oiseaux traversent le ciel à tire-d'aile. Dans ces versets, l'étendue n'est rien d'autre qu'une séparation entre les eaux d'en haut (dans les nuages) et les eaux du dessous (sur la terre).

La vision biblique de l'étendue (ou ciel) est indépendante de celle du récit babylonien de la création. En effet, selon l'Enuma Elish, la création est le produit d'une lutte à mort entre le dieu du ciel Mardouk et la déesse des eaux Tiamat [31]. Nous

---

30 Comparez le verset 20 et Genèse 7.11
31 Après que le dieu Mardouk a tué la déesse aquatique Tiamat, « il l'a fendue en deux comme un coquillage ». Une moitié d'elle est restée sur terre, devenant les eaux d'en bas, tandis qu'il a transformé l'autre moitié en un ciel « plafonné » (une prison) dans les cieux. Il a ensuite posté des gardes, et « il leur a ordonné de ne pas permettre à ses eaux d'échapper ». Dans cette histoire mythique, le ciel est fait d'un matériau préexistant, à savoir, de la moitié du corps de Tiamat, la maléfique déesse des eaux. Mardouk a dû l'enfermer et disposer des gardes pour l'empêcher de déverser ses eaux destructrices sur la terre. Par conséquent, dans ce mythe, les eaux des cieux sont perçues comme une déesse antagoniste qui, même après qu'elle avait été tuée, devait constamment être maintenue sous contrainte afin que la terre soit protégée de ses

rejetons totalement cette vision mythique très différente de celle de la Genèse, qui parle de Dieu comme d'un Père céleste aimant et désireux de bénir la vie de l'humanité « *en faisant pleuvoir sur la terre* » (Genèse 2.5).

De même que l'artiste prend du recul pour examiner si son œuvre répond à son attente, Dieu après chaque acte créateur, déclare qu'il répond à son dessein. Cependant, le deuxième jour n'est pas ponctué par cette approbation « *Dieu vit que cela était bon* », peut-être parce que l'univers n'est pas encore conforme au plan divin. Il faut le meubler. Ou peut-être aussi parce que le monde sera plus tard menacé par l'eau (du déluge et des catastrophes maritimes). En tous cas, Dieu est lui-même bon, et toutes ses œuvres sont potentiellement bonnes et belles.

Troisième jour *(1.9-13)* : La terre, les plantes et les arbres sont créés

9 Dieu dit: Que les eaux qui sont au-dessous du ciel se rassemblent en un seul lieu, et que le sec paraisse. Et cela fut ainsi. 10 Dieu appela le sec

---

agissements destructeurs. Universalis.fr
https://www.universalis.fr/encyclopedie/marduk-mardouk/

terre, et il appela l'amas des eaux mers. Dieu vit que cela était bon. 11 Puis Dieu dit: Que la terre produise de la verdure, de l'herbe portant de la semence, des arbres fruitiers donnant du fruit selon leur espèce et ayant en eux leur semence sur la terre. Et cela fut ainsi. 12 La terre produisit de la verdure, de l'herbe portant de la semence selon son espèce, et des arbres donnant du fruit et ayant en eux leur semence selon leur espèce. Dieu vit que cela était bon. 13 Ainsi, il y eut un soir, et il y eut un matin: ce fut le troisième jour.

Versets 9-10. Le premier jour a donné naissance à la lumière vivifiante par la séparation de la lumière et des ténèbres, le deuxième jour, à l'atmosphère par la séparation des eaux d'en-haut et des eaux d'en-bas, atmosphère qui deviendra respirable plus tard grâce à l'apparition des végétaux. Dans le troisième jour nous voyons apparaître le sol, habitable par la séparation de l'eau d'avec la terre. Le récit suppose que celle-ci existait déjà et que l'eau, en se retirant, la laisse apparaître[32]. L'auteur du récit de la Genèse passe rapidement des « *eaux* » dans les cieux *aux* «*eaux* » sur la terre. L'amas des eaux inférieures, retenu par les terres, prend maintenant la forme

---

32 *Proverbes 8. 25,29 ; Psaumes 104.6-9*

distincte des mers. La séparation entre les eaux des nuages et les eaux à la surface de la terre, séparées à leur tour de la terre sèche, va inaugurer le cycle de l'eau, permettant l'apparition de la vie sur la terre.

« En un seul lieu », pour l'existence des habitants de la terre, Dieu a fixé des limites à l'Océan, qui forme sur la surface du globe une étendue continue.

Bien entendu, la terre était destinée à devenir le lieu d'habitation de l'homme comme des animaux *(Genèse 1.24-31)* ; cependant, avant qu'elle puisse devenir un habitat pour la vie animale et la vie humaine, la terre ferme devait être séparée des eaux. Selon les scientifiques, la terre sèche était elle aussi rassemblée au début en un seul lieu, un seul continent appelé la « Pangée », avant qu'il se fracture et aboutisse à la dérive des continents formant les continents actuels.

« Que le sec paraisse », littéralement : « soit vu ». Le sec apparaît le troisième jour hors des eaux couvrant la surface de la planète avec sa végétation. La végétation fait partie de l'univers ordonné créé par le vrai Dieu.

« Et Dieu appela la partie *« sèche terre et la masse des eaux mer »... »* : À nouveau le nom « terre » donné ici par Dieu au sec implique que la limite de séparation entre les deux éléments terre et mer ne

sera pas supprimée, comme le dit poétiquement l'auteur du livre de *(Job 38.8-11)* : « *Quand je dis à la mer : Tu viendras jusqu'ici et tu n'iras pas au-delà* ».

Après avoir fourni le moyen naturel de maintenir la vie *(Genèse 2.5)*, Dieu sème la graine de sa Parole créatrice et la terre produit la verdure.

« *Était bon* », les versets suivants, qui décrivent la création des plantes, montrent immédiatement à quoi devait servir cette séparation et ce sol nouvellement apparu. Une fois de plus, Dieu a déclaré son ouvrage bon...pour l'usage de l'homme !

Versets 11-13. La formation des continents remplit la première partie du troisième jour ; la création des plantes, qui les revêtent comme une parure, en remplit la seconde moitié. Dieu fit germer sur la terre la végétation et des arbres de toutes sortes. C'est ici le point culminant de la première partie de la semaine créatrice : c'était à ce résultat que tendaient les œuvres précédentes, car la matière organique et vivante est au-dessus de la matière minérale brute. La création des animaux terrestres et de l'homme ne nécessitait pas seulement l'apparition de la terre ferme, mais aussi l'existence de tous les types de végétation nécessaires à leur survie, en rendant l'atmosphère respirable et en leur servant de nourriture. Dieu a ordonné que la terre produise une abondance de **« verdure »**. Ce pouvoir générateur ne faisait pas de la nature une déesse, la Terre-Mère, comme certains ont pu le prétendre. La terre en elle-même n'avait pas le pouvoir de produire de la végétation ; c'est Dieu seul qui détenait ce pouvoir, par la vertu créatrice de sa Parole. Cela correspond aux paroles du psalmiste, qui disait : « *Il fait germer l'herbe pour le bétail, et les plantes pour le service des humains, pour tirer le pain de la terre* » *(Psaumes 104.14)*. Dieu a d'abord voulu que l'atmosphère soit enrichie en oxygène, produit grâce à la photosynthèse par l'abondante végétation primitive, pour devenir respirable par les animaux. Dieu a aussi pourvu au nécessaire pour la croissance et la multiplication de la vie végétale à travers la production de semence, si bien qu'il y aurait une abondance de nourriture pour les animaux et les humains. C'est aussi cela qui a mené à rendre la vie végétale prévisible et capable de s'adapter à toute une variété d'environnements terrestres.

Tout ceci, bien sûr, est contraire aux mythologies de la fertilité au Proche-Orient antique. Nul n'est besoin d'un mythe concernant le cycle des saisons pour expliquer son origine : Dieu le créa une fois pour toutes. Beaucoup de religions anciennes concernant la fertilité présentaient des mythes dans lesquels des rituels incluaient des rapports sexuels entre les adorateurs et des prostitué(e)s sacré(e)s *(Osée 4.11-14).* Par ces pratiques dépravées les fidèles croyaient s'unir au dieu fertiliseur pour le pousser à engendrer des récoltes abondantes et des fruits, de même qu'une progéniture nombreuse, pour le bétail comme pour les humains. À l'inverse de tels récits corrompus au sujet de la fertilité, le texte de la Genèse rappelle que le Dieu souverain de l'univers a séparé les eaux en faisant apparaître la terre ferme et en fixant les limites des mers *(Job 38.8-11)*, et qu'il a créé une terre fertile (pleine de nutriments) pour qu'elle produise des cultures et des fruits. Par ailleurs, il a décrété que la fertilité de la terre se perpétuerait d'elle-même grâce à une grande variété de semences contenant la vie. Tout cela vient du seul Dieu de la création, le véritable Seigneur de la vie. L'apparition de ces premiers éléments organisés *« de la verdure »*, *« de l'herbe »*, et enfin *« des arbres fruitiers »*, apparus en dernier, est attribuée à la puissance de la parole de Dieu, *« Dieu dit »*, mais aussi à *« la terre »*, dont Dieu se sert pour produire cette nouvelle création, la végétation que la terre fera pousser. Dieu montre ainsi qu'il a doué la nature d'une force, la vie, qui lui appartiendra en propre puisque Dieu crée les plantes capables de se reproduire par elles-mêmes, ***«donnant du fruit selon leur espèce et ayant en elles leur semence »***.

« *Selon leur espèce* » : la différenciation des principales espèces est située dans la période précise des six jours *(versets 12,21, 24-25)*. Cette expression répétée avec insistance vient fixer une limite à la théorie darwiniste de l'évolutionnisme qui veut faire passer les êtres vivants d'une espèce à l'autre. L'auteur, en parlant d'espèces, part de l'état de choses qu'il a sous les yeux, cet état de choses a pour caractère l'immuabilité des espèces, avec des formes plus ou moins variables et héréditaires au sein d'une même espèce. Si même on admettait que cette multitude de types est provenue d'une cellule unique, il faudrait toujours reconnaître que cette cellule possédait la prédisposition à se développer en types permanents et tels que nous les contemplons actuellement dans la nature, et par conséquent que cette différenciation exprime la volonté primitive du Créateur. La définition d'une espèce est une communauté d'êtres vivants ayant les mêmes caractères génétiques, capables de se reproduire entre eux et ayant des descendants fertiles. Il va sans dire qu'en s'exprimant comme il le fait, l'auteur ne parle pas de toutes les espèces que la science botanique a pu identifier ; des types primitifs peu nombreux ont pu se multiplier indéfiniment.

Herbes et arbres, les deux types de végétaux décrits sont de nouveau mentionnés le sixième jour *(verset 29)*, qui dans la structure poétique du récit, est en parallèle avec la troisième journée *(Psaumes 104.13-18)*.
Les végétaux créés, ou *dèshè, « verdure »*, sont divisés en deux classes :
- Les herbes ou plantes, en hébreu *essev*, spécialement les légumes et les céréales.
- les arbres à fruits.

La végétation en général, est simplement traduite par le mot *« verdure »;* la première catégorie est caractérisée par les mots : portant semence; la seconde est désignée comme portant du fruit, et renfermant de la semence. L'auteur parle évidemment des plantes telles qu'elles apparaissent au premier regard, sans se préoccuper de les classer scientifiquement ; mais il insiste dans les *versets 29-30,* sur leur différenciation selon les espèces, et sur leur utilité pour la nourriture soit des animaux, soit des hommes.

« ***Dieu vit que cela était bon*** », c'est la seconde fois que Dieu prononce ce jugement dans cette troisième journée : le sol cultivable était bon en tant que base de tout travail humain et en tant que condition nécessaire de l'existence des plantes ; de même les plantes sont bonnes en tant que condition de toute vie animale : ce sont en effet les plantes qui tirent de l'atmosphère le carbone et produisent de l'oxygène, et qui tirent du sol les matières inorganiques et les transforment en matières organiques, qui servent à l'entretien de la vie animale. Le règne végétal possède en outre des vertus de toutes sortes pour guérir, vêtir, réjouir l'homme. Il renferme sans doute aussi des plantes vénéneuses, apparues après la chute de l'homme (Genèse 3.18), mais elles ont également leur utilité, notamment comme médicaments (à petites doses). Dieu ne donne pas de noms aux plantes comme plus tard il ne donne de noms ni aux astres ni aux animaux ; il laisse aux hommes le soin de le faire, ne désignant lui-même par un nom que les éléments constitutifs du monde *(versets 5, 8, 10)*.

Ce tableau du troisième jour, qui présente la création végétale comme antérieure à toute création animale, est en accord avec les découvertes scientifiques, qui montrent que dans le sein des mers aussi, la vie végétale a existé sous forme de bactéries et de micro-algues bien avant toute vie animale, et a participé également, et continue à participer, à la production de l'oxygène atmosphérique. Mais le récit de la création ne fait ressortir que les traits les plus saillants du développement de la terre, qui ont, comme des jalons, préparé l'apparition de l'homme. En parlant des plantes, l'auteur ne fait que mentionner ici leur riche et puissante apparition sur la terre; or, il est certain qu'un immense développement de végétation a eu lieu dans les premiers âges du globe; nous en possédons la preuve dans les formations de houille qui se trouvent dans les profondeurs de la terre. Il faut remarquer aussi que l'ancienne végétation colossale des terrains houillers n'a plus ces vives couleurs qui ne peuvent procéder que de la lumière solaire, dont cette houille souterraine est privée. Il n'y a donc pas contradiction entre l'éclosion de la végétation que l'auteur signale comme étant la clôture de la première moitié du travail créateur et ce que la science actuelle peut constater.

Mais ce qui est bien remarquable et intrigant pour certains, c'est que l'auteur place ici ce développement végétal primitif avant le jour où selon lui, le soleil a commencé à éclairer la terre. Ceci prouverait à leurs yeux que l'ordre des créations dans ce récit n'est pas chronologique. Il tiendrait à un procédé littéraire et poétique où l'artiste trace le cadre (= les trois premiers jours), puis le remplit des objets qu'il contient (= les trois jours suivants)[33]. Ce procédé est bien identifiable ici, et détermine un ordre de présentation, sans exclure toute explication d'une certaine logique sur l'enchaînement des jours comme on le voit plus loin.

De nouveau, à la fin du « *troisième jour* », Dieu a déclaré bon tout ce qu'il avait créé.

Quatrième jour *(1.14-19)* : Le soleil, la lune et les toile sont placés dans les cieux

14 Dieu dit : Qu'il y ait des luminaires dans l'étendue du ciel, pour séparer le jour d'avec la nuit ; que ce soient des signes pour marquer les époques, les jours et les années ; 15 et qu'ils servent de

---

33 On peut difficilement faire de ce récit poétique un rapport scientifique ou même chronologique (voir la conférence de Mme Lydia Jaeger « le créationnisme » sur Youtube (https://youtu.be/uQWAdDnoTHo) Cette évangélique souscrit à une interprétation littéraire de ce récit des Origines, entre les minutes 34 et 39.

luminaires dans l'étendue du ciel, pour éclairer la terre. Et cela fut ainsi. 16 Dieu fit les deux grands luminaires, le plus grand luminaire pour présider au jour, et le plus petit luminaire pour présider à la nuit; il fit aussi les étoiles. 17 Dieu les plaça dans l'étendue du ciel, pour éclairer la terre, 18 pour présider au jour et à la nuit, et pour séparer la lumière d'avec les ténèbres. Dieu vit que cela était bon. 19 Ainsi, il y eut un soir, et il y eut un matin: ce fut le quatrième jour.

Versets 14-15. Cette expression « ***Dieu dit : Qu'il y ait*** » décrit ici, comme dans tout le passage, des actes de création par la Parole, mais sans utiliser le verbe (*bara'*) qui indique la création de quelque chose d'entièrement nouveau à partir de rien. L'auteur présente la formation ou l'apparition des luminaires ou *« des astres »* au début de ce quatrième jour. Toutefois, on peut penser que cette formation a commencé chronologiquement au début quand Dieu a créé les cieux, et elle se serait poursuivie jusqu'au quatrième jour (de pair avec la formation de la terre).

Dans la pensée païenne, les astres divins contrôlaient la destinée humaine; mais dans la Genèse les luminaires ne sont pas d'essence divine, et ne sont que des créations de Dieu au service de la nature et des hommes en fixant pour eux le jour et la nuit, en fournissant des « *signes* » qui leur permettent de régler leur vie et leur travail[34]. Dieu établit le soleil, la lune et les étoiles dans l'étendue du ciel comme luminaires éclairant la nuit et aussi comme moyens d'établir un calendrier. Ainsi, la création des astres par Dieu contredit la croyance païenne qu'ils seraient eux-mêmes des dieux dignes d'adoration.

Mais comment admettre scientifiquement que la formation de la terre ait précédé celle du soleil et des étoiles ? Dans une lecture littérale et chronologique, on croit surprendre ici notre récit en flagrant délit d'erreur scientifique. Cependant il faut se rappeler qu'au *verset 1* on a déjà parlé de la création des cieux, et nous avons reconnu que ce verset pouvait ne pas être un simple titre, mais indiquer aussi un fait. L'auteur supposerait donc que le développement des cieux se serait fait parallèlement à celui de la terre et qu'au quatrième jour dans la formation de la terre, l'organisation actuelle des cieux aurait atteint son terme ; en particulier l'apparition de la lumière serait devenue dépendante de celle du soleil et des astres. Selon une

---

34 Psaumes 104. 19-20 ; Job 38. 7, 31-32

autre interprétation plus concordiste, le récit raconte les évènements tels qu'ils pouvaient être perçus à la surface de la terre, et parle seulement de l'apparition des astres dans le ciel après dissipation de l'épaisse atmosphère qui entourait la terre, et non de leur création réelle.

« ***Dans l'étendue des cieux*** ». Ici commence la seconde moitié de la semaine créatrice. Elle correspond exactement à la première qui a raconté la formation des éléments du monde, les préparatifs, le cadre du tableau, comme on l'a dit selon l'interprétation littéraire du récit. Ici on voit la formation des corps constitués ou organisés qui remplissent le cadre : *«Premier jour»* la lumière, et quatrième jour les corps lumineux. « *Second jour* » l'eau et l'air, et cinquième jour les poissons et les oiseaux. « *Troisième jour* » le sol, et sixième jour les animaux terrestres. L'homme, dans la seconde partie du *«sixième jour»*, correspond à la plante dans la seconde partie du troisième jour, comme couronnement à la fois de la seconde moitié de l'œuvre et de l'œuvre tout entière.

La création des corps célestes – soleil, lune et étoiles – est décrite plus en détail que tout le reste dans ce chapitre à l'exception de la création de l'homme. L'importance donnée à la description du quatrième jour est peut-être due à la grande importance que les corps célestes avaient dans la pensée des peuples de l'ancien temps. En Mésopotamie, en Canaan et en Égypte, le soleil, la lune et les étoiles étaient vénérés comme des dieux qui présidaient à la destinée des hommes et des nations.

À l'inverse de la dévotion religieuse que les peuples anciens donnaient à ces corps célestes, le récit biblique spécifie qu'ils ne sont pas des dieux, non plus que des corps autonomes. Ils ne sont pas non plus éternels ; au contraire, ce sont des entités que le seul Dieu souverain a créées – non pour qu'ils soient servis, mais pour qu'ils servent aux hommes, accomplissant ainsi la volonté de Celui qui les avait créées *(Psaumes 104.19-23)*.

Donc pour résumer, « on a vu dans cette relation d'utilité établie par le récit entre les mondes qui peuplent l'univers et notre petite terre, une preuve de l'horizon étroit dans lequel était enfermée la pensée de l'auteur. Mais avait-il donc à spéculer sur le but que peuvent avoir, en vue de l'univers, les *« luminaires »* qui nous éclairent ? N'était-ce pas de la terre uniquement qu'il s'agissait dans sa pensée, et en vue d'elle seule qu'il avait à parler de ces *« luminaires »* ? On peut même dire que cette relation d'utilité qu'il fait ressortir se lie étroitement à son point de vue monothéiste. Il montre par-là que les astres, adorés par tous les peuples voisins des Juifs, sont de simples créatures au service de l'homme, et non des puissances que l'homme doive servir »[35].

Versets 16-19. « *Les deux grands luminaires* ». Cette épithète leur est donnée uniquement au point de vue de l'apparence sensible, l'auteur ne s'occupant nullement de ce qui en est en réalité. Pour commencer, il a choisi une expression inhabituelle *« le plus grand luminaire »*, au lieu du terme désignant d'ordinaire « le soleil», en hébreu *shèmèsh*. Ensuite, il a évoqué *« le plus petit luminaire »*, plutôt que le terme désignant ordinairement « la lune », en hébreu *yaréah*. Il a probablement opté pour ces termes au lieu des noms habituels du fait que, dans les autres langues sémitiques, ces noms étaient ceux de dieux. Certaines des villes cananéennes conservent dans leur nom une trace de l'importance du culte païen des astres, comme Beth Shemesh qui signifie « temple du soleil » et Jéricho qui dérive également de la même racine que le terme «lune ». Même si un certain nombre de ces noms païens

---

35 Bible annotée de Neuchâtel, AT1 p 79

allaient survivre en Terre promise pendant plusieurs siècles, l'auteur de la Genèse voulait rendre son peuple conscient que ce n'était pas dans le soleil, la lune ou les étoiles, qu'il fallait chercher une réponse à ses interrogations ni une protection, mais dans le seul vrai Dieu qui a créé toutes choses.

Les corps astraux ne **« *dominent* »** ni ne « président » ni ne «commandent »[36] les cieux que dans le sens où ils servent de signes pour les saisons fixes, les jours et les années, et en règlent le nombre, le cours et la durée. Les peuples anciens ne devaient donc pas adorer ces corps célestes : bien plutôt, ils faisaient partie de la Création et rendaient témoignage à la gloire du Créateur *(Psaumes 19.1-6)*.

Ainsi, l'auteur de la Genèse se réfère aux astres uniquement comme objets créées par Dieu pour jouer cinq rôles :

(1) **« *séparer le jour et la nuit* »**, l'auteur a mis le jour et la nuit en rapport avec le mouvement du soleil, car il ignorait la rotation de la terre sur son axe, et il a pu, sans doute pour ne pas se contredire, attribuer aux jours et aux nuits une durée de vingt-quatre heures.

(2) être **« *des signes* »** indiquant le passage du temps et le rythme des périodes appelées temps, jours et

---

[36] *Bible Parole de Vie ; Français Courant*

années. Le soleil et la lune sont des signes pour distinguer les époques, les jours et les années. Le « *jour* » est présidé par le soleil « *le plus grand luminaire* » et la lune, « *le plus petit luminaire* », préside « *la nuit* ». Quant aux « *étoiles* », mentionnées en 3ème position après les deux principaux luminaires, elles sont des points de repère absolument parlant, dont la position sert à orienter le voyageur dans le désert ou sur mer.

 (3) Concernant l'expression **« *pour marquer les époques* »**, le mot hébreu *(mo'ed)* signifie un moment fixé à l'avance et s'applique surtout aux fêtes solennelles. Il sert probablement à désigner ici les mois et les semaines, qui sont fixés d'après le cours de « la lune », et d'où dépendent les temps de fête. Tout comme « *jour*» et « *nuit* » au *verset 5*, ces termes n'ont aucun sens sans l'existence du soleil et la rotation des planètes.

(4) **« *Les jours et années* »** enfin, se rapportent au rôle du soleil pour calculer le temps qui passe.

(5) Les astres devaient **« *éclairer la terre* »**. Il y a dans l'univers environ 2000 milliards de galaxies. Une galaxie est le plus souvent en forme de spirale ou de disque. Chaque galaxie contient en moyenne plusieurs centaines de milliards d'étoiles, sans compter les planètes. Notre galaxie, la Voie Lactée,

qui est une galaxie de taille très moyenne, contient 234 milliards d'étoiles. Faites le calcul ? Cela fait environ 500 000 milliards de milliards d'étoiles. De quoi donner le vertige ! La Bible dit que : « *Dieu compte le nombre des étoiles et leur donne à toutes un nom* « (Psaumes 147.4) et encore « *Levez les yeux vers le ciel et regardez ! Qui a créé cela ? C'est celui qui fait sortir les corps célestes en bon ordre. Il les appelle tous par leur nom. Son pouvoir est si grand, sa force si puissante que pas un seul ne manque* » (Ésaïe 40.26).

«Dieu vit que cela était bon. Ainsi, il y eut un soir, et il y eut un matin : ce fut le quatrième jour », répondant au but que Dieu s'était proposé pour l'homme. Dans la continuité de l'œuvre de Dieu les jours précédents, le texte rapporte que ce qui fut créé le quatrième jour était bon. La création du soleil, de la lune et des étoiles – les astres – le quatrième jour, correspond à la création de la lumière et à sa séparation des ténèbres, le premier jour, selon la structure littéraire.

Les incroyants adeptes de l'astrologie se laissent guider par les étoiles et les planètes[37]. Quelle folie

---

[37] *Il y a 49 versets dans la Bible qui parlent de l'astrologie, mais les plus pertinents sont Ésaïe 47.13-14 ; Lévitique 19.26 ; Daniel 2.27 ; Matthieu 2.1-2*

alors d'étudier les tableaux astrologiques des Babyloniens ou d'adorer le dieu soleil en Égypte ! Nous devrions bien plutôt mettre notre confiance en Celui qui créa ces objets célestes. Cependant, un grand nombre rejette le Créateur en adorant la créature *(Romains 1.25).*

Cinquième jour *(1.20-23)* **: Les mers et les cieux sont peuplés de créatures marines et d'oiseaux**

20 Dieu dit : Que les eaux produisent en abondance des animaux vivants, et que des oiseaux volent sur la terre vers l'étendue du ciel. 21 Dieu créa les grands poissons et tous les animaux vivants qui se meuvent, et que les eaux produisirent en abondance selon leur espèce; il créa aussi tout oiseau ailé selon son espèce. Dieu vit que cela était bon. 22 Dieu les bénit, en disant: Soyez féconds, multipliez, et remplissez les eaux des mers; et que les oiseaux multiplient sur la terre. 23 Ainsi, il y eut un soir, et il y eut un matin : ce fut le cinquième jour.

Verset 20. C'est ici dans le récit le commencement de la vie animale, et l'auteur marque l'entrée de ce facteur tout nouveau dans le monde en reprenant au *verset 24* le terme de « ***créa»***, *bara,* qu'il avait employé en commençant. Conformément à la théorie de la structure littéraire, il est possible d'établir un lien entre le deuxième et le cinquième jour. Comme le second jour comprenait la formation de l'eau et de l'air, le cinquième donne naissance à deux espèces d'êtres. Le deuxième jour, Dieu a séparé les eaux les plus élevées des plus basses au moyen du ciel pour fournir l'habitat et l'environnement voulus pour qu'une foule de créatures diverses y vivent. Puis, le cinquième jour, il a créé *« les oiseaux »* qui allaient habiter les cieux, l'étendue ouverte des cieux = notre atmosphère, et les êtres aquatiques devant habiter les océans, les mers, et les rivières, les eaux qui sont au-dessous. Les eaux grouillaient d'êtres vivants et la terre foisonnait d'oiseaux et d'insectes. Le mot hébreu traduit par *«oiseaux »* signifie « êtres qui volent » et inclut, par exemple, les chauves-souris et probablement aussi les insectes volants. C'est que la matière ne peut produire d'elle-même la vie ; elle n'est, comme on l'a dit, que le « substratum » de la vie, lui donnant uniquement les conditions de sa manifestation, c'est-à-dire la formation géologique sous-jacente. La vie animale est donc un nouveau don de Dieu à la nature.

    Le récit affirme que les eaux devaient produire *« en abondance des animaux vivants »*.

« **En abondance** » *(Psaumes 104.25-26)* décrit un résultat, et non pas la méthode de production. De fait, tout le surnaturel du processus tient dans cette formule *« Dieu créa »*.

L'expression « **vers l'étendue du ciel** », signifie qu'en volant, les oiseaux se détachent sur le fond bleu du ciel. La science objectera sans doute que des animaux existaient dès longtemps simultanément avec les plantes ; mais, comme nous l'avons déjà dit, l'auteur écrit, non en savant, mais pour ainsi dire en artiste composant son tableau, sans s'enfermer dans une logique strictement chronologique. [38] Cependant une lecture du texte de type concordiste permet de retrouver en partie une telle logique.

Le terme **« *produisent en abondance* »** traduit un verbe *sharats*, « essaimer », utilisé ici avec le substantif qui lui correspond – un collectif pluriel en hébreu, *sherets*, – signifiant « des essaims », qui désigne ici des bêtes qui « pullulent ». Typiquement, *sherets* se réfère à des créatures qui grouillent, comme des insectes, des souris, de petits reptiles et des lézards. Dans ce contexte, ce mot désigne, d'une manière générale, des créatures aquatiques et pourrait même inclure **« *les grands poissons* »**.

---

38 Voir plus haut au troisième jour, note 32 p 41

« *Les animaux vivants* », en hébreu *nefesh ḥayah,* est apposé au terme désignant le pullulement. Le terme hébreu signifie littéralement « des âmes vivantes ». L'âme, *anima* en latin, est le souffle de vie qui *anime* l'organisme physique et le fait mouvoir. Les âmes sont diversement douées, mais ce terme désigne le caractère commun à tous les êtres vivants jusqu'à l'homme. Cette expression n'est pas restrictive ; elle s'applique aux créatures aquatiques en *Genèse 1.20-21,* aux animaux terrestres en *Genèse 1.24,* aux oiseaux et aux animaux terrestres en *Genèse 9.10,* à l'homme en *Genèse 2.7* et aux animaux en *Genèse 9.16.* Elle renvoie aux créatures animées ayant reçu un souffle de vie *(Genèse 2.7).*

Versets 21-23. Le mot *bara,* « *créa* », n'était pas apparu depuis *Genèse 1.1*, mais nous le retrouvons au *verset 21*, qui dresse l'inventaire des principaux types d'animaux que **« *Dieu créa ».*** Il s'agissait des petits poissons qui nagent dans les eaux et des êtres vivants qui rampent sur les fonds marins. Il était aussi possible de compter les oiseaux volant à travers les cieux. De même dans le troisième groupe, l'auteur fait spécifiquement référence aux **«*grands poissons* »,** en hébreu *hat-tanninim hag-gedolim*. La racine du terme hébraïque qui concerne ces «monstres marins » est *tannin*, qui désigne aussi un « dragon » ou un « serpent » et qui peut désigner soit cet animal *(Exode 7.9)*, soit un crocodile *(Ézéchiel 29.3)* soit tout autre type de créature vivante dotée d'une grande force *(Jérémie 51.34)*. Il est aussi utilisé dans les écrits poétiques ou prophétiques d'une manière symbolique, pour décrire la victoire de Dieu sur ses ennemis [39]. Dans le récit de la création, l'auteur ne l'utilisait pas dans ce dernier sens, mais pour désigner de véritables créatures telles que les baleines ou les cétacés, les hippopotames, les crocodiles et les autres grands animaux qui pourraient se trouver aux abords des mers ou en elles. Seules les grandes bêtes aquatiques sont sans doute désignées ici, le serpent ou reptile, n'apparaissant qu'au sixième jour *au verset 24*.

Les grands animaux marins, adorés de l'Antiquité comme des dragons et des monstres, ne sont que les créatures du Dieu tout-puissant. Le terme *hat-tanninim hag-gedolim* peut également désigner des animaux disparus, tels les dinosaures qui étaient des reptiles comme les serpents et les crocodiles, et qui ressemblaient aussi à des dragons.

---

39 Job 7.12 ; Psaumes 74.13 ; Ésaïe 27.1 ; 51.9

À ces grands animaux, le récit joint toute la multitude des animaux marins en ajoutant le terme *« selon leur espèce »*, qu'il applique aussi après cela aux oiseaux. Ce terme a été déjà utilisé pour les fruits et les semences aux *versets 11-12,* excluant toute idée de passage d'une espèce à l'autre [40]. Fait important, des variations considérables existent à l'intérieur des *« espèces»* biologiques mais aucune espèce ne se transforme en une autre.

En hébreu les « monstres marins » n'étaient pas des ennemis que Dieu a dû vaincre – c'est de la mythologie païenne – mais faisaient au contraire partie de l'ouvrage dont **« Dieu vit que cela était bon »**.

Pour la première fois la création de tous ces animaux s'accompagne d'une bénédiction divine : **« Dieu les bénit »** d'une puissance reproductrice les rendant à même d'être féconds pour ***«se multiplier et remplir les eaux des mers»*** *(verset 22)*. Ce terme exprime à la fois une communication de force et une promesse pour l'avenir. La bénédiction de Dieu est inhérente à l'ordre et au pouvoir qu'il donne de se multiplier. Dieu semble se réjouir de cette abondance de vie qui va désormais enrichir la terre. Cette bénédiction

---

40 *Voir plus haut le troisième jour, verset 11-12*

n'avait pas été prononcée sur la plante, parce qu'elle possédait en elle-même la faculté de se reproduire, que l'animal possède aussi, mais pour la reproduction de nouveaux êtres vivants animés, il faut cette puissance vivifiante que renferme la bénédiction divine. La vie et sa propagation sont des dons de Dieu qui s'en porte garant, même chez les créatures animées inférieures à l'homme.

La formule : **« *cela fut ainsi* » (versets 7, 11, 15, 24)**, n'est pas répétée ici, peut-être parce que la bénédiction prononcée ne sera réalisée que progressivement dans la suite des temps. Comme « *le cinquième jour* » touche à sa fin, la « bénédiction » introduit l'un des thèmes théologiques développés dans l'ensemble de la Genèse. Le livre est souvent décrit comme l'histoire de l'accomplissement des bénédictions de Dieu sur ses créatures.

Sixième jour *(1.24-31)* : Les animaux terrestres et l'homme sont créés

« *Le sixième jour* » est décrit plus en détail que les jours précédents car les actes puissants de Dieu atteignent leur apogée avec la création des animaux terrestres, puis de la vie humaine. « *Le troisième jour* », la terre ferme et toutes les formes de végétation furent créées, si bien que le sixième jour lui correspond, avec la création des animaux *(1.24-25)* et de l'homme *(1.26-28)* pour qu'ils peuplent la terre. De plus, Dieu a fait un don gracieux en offrant à l'homme et aux animaux les récoltes que la végétation allait engendrer pour qu'elle leur serve de nourriture *(1.29-30)*. Cette section, de même que le premier chapitre, se conclut par l'évaluation par Dieu de ce qu'il avait créé qu'il qualifie maintenant de *« très bon » (1.31)*.

Création des animaux terrestres *(1.24-25)*
24 Dieu dit: Que la terre produise des animaux vivants selon leur espèce, du bétail, des reptiles et des animaux terrestres, selon leur espèce. Et cela fut ainsi. 25 Dieu fit les animaux de la terre selon leur espèce, le bétail selon son espèce, et tous les reptiles de la terre selon leur espèce. Dieu vit que cela était bon.

Versets 24-25. La création des animaux terrestres est placée la dernière, ces êtres étant les plus rapprochés de l'homme; et l'une des plus grandes hardiesses de notre récit est sans doute d'avoir placé celle de l'homme dans la même journée que celle de ces êtres inférieurs à lui, comme pour lui montrer qu'il fait partie du règne animal. Ce moment de la création de l'homme constitue l'apogée de la Création. Même si l'homme est la dernière créature mentionnée dans ce récit, il ne fut pas le résultat d'une évolution : il fut créé, comme les autres créatures animées *(verset 21)*. De cette disposition ressortent avec force à la fois l'humilité, ou la petitesse, et la grandeur de l'homme.

« Que la terre produise», cette expression, qui avait été employée par rapport aux plantes, réapparaît ici appliquée aux animaux terrestres. Elle indique que c'est par l'intermédiaire de la terre et avec sa coopération qu'ils arrivent à l'existence et, de plus, qu'ils sont appelés à vivre à sa surface et comme hors d'elle. Dieu se sert du matériau terrestre déjà existant, comme d'une matrice, où s'opère l'acte de création. De même que Dieu dit à propos des animaux marins *« que les eaux produisent » (verset 20)*, car tous les êtres vivants sont faits des mêmes corps simples qu'ils tirent de l'eau, de la terre, et de l'air[41], Dieu insiste sur le fait que l'homme est tiré de la terre comme les animaux terrestres, d'où le nom

---

41 *Carbone, hydrogène, oxygène, azote, sodium, potassium, chlore, calcium, etc...*

donné à l'homme : *'adam* venant de l'hébreu *'adama* = la terre[42].

Dans ces deux versets, l'auteur décrit trois catégories d' **« animaux vivants »** terrestres que Dieu a créés :

(1) Le **« bétail »,** le mot hébreu désigne le mutisme et s'applique le plus souvent aux animaux domestiques qui se nourrissent d'herbe, et qui, par la privation du langage, diffèrent de l'homme, avec lequel ils vivent. C'est le mot employé dans le quatrième commandement *« ton bétail » en Exode 20.10*. Il peut bien désigner parfois les grands quadrupèdes en général, mais le sens restreint résulte ici de l'opposition au troisième terme.

 (2) **« Les reptiles »,** désigne tout ce qui rampe sur la terre : insectes, petits quadrupèdes, lézards et spécialement les serpents, qui forment un genre tout à fait à part, tout autant que les animaux domestiques.

(3) Les **« animaux de la terre »** désigne tout ce qui reste en dehors de ces deux classes, en particulier ce que nous appelons les animaux sauvages.

―――――――――――

42 André Chouraqui voulant restituer cette origine, traduit « adam » par le « glaiseux » !

« *Dieu fit les animaux de la terre selon leur espèce* », *(verset 25):* cette détermination se rapporte aux trois classes au *verset 12*. De même qu'il a fait les plantes, les arbres, les espèces marines et les oiseaux, il a également créé toutes les espèces d'animaux des champs. Le Créateur a placé les bornes et défini les limites de chaque espèce de toute la Création. Par la suite, afin que ses œuvres se perpétuent toutes seules, il a donné à chaque espèce de plantes et d'animaux le pouvoir de procréer.

La notion biblique d'**espèce** est confirmée et expliquée par la génétique moderne. Comme nous l'avons vu plus haut[43], la définition scientifique de l'espèce est un ensemble d'êtres vivants capables, non seulement de se reproduire entre eux, mais de donner aussi naissance à des descendants féconds.
L'ordre est ici renversé par rapport au *verset 24* : d'abord la classe la plus générale, puis plus spécialement les deux qui ont un caractère particulier, bétail et reptiles, mais il n'est pas dit que Dieu bénit ces animaux terrestres comme il avait béni les poissons et les oiseaux et comme il bénira l'homme. C'est probablement parce que leur bénédiction est implicitement renfermée dans celle

---

43 *Au troisième jour versets 11-13, p 36*

de l'homme comme leur chef avec qui ils partagent le séjour de la terre.

Contemplant son œuvre d'en haut, une fois encore « *Dieu vit qu'elle était bonne* ».

Création de l'homme à l'image de Dieu *(1.26-28)*

26 Puis Dieu dit: Faisons l'homme à notre image, selon notre ressemblance, et qu'il domine sur les poissons de la mer, sur les oiseaux du ciel, sur le bétail, sur toute la terre, et sur tous les reptiles qui rampent sur la terre. 27 Dieu créa l'homme à son image, il le créa à l'image de Dieu, il créa l'homme et la femme. 28 Dieu les bénit, et Dieu leur dit: Soyez féconds, multipliez, remplissez la terre, et l'assujettissez; et dominez sur les poissons de la mer, sur les oiseaux du ciel, et sur tout animal qui se meut sur la terre.

Verset 26. « Puis Dieu dit. » Dans toutes les créations précédentes la parole divine est adressée à l'être lui-même qui doit paraître ou à l'élément d'où il doit sortir; ici Dieu se parle à lui-même. Ce n'est pas un simple appel, c'est une décision prise intérieurement, qui précède l'exécution. Il y a dans cette forme une solennité motivée par le fait que l'œuvre arrive à son terme et que l'être qui va paraître appartient à une économie supérieure. Le terme hébreu pour désigner Dieu *Elohim* est au pluriel. Même si le rédacteur de la Genèse ne croyait pas en la pluralité des dieux, comme s'il s'agissait d'une mythologie païenne, il a utilisé le verbe « faire » à la première personne du pluriel au *verset 26*. Certains ont pensé qu'il l'a fait afin que le verbe corresponde au sujet pluriel « *Dieu* ». Mais il demeure que la raison de cet accord est grandement controversée notamment à cause du fait que dans d'autres versets de *Genèse 1*, des verbes ayant le sujet pluriel *Elohim* sont conjugués au singulier. Déjà au *verset 1*, tandis que le verbe « *créa* » est au singulier, le sujet Elohim est au pluriel. Aussitôt après, le *verset 2* mentionne expressément le Saint-Esprit. En *Genèse 3.22*, c'est également le pronom « nous » à la première personne du pluriel qui est utilisé par l'Eternel Dieu.

Selon une autre idée répandue, le rédacteur a utilisé les formes plurielles dites de « majesté » au verset *1.26,* afin de mettre en valeur la majesté de Dieu, dans le sens de la plénitude de ses attributs et de sa puissance, que les anciens estimaient réunis au sein de la divinité. Cependant, au-delà du sens que peut véhiculer le passage ci-dessus, les Écritures ne présentent nulle part ailleurs le type de pluriel de majesté qu'un souverain devrait utiliser dans un édit.

Certains considèrent que le Créateur parle en qualité de Roi des cieux accompagné de ses armées célestes. L'idée selon laquelle le pluriel est appliqué ici pour souligner l'honneur royal dû à Dieu est peu convaincante, le passage portant sur la relation spéciale qui existe entre Dieu et l'homme. L'objectif est plutôt de montrer la ressemblance entre la créature et le Créateur et non pas la majesté des attributs de Dieu. De plus, le pluriel de majesté n'existe pas en hébreu.

Dans le même ordre d'idées, afin de prouver la présence de la doctrine de la Trinité dans l'Ancien Testament, certains ont mentionné l'utilisation de la première personne du pluriel « nous » et *« notre »*, pour désigner Dieu. Toutefois, ce n'est qu'au deuxième siècle, après la révélation parfaite de Jésus-Christ, que les chrétiens ont commencé à utiliser la formule « le Père, le Fils et le Saint-Esprit » comme preuve du pluriel dans la divinité dans *Genèse 1.26*. Il va sans dire que le Nouveau Testament regorge de nombreux éléments allant dans le sens de cette doctrine [44]. Toujours est-il

---

44 voir par exemple Matthieu 3.16-17 ; 28.19 ; Jean 1.1-3 ; 10.30-33 ; 20.28 ; Actes 5.3-4 ; Romains 8.9-17, 26-29 ; 2 Corinthiens 13.14 ; Éphésiens 3.16-19 ; Philippiens 2.5-11 ; Colossiens 1.15-17 ; Hébreux 1.1-3 ; Jude 20-21; Apocalypse 5.8-14

qu'aucun écrivain inspiré de l'Ancien Testament n'a jamais fait référence à l'usage des pluriels « *nous* » et « *notre* » dans le récit de la création pour suggérer l'idée d'un Dieu trinitaire, parce que l'objectif premier de l'Ancien Testament est de révéler le Dieu Un, dans une culture polythéiste.

Cela devrait nous inciter à la prudence et ne pas être trop catégorique dans notre interprétation, même si je pense que dans ce « *nous* » nous pouvons voir une allusion à la Trinité, à la lumière du Nouveau Testament.

Il est également possible de donner au *verset.26* une explication qui mérite aussi une certaine attention : dans l'Ancien Testament, Dieu est souvent dépeint sous les traits d'un grand Roi, qui siège sur son trône, entouré d'un conseil d'anges. Selon le prophète Michée : « *J'ai vu l'Éternel assis sur son trône, et toute l'armée des cieux se tenant auprès de lui, à sa droite et à sa gauche* ». Ensuite le Seigneur a défié l'armée céleste, disant: « *Qui séduira Achab pour qu'il monte à Ramoth en Galaad et qu'il y tombe ?* » *(1 Rois 22.19-20).* Immédiatement, un des êtres angéliques s'est avancé et s'est porté volontaire pour exécuter la sentence prononcée sur le méchant Achab, roi du nord d'Israël. Un autre texte, *Psaumes 89.5-7,* décrit Dieu comme un roi souverain entouré d'un conseil céleste. Ce psalmiste a affirmé que « *l'assemblée des saints* » dans les cieux loue l'Éternel, et a par la suite ajouté qu'aucun des « *fils des dieux* » ou « *fils des forts*[45] » n'est comparable au Seigneur car « *Dieu est terrible au grand conseil des saints* ». Enfin, en *Ésaïe 6.1-8*, Dieu est dépeint tel un grand roi « *assis sur un trône, confortable et exalté, avec le pan de sa robe qui remplit le temple* ». Il est écrit qu'il est entouré d'une foule de séraphins, figures angéliques, qui le louent et se tiennent prêts à le servir *(Ésaïe 6.1-3, 6-7)*. Lorsque le prophète Ésaïe a entendu la voix de Dieu lui disant : «*Qui enverrai-je ?* » *(Ésaïe 6.8)*, la vision fait clairement apparaître un conseil céleste d'anges implicitement présents dans la question du Seigneur, qui pourrait être renfermé dans la première personne du pluriel: « *Nous* ».

À la lumière de ces passages précédents, nous voyons Dieu agissant de concert avec son conseil céleste. Les anges, par conséquent, ont pris part à la création, non pas en qualité de créateurs, mais en tant que témoins de tout ce que Dieu faisait et le louant pour cela. Dieu a mentionné la présence de ces êtres lorsqu'il a posé les questions poétiques à Job : « *Où étais-tu quand je fondais la terre ?... Ou*

---

45 Traductions J. N. Darby et David Martin.

qui en a posé la pierre angulaire, alors qu'ensemble les étoiles du matin éclataient en chants de triomphe, et que tous les fils de Dieu lançaient des acclamations ?» (Job 38.4-7). Les *« fils de Dieu »* de *Job 1.6 ; 2.1* sont les anges qui se présentent devant lui ; Satan était parmi eux. Toutes ces différentes interprétations dépassent l'horizon du livre de la Genèse que nous commentons.

Mais il ne suffit pas pour expliquer ce pluriel *« **faisons** »* de rappeler la richesse des perfections divines, car ces perfections ne peuvent être personnifiées comme se parlant les unes aux autres. Le sens le plus simple serait que Dieu se parle à lui-même, ce qui en effet ne peut se faire à l'impératif qu'en employant la première personne du pluriel. Mais alors cette explication ne suffit toujours pas pour rendre compte du mot *« notre »* deux fois répété dans les mots suivants, et il nous paraît que seule l'explication naturelle, ressortant du livre lui-même, c'est d'appliquer cette première personne du pluriel à l'Éternel et à son instrument dans toutes ses œuvres accomplies dans le monde visible, *« l'Ange de l'Éternel »*, dont il est parlé plusieurs fois dans le livre de la Genèse et quelquefois dans les autres livres de l'Ancien Testament[46]. Cet être mystérieux est constamment envisagé à la fois comme Un avec l'Éternel et comme distinct de lui. Comme agent de l'Éternel dans ses manifestations visibles, il est tout naturellement appelé à prendre part à la création de l'homme. C'est la même pensée que l'apôtre Jean exprime dans ces mots en *Jean 1.1-3* : « *Au commencement était la Parole, et la Parole était avec Dieu, et la Parole était Dieu. Elle était au commencement avec Dieu. Toutes choses ont été faites par elle, et rien de ce qui a été fait n'a été fait sans elle».* Cet *« Ange de l'Eternel »* assimilé à L'Eternel, sera dans le Nouveau Testament, Jésus, Parole de Dieu, Créateur de toutes choses (*Colossiens 1.16*) ? L'interpellation **« faisons »** suggère une décision prise en commun, à l'apogée du projet divin : pour créer l'homme, seule créature à son image, *Elohim* associe l'Esprit et la Parole.

Avec la création de **« l'homme »**, le récit des origines a atteint son apogée du fait que Dieu a créé ce dernier ***«à son image »***, en hébreu *tselem*, et **« *selon sa ressemblance* »**, *demout*. « L'homme » en hébreu «'*adam »* désigne ici l'espèce tout entière comme renfermée dans son premier représentant.

---

[46] *Genèse 16.7 22.15 ; Exode 14.19 ; Nombres 22.23 ; Juges 2.1 ; 13.3 ; Esaïe 63.9.*

L'origine de ce nom est expliquée de différentes manières. La plupart le mettent en rapport avec le substantif hébraïque *'adama,* le sol, ou bien on le fait dériver de *'adom* = rouge. Dans le premier cas, l'homme serait appelé ainsi en tant que tiré du sol qui recouvre la terre; dans le second, à cause de la couleur de son corps. Dans les deux cas, ce mot rappelle son humble origine, ce qui est conforme à l'un des messages de ce début de la Genèse, d'après lequel le plus élevé des êtres terrestres n'est que « poussière » en face de Dieu selon *Genèse 3.19*.

«*A notre image, selon notre ressemblance* ».

Au *verset 27*, le mot image est seul relevé. Dieu n'ayant pas une forme humaine, le mot *« image »* est employé ici au figuré et signifie que les êtres humains partagent, à leur création, les caractéristiques transmissibles de Dieu comme la vie, la personnalité, la vérité, la sagesse, l'amour, la sainteté, la justice, de sorte qu'ils peuvent jouir d'une communion spirituelle avec lui. Le pluriel « *notre* » prouve que l'homme est dans cette relation avec les trois êtres divins renfermés dans le sujet « *Elohim* » de « *faisons* ».

L'image de Dieu dans l'homme n'est pas figée, elle peut être transformée, car l'homme est responsable de son orientation morale ; en effet, appelé à se conformer à la volonté sainte de Dieu, l'homme « à son image » est libre, comme Dieu, de choisir sa voie, en *Genèse 3.*

Dieu plaça l'homme sur la terre comme son représentant le plus ressemblant possible parmi les autres créatures. Tout comme Dieu constitue une Trinité, Père, Fils et Saint-Esprit, l'homme possède une nature tripartite (corps, âme et esprit). Comme Dieu, l'homme possède l'intelligence, un sens moral, la capacité de communiquer avec autrui et une maîtrise de l'émotion et de la volonté, qui transcende l'instinct. Par contraste avec les animaux, l'homme est capable d'adorer, de communiquer clairement par la parole, -qui est une communication abstraite, alors que les animaux n'ont qu'une communication immédiate-, et de transformer son environnement. Plusieurs ont trouvé l'explication de l'image de Dieu chez l'homme dans les paroles suivantes du *verset 28,* où l'homme est installé comme souverain de la terre et par là comme dépositaire ici-bas de la souveraineté divine.

D'autres ont pensé à la majesté empreinte sur la figure et dans toute la forme de la personne humaine. Mais le corps de l'homme est ce par quoi il diffère de Dieu plutôt que ce par quoi il lui ressemble. Le trait de beauté physique qui distingue l'homme est un effet de sa ressemblance morale avec Dieu. C'est évidemment dans cette dernière qu'il faut chercher la vraie notion de l'image de Dieu dans l'homme. Elle consiste dans la possession de la personnalité, privilège qui a pour essence la volonté libre, disposant d'elle-même, et qui suppose à la fois l'intelligence capable de distinguer les partis à prendre, et le sens moral, indicateur de celui qu'il faut choisir. C'est par là que l'homme peut arriver à la sainteté, l'identité avec le bien, qui est le trait fondamental de l'essence de Dieu. Cette image, l'homme ne l'a pas perdue mais il l'a abîmée par le péché, car même dans son état de chute il reste toujours une personnalité libre, capable d'aspirer au bien[47]. Elle a été altérée en ce sens qu'un penchant opposé à l'amour du bien s'impose à l'homme comme une puissance qui le domine ; voilà pourquoi l'apôtre Paul dit en *Éphésiens 4.24,* que le fidèle est renouvelé « *selon l'image de celui qui l'a créé* » si bien que sa volonté libre tend de nouveau au bien. De ce caractère de personnalité libre et intelligente accordé à l'homme résultent et la noblesse imposante de sa figure et la domination qu'il exerce sur les animaux et sur le monde.

Dieu créa l'homme à son image aussi afin qu'il puisse remplir une fonction, celle de **« *dominer***

---

47 *Comparez Genèse 5.1; 9.6; 1Corinthiens 11.7; Jacques 3.9*

sur...la terre » ou de maîtriser la nature, selon *Genèse 1.26-28*. Ainsi, Dieu dominerait le monde par l'intermédiaire de son représentant. Plus tard, les rois égyptiens agiront de façon similaire – mais idolâtre – en symbolisant leur règne ou leur domination par des statues d'eux-mêmes. À présent, à cause du péché, tout n'est pas sous la domination de l'homme, mais Jésus-Christ établira sa domination sur toute la terre à son retour[48]. Dieu voit déjà dans l'individu toute la race, de là ce pluriel. L'homme dominera aussi bien sur l'œuvre du cinquième jour que sur celle du sixième jour. C'est cette parole de la Genèse qui a inspiré le psalmiste dans l'hymne du *Psaume 8*[49].

Verset 27. Alors que le *verset 26* est une citation des paroles de Dieu, le *verset 27* est le rapport fait par l'auteur. Il a employé la répétition sur le modèle du chiasme ou parallélisme concentrique, afin de mettre l'accent, au centre de la phrase, sur son point de vue :

---

[48] *Hébreux 2.5-8*
[49] *Comparez les versets 7-9.*

A1 : « *Dieu créa l'homme* »
B1 : « *à son image* »,
B2 : « *à l'image de Dieu* »
A2 : « *il les créa* ».

« *Et Dieu créa* ». Le mot créer revient ici pour la troisième fois. Il avait été employé d'abord pour désigner la création de la « matière » au *verset 1*, puis celle de la « vie » au verset 24 ; il est répété ici pour désigner l'origine de l'être humain et de la «différenciation sexuelle humaine». Les trois usages du verbe *créer* aux *versets1, 24, 27*, marquent trois stades importants du développement du monde. De même, l'apparition de « l'adam », l'apparition de l'être vivant « à son image », et l'apparition de l'humain sexué au *verset 27,* sont les trois aspects importants de la personnalité de l'homme, complètement nouveaux, parce qu'ils impliquent une communication nouvelle provenant d'une source supérieure, l'Esprit de Dieu *(verset 2)*.

Le mot « *créa* » est employé trois fois dans ce seul verset, parce que c'est ici l'œuvre suprême venant d'en-haut. Les trois fois, le verbe « *créa* » indique que l'action est accomplie, et que l'état ainsi inauguré demeure. Les trois propositions ont la solennité du rythme poétique.

On sent, par la répétition, que l'auteur de la Genèse est ému de la grandeur du fait qu'il exprime : voilà enfin l'être, « l'homme » capable de représenter l'auteur invisible de toute cette œuvre «Dieu », de connaître sa pensée et de réaliser sa volonté !

Dans la première proposition, le mot saillant « *créa* » marque la nouveauté ; dans la seconde, c'est la qualité : « *à l'image de Dieu* » ; dans la troisième, l'auteur fait ressortir la distinction entre l'homme et la femme. Nous voyons par cette dernière proposition que la femme est créée à l'image de Dieu aussi bien que l'homme ; c'est sans doute grâce à cette idée que la femme occupait en Israël une position beaucoup plus élevée que chez les peuples voisins. Dans toute la Bible, la mère est considérée comme devant être respectée par les enfants à l'égal du père[50].

L'auteur fait ressortir la distinction entre « *l'homme et la femme* », non en ce sens que le premier homme les aurait réunis tous deux en sa personne et qu'ils n'auraient été séparés que plus tard, comme on se l'est souvent figuré, mais comme ayant existé dès l'abord dans deux personnalités

---

50 Exode 20.12; Lévitique 19.3

distinctes, car il dit, lorsqu'il utilise le verbe créer pour la troisième fois dans ce verset, « *Il les créa mâle et femelle* », et non « *Il créa l'homme et la femme* »[51]. Cette expression, du reste, comme le passage tout entier, suppose la création d'un seul couple ; c'est de ce fait que Jésus tire la loi de la monogamie *(Matthieu 19.4)* et l'apôtre Paul l'idée de l'unité physique et spirituelle de la race humaine *(Actes 17.26)*[52].

Nous venons de voir comment au *verset 26* « **l'image** », en hébreu *tsèlèm,* et la « **ressemblance** », en hébreu *demout,* de Dieu peuvent être perçues chez les hommes qu'il a créés. Toutefois le premier terme *tsèlèm* désigne souvent les idoles. Les images de ce type sont strictement interdites dans la loi de l'Éternel *(Nombres 33.51-52)*. Cependant, tout au long de l'Ancien Testament, le peuple de Dieu a refusé de rejeter ses faux dieux. Telle est la raison pour laquelle le Seigneur a déclaré la fin de Jérusalem et de Juda, entraînant ainsi la destruction de son peuple idolâtre et de ses images[53].

---

51 *Genèse 2.18-25 dans les versions Darby et Segond*
52 *Sur l'unité et l'origine de l'humanité, nous le verrons en Genèse 2.7.*
53 *Ézéchiel 7.3, 20, 24-27*

En d'autres termes, aucune image physique ou ressemblance façonnée par l'homme ne peut représenter la véritable nature du Dieu immortel, éternel. Dans les Dix commandements, il est interdit pour Israël de se faire des images taillées de Dieu ou d'essayer de le représenter par une image quelconque de quoi que ce soit dans les cieux ou sur la terre *(Exode 20.3-5 ; Deutéronome 5.7-9).* Avant l'entrée des Israélites en Terre Promise, Moïse les a exhortés à être prudents à ce sujet : *«Puisque vous n'avez vu aucune figure le jour où l'Éternel vous parla du milieu du feu, à Horeb, prenez bien garde à vos âmes » (Deutéronome 4.15).* Ils ne devaient pas « *faire d'image taillée* » à l'image ou à la ressemblance des hommes – hommes ou femmes – des animaux – bêtes, espèces rampantes, oiseaux ou poissons – ou de toute chose dans les cieux – soleil, lune ou étoiles *(Deutéronome 4.16-19)* pour les adorer, puisqu'ils ne sont pas éternels. Cependant dans les textes bibliques, Dieu est souvent représenté comme un roi assis sur un trône *(Ésaïe 6.1)* possédant des mains *(Psaumes 10.12, 14)* et des pieds *(Ésaïe 60.13)*, un visage, des yeux et des oreilles *(Psaumes 34.1516).* Il s'agit de simples descriptions anthropomorphiques du Dieu invisible, qui ne doivent pas être interprétées à la lettre. Ce genre d'interprétation témoigne d'une incompréhension fondamentale de la nature de Dieu, qui est esprit et non chair *(Jean*

4.24 ; Luc 24.39). « *Dieu est esprit et il faut que ceux qui l'adorent, l'adorent en esprit et en vérité.* »

Le théologien Henri Blocher dans son livre « Révélation des origines » présente sa propre interprétation : « *Une image n'est qu'une image. L'image n'a d'existence que dérivée. L'image n'est pas l'original, l'image n'est rien sans original. Que l'homme soit image souligne la radicalité de sa dépendance...* «*Image de Dieu* », *nous rappelle à l'humilité, contrairement aux thèmes païens de la divinisation de l'homme. Mais cette formule exalte aussi la gloire de l'homme et magnifie la générosité du Créateur qui lui a fait frôler la condition divine (Psaumes 8.6)* ».

Pour conclure cette notion d'image, nous dirons qu'une image est une représentation d'un modèle, mais elle peut, ou non, ressembler parfaitement au modèle[54]. Dieu décide que l'homme le représentera, sera une image concrète de sa personne invisible. Et il désire que cette représentation lui ressemble vraiment. Seul Jésus a pu réaliser parfaitement cette ressemblance, pour faire connaître Dieu aux hommes qui en avaient déformé l'image par le péché. Le modèle c'est Christ,

---

[54] *Par exemple les portraits peints par Picasso, sont des images très peu ressemblantes à leurs modèles !*

l'Homme par excellence. La ressemblance de l'homme avec Dieu n'est pas physique, mais morale et spirituelle.

La déclaration **« *Dieu créa l'homme à son image* »** renvoie donc à la nature spirituelle de Dieu, reproduite chez l'homme, alors que la déclaration : **« *il a créé l'homme et la femme* »** met l'accent sur la nature physique de l'homme.

Le terme traduit par *« homme »* dans ce passage est en hébreu *adam*, ce qui est l'usage générique du terme hébreu désignant *«l'humain »*, aussitôt différencié en *« mâle et femelle »*. Plus tard *« Adam »* sera le nom propre de l'homme en *Genèse 2.20 ; 3.17, 21*.

La Bible attribue l'origine des sexes à un acte créateur de Dieu : Dieu ordonna à l'être humain d'être fécond et de multiplier. La théorie de l'évolution, elle, n'a jamais été capable d'expliquer l'origine des sexes. Étant donné que l'homme et la femme diffèrent l'un de l'autre sur les plans physique et sexuel, l'image de Dieu chez l'homme et la femme *(adam, « humanité »)* doit forcément désigner autre chose que la nature ou la forme physique. Cette image suggère plutôt une sensibilité morale, une vie spirituelle et des qualités intellectuelles que seul l'humain, homme et femme, partage avec son Créateur, à la différence des autres êtres vivants que Dieu a faits.

Verset 28. Lorsque Dieu a créé l'homme et la femme à son image, *« **Dieu les bénit et leur a dit soyez féconds, multipliez-vous, remplissez la terre** »*. Ce faisant, Dieu a non seulement accordé sa bénédiction à l'humain, mais il l'a également rendu à même de réaliser son potentiel en multipliant et en remplissant la terre, tout comme Dieu a fait les oiseaux et la faune marine *(Genèse 1.22)*. Comme les animaux à leur première apparition ont reçu une bénédiction *(verset 22)*, il en est de même de l'homme. Mais cette bénédiction ne porte pas seulement sur l'augmentation de la famille et du peuple, qui est toujours considérée dans l'Ancien Testament comme l'un des plus grands bienfaits temporels ; à cette première faveur de la fécondité, que l'homme partage avec les animaux, s'en ajoute une seconde qui lui est propre : la souveraineté sur tous les autres habitants de la terre. Cette souveraineté est pour le moment toute pacifique ; plus tard, après le péché *(Genèse 3)*, elle se réalisera par la force *(Genèse 9.2)*.

La bénédiction de l'intimité sexuelle prévue pour l'homme et la femme, qui entre ici dans le cadre de la procréation, n'est pas un fruit du hasard ou un simple phénomène biologique. Ce n'est pas cette intimité qui a conduit au péché dans le jardin d'Éden ; elle ne constitue pas non plus un châtiment à cause d'un quelconque péché. Toute tentative d'afficher la pulsion sexuelle que Dieu a créée dans l'être humain comme un acte malsain, sordide ou démoniaque, est contraire à la Parole de Dieu. La sexualité fait partie de la création de Dieu, création qu'il a déclarée *« très bonne » (Genèse 1.31)* lorsqu'il a contemplé son ouvrage dans son ensemble. La sexualité n'est pas mauvaise, mais c'est l'abus que certains en font qui est mauvais, cela y compris dans le cadre du mariage, lorsqu'une personne use de l'autre comme d'un objet sexuel afin de satisfaire ses désirs égoïstes. La procréation est perçue de façon positive comme la volonté de Dieu pour le mariage de l'homme et de la femme qui, faut-il le rappeler, sont tous deux faits à son image. Le commandement de Dieu *« d'être féconds, de se multiplier et de remplir la terre »* s'oppose radicalement aux cultes anciens destinés à apporter la fertilité à l'humanité, aux animaux et aux plantes. Non seulement le commandement et la bénédiction de Dieu rendent ces cultes inutiles, mais ils font d'eux une preuve ultime de l'incrédulité et du péché. En se détournant du vrai Créateur et pourvoyeur de toute vie, pour se livrer à des pratiques idolâtres et avilissantes, l'homme ternit l'image de Dieu en lui. À l'opposé de ces pratiques dévalorisantes, le mariage entre un homme et une femme est un don de Dieu à l'humanité depuis le commencement ; de ce fait, une bénédiction spéciale repose sur eux et leur postérité. Dans ce livre, être béni signifie devenir prospère et être fécond. Ces merveilleux décrets de Dieu s'avèreront très importants pour Israël : il entrera en Terre promise et s'attendra à la bénédiction continuelle de Dieu.

La bénédiction est liée à la postérité, au moyen de la fécondité, pour remplir la terre certes, mais aussi la *« semence» (ou la descendance)* de l'homme était bénie pour transmettre au monde entier tout ce que Dieu a donné à l'homme.
Outre le fait de remplir la terre au moyen de la procréation, la deuxième mission de Dieu pour l'homme et la femme était **« *d'assujettir la terre et de dominer sur les poissons... les oiseaux...* »** et sur toute espèce vivante sur la terre *(Genèse 1.26)*. Le premier terme traduit par *«assujettir»* en hébreu *(kabash)*, concerne la terre : Dieu chargea l'homme

d'assujettir la création et de dominer sur elle, c'est-à-dire de la gérer, et non de l'exploiter. Le pouvoir de l'homme semblable à Dieu dans une certaine mesure, s'étend d'abord sur son domaine naturel, le sol ferme du troisième jour ; il le conquiert ensuite en le cultivant, et en dominant sur toutes les créatures apparues *(Psaumes 8.5-8).* Faune et flore sont mises au service de l'homme, comme la végétation est elle-même au service du règne animal.

Les crises écologiques actuelles sont provoquées par la cupidité, l'égoïsme et la négligence de l'homme. *Kabash, a*ssujettir, est employé dans ce sens dans certains passages bibliques, par exemple, dans le contexte où le roi Assuérus s'est dit qu'Haman avait essayé d'agresser, assujettir, peut-être violer, sa femme, la reine Esther *(Esther 7.8).* Le terme fait également référence à la campagne militaire et à l'assujettissement des villes cananéennes *(Nombres 32.22 ; Josué 18.1).* En outre, il décrit le peuple juif qui était soumis (assujetti) à l'esclavage[55]. Même si le verbe *(kabash)* suppose souvent une contrainte exercée dans le cadre des rapports humains, le contexte de *Genèse 1* n'est pas évocateur de l'assujettissement d'un peuple, mais

---

55 2 Chroniques 28.10 ; Néhémie 5.5 ; Jérémie 34.11

d'une terre. Le message implicite en *Genèse 1.28* semble être le suivant : le soin de la terre revient à l'homme qui en est le gestionnaire.

Certains interprètes supposent que le passage fait allusion « à l'implantation de colonies et à l'agriculture », ce qui corrobore l'idée de labour et de gestion de la terre dans le passage de *Genèse 2.5, 15.19*.

L'autre partie de l'ordre lancé par Dieu à l'homme est de « *dominer sur les poissons... les oiseaux... et toute espèce vivante* » présente sur la terre. Le terme employé qui s'applique à ces créatures en *Genèse 1.28* est en hébreu *radah*, généralement employé pour les hommes plutôt que pour le règne animal. Le texte de *Psaumes 110.2* en est une illustration, où le Seigneur exhorte le roi de Sion à régner (*radah*) sur ses ennemis. Le terme est également employé pour désigner le règne d'Israël sur ses ennemis captifs *(Ésaïe 14.2)* et sur les nations païennes ayant assujetti d'autres peuples et les ayant soumis à leur règne d'oppression *(Ésaïe 14.6)*. En hébreu *radah* est un terme royal qui implique le règne et l'autorité sur le peuple ; cependant, le peuple de Dieu ne devait pas être trop rude dans l'exercice d'une telle autorité. En *Lévitique 25.43*, il était interdit pour le maître de régner sur son serviteur avec sévérité. Le roi Salomon, au moins au début de son règne, a exercé une domination pacifique sur les royaumes vassaux entourant Israël *(1 Rois 4.24).* Le psalmiste a prié que le roi assis sur le trône puisse exercer son règne avec droiture et justice, en libérant les nécessiteux et les affligés, en ayant compassion des pauvres et en sauvant leurs vies, en secourant les victimes impuissantes de l'oppression et en apportant la paix aux personnes sous sa responsabilité *(Psaumes 72.1-3, 7-8, 12-14).* Il s'agit clairement du type de domination que Dieu a accordée à l'humanité au commencement. Il rend légitime l'usage des ressources naturelles par l'homme, mais ne lui donne pas l'autorisation d'abuser de la merveilleuse création de Dieu, ni à l'inverse de se laisser dominer par la nature. L'homme doit toujours se rappeler que, tout en étant placé au-dessus de la nature et du règne animal, il est sous l'autorité de Dieu et doit exercer son autorité en se souciant de son bien-être, et non dans un esprit d'exploitation. L'homme doit refléter le caractère (ou *l'image)* bienfaisant de Dieu dans sa gestion de la terre et de ses créatures, de façon responsable et avec compassion, tel un serviteur fidèle qui gère la propriété de son Maître. Il est manifeste que le troisième terme : ***«et sur tout*** *animal qui se meut sur la terre»*, comprend les trois classes créées au sixième jour, comme ayant, en opposition aux oiseaux et aux poissons, ce caractère commun d'habiter la terre avec l'homme.

Provision de nourriture pour les hommes et les animaux *(1.29-30)*

29 Dieu dit : Voici que je vous donne toute herbe porteuse de semence et qui est à la surface de toute la terre, et tout arbre fruitier porteur de semence : ce sera votre nourriture. 30 À tout animal de la terre, à tout oiseau du ciel, à tout ce qui rampe sur la terre et qui a souffle de vie, je donne toute herbe verte pour nourriture. Il en fut ainsi.

Versets 29-30. L'auteur de la Genèse a poursuivi l'histoire de la création en affirmant que Dieu a pris des dispositions afin que toutes ses créatures aient de la nourriture en créant, à leur avantage, chaque plante et chaque fruit avec sa semence. Plusieurs interprètes ont vu dans ces paroles une limitation des précédentes, pour empêcher l'homme de mettre à mort les animaux pour s'en nourrir. Mais la question ne se pose pas avant le péché! Le régime végétarien est le seul envisagé avant l'introduction de la mort au chapitre 3.

Or les premières paroles du *verset 29* : « ***Et Dieu dit*** », séparent bien nettement ces deux versets de tout ce qui précède et en font un morceau existant pour lui-même. C'est donc une autorisation plutôt qu'une limitation. Dieu autorise l'homme à se nourrir des plantes, qu'il a créées pour lui au troisième jour, et lui indique la partie du règne végétal qui est abandonnée aux animaux. Le but de Dieu en créant les plantes avait été de les faire servir à la nourriture de l'homme et des animaux; de là le parfait : ***« Voici, je vous donne toute herbe portant de la semence...tout arbre ayant en lui du fruit d'arbre et portant de la semence »***, c'est-à-dire : Je les ai faites au troisième jour, pour vous les donner au sixième.

Cette déclaration contraste radicalement avec la vision typiquement mésopotamienne qui représentait l'homme comme ayant été créé pour être « au service des dieux », c'est-à-dire pour leur fournir à manger. L'Épopée de Gilgamesh l'illustre clairement, en prétendant qu'après que les dieux ont envoyé les eaux du déluge pour détruire l'humanité, ils n'avaient plus personne pour les nourrir ! Il est écrit que lorsque Utnapishtim (l'équivalent babylonien de Noé) est sorti de l'arche et a offert un sacrifice, les dieux étaient si affamés qu'ils se « sont rués autour comme autant de mouches » !

La déclaration selon laquelle Dieu dit : *«ce sera votre nourriture»* ne signifie pas que toutes les créatures sont restreintes à une alimentation végétale et encore moins que toutes les plantes pouvaient être consommées par tous de façon égale. Il s'agit d'une généralisation selon laquelle toute vie dépend directement ou indirectement de la végétation, et l'objectif du verset est de montrer que tous sont nourris par Dieu. L'expérience de plusieurs peuples prouve que l'homme peut vivre sans viande, et l'anatomie elle-même constate que la mâchoire et le tube digestif de l'homme, comme du singe, sont constitués en vue d'une alimentation frugivore. Ce n'est qu'après le déluge que le fait de manger de la viande a été autorisé de façon spécifique en Genèse 9.2-4, même si cela n'exclut pas que certains en aient mangé avant.

« Et à tout animal de la terre, à tout oiseau du ciel, et à tout ce qui se meut sur la terre » (les poissons sont omis comme vivant dans l'eau, et le bétail n'est pas nommé, probablement parce qu'il est compris dans l'expression *« tout animal de la terre »*), Dieu dit : *« je donne toute herbe verte »*, littéralement « toute verdure d'herbe », c'est-à-dire les parties

vertes des plantes. Ce terme comprend les deux classes renfermées au *verset 11* : les céréales et les légumes. On pourrait assez naturellement penser que par là toute nourriture animale est exclue pour les animaux eux-mêmes. Mais le texte ne le dit pas expressément, et le sens de l'expression peut être déterminé simplement par l'opposition à la nourriture de l'homme : à l'homme les fruits, le blé, les légumes; aux animaux l'herbe verte. Ces mots déterminent la destination des plantes relativement aux deux classes d'êtres vivants, mais ils ne disent rien sur les rapports des animaux entre eux. Puis c'est pour l'homme que Dieu parle, et non pour les animaux ; parler de la chair comme nourriture des animaux, soit pour l'autoriser, soit pour l'interdire, aurait donc été pour l'auteur sortir de son sujet et être anachronique (ce n'était pas encore d'actualité dans le jardin d'Eden).

Dieu apprécie son œuvre *(1.31)*

31 Dieu vit alors tout ce qu'il avait fait et voici : c'était très bon. Il y eut un soir et il y eut un matin : ce fut un sixième jour.

Verset 31. L'appréciation de Dieu fut exprimée en *Genèse 1.4,*

10, 12, 18, 21, 25. Mais, à la fin du sixième jour, elle fut modifiée légèrement afin de mettre l'accent sur la perfection ou excellence, de sa glorieuse création. Ce verset clôt le récit de l'œuvre du sixième jour et des six jours. **« *Et Dieu vit* »**, cette expression est tirée de l'image de l'ouvrier qui, en contemplant son œuvre, se réjouit de la voir en tous points répondant à sa pensée. Auparavant, il avait qualifié de *« bons »* les éléments particuliers qu'il avait réalisés. Mais, à présent, le Créateur-souverain prend du recul et voit tout ce qu'il avait fait. Avec enthousiasme, il déclare que tout cela n'est pas seulement *« bon »*, mais **« *voici, cela était très bon* »**, *tov meod*. C'est ici la septième fois qu'intervient le jugement de Dieu sur son œuvre : nous le trouvons une fois au premier jour, deux fois au troisième, une fois au quatrième, une fois au cinquième et deux fois au sixième, peut-être pour arriver au nombre sept, qui désigne la perfection.

L'appréciation qualitative selon laquelle c'est *« très bon »* n'a été faite par Dieu qu'après la création de l'humanité, avec l'homme et la femme. Les êtres humains se tiennent au pinacle de tout ce que Dieu a fait car ils sont seuls à porter l'image du Créateur et sont ses représentants sur terre *(Genèse 1.26-28)*. Maintenant que l'œuvre créatrice est arrivée à son terme et que l'homme, but de la création, est enfin paru, Dieu en contemplant son œuvre, dont toutes les parties correspondent parfaitement les unes aux autres et sont admirablement enchaînées, de manière à tendre toutes au même but, peut affirmer non plus seulement que son œuvre est bonne, mais qu'elle est « *très bonne* ». Le mot « bon » s'applique à chaque être selon son espèce, à la nature et aux animaux en tant qu'appropriés à l'usage de l'homme, et à l'homme en tant qu'apte à la communion avec Dieu. Mais ce n'était qu'une bonté initiale, un point de départ parfaitement approprié au développement qui allait commencer et au terme glorieux auquel il devait conduire.

Le but de l'auteur, en déclarant que tout était très bon, est évidemment d'affirmer que Dieu n'est pas l'auteur du mal, et de rejeter sur un autre la responsabilité de l'introduction du péché dans le monde. L'inclusion de l'homme dans l'évaluation « *très bon* » montre une grande considération pour les humains, dans leur création originelle, et elle s'oppose radicalement au mépris de l'homme affiché dans l'ancienne Mésopotamie. Le contraste entre la littérature de l'ancienne Mésopotamie et celle de la Genèse est clair : dans la première, l'homme, en tant que sauvage, émane d'un dieu sauvage, Kingu, qui a péri lors d'une guerre contre d'autres dieux menés par Mardouk. Dans le deuxième cas (le livre de la Genèse), l'homme, fait à l'image de Dieu, faisait partie de la création que l'Éternel a qualifiée de *« très bonne »* et il a été créé par le Dieu saint et plein d'amour, qui ne voulait que le bénir et partager avec lui tout ce qu'il y a de bon. Il s'agit là de l'histoire des six jours de la création dans le livre de la Genèse.

Conclusion du premier chapitre

Que nous apprend ce premier récit de la Création sur Dieu et sur son projet ?

Par la nature[56] qui nous entoure se révèle la gloire de Dieu. Il est vrai que la nature n'est plus parfaite *(Romains 8.19-22)* depuis que le péché de l'homme a bouleversé le projet de Dieu *(Genèse 3.17-19)*. Cela ne change cependant pas le témoignage de *«l'armée des cieux »*, des astres, des étoiles innombrables et de tout l'univers : ils sont dirigés et soutenus dans leur course par Dieu leur créateur. L'apôtre Paul affirme ici, en *Romains 1.19-21,* la valeur de la révélation générale de Dieu dans

---

56 Ésaïe 6. 3 ; Psaumes 19. 2 ; Romains 8. 19-22.

la nature, qui est son ouvrage. Les hommes peuvent donc connaître Dieu à travers la nature, à tel point qu'ils sont *« inexcusables »* de ne pas le glorifier comme Dieu et de ne pas lui rendre grâce. Autrement dit, ils pêchent contre une lumière éclatante.

Si Dieu se manifeste dans sa création, c'est dans l'homme qu'il se révèle avec le plus d'éclat[57]. La personnalité de l'homme, *« image de Dieu »* est le reflet de celle de Dieu. En considérant l'homme d'aujourd'hui, on ressent la même impression qu'en regardant autour de soi la terre maudite : l'homme est pécheur. Il n'est plus le reflet intégral, complet, de la personne du Dieu saint. Cependant, par ses capacités à raisonner, à choisir, à communiquer, à aimer, l'homme garde quelque chose de son modèle divin. L'apôtre Paul affirme que la loi de Dieu est écrite dans le cœur de l'homme *(Romains 2.15)* qui est donc un être moral capable de choisir le bien. En considérant la conscience de l'homme, sa faculté de discerner le bien et le mal, même si elle est imparfaite, nous pouvons percevoir quelque chose de la sainteté et de la justice de Dieu.

---

57 Genèse 1. 26-27 ; Jacques 3. 9

Note

Le premier livre de la Bible est, pour plusieurs raisons, l'une des parties les plus intéressantes et les plus captivantes de l'Écriture. Sa place dans le canon, sa relation avec le reste de la Bible et le caractère varié et saisissant de son contenu concourent tous à en faire l'un des livres les plus importants des Saintes Écritures. C'est donc avec une réelle perspicacité spirituelle qu'à toutes les époques le peuple de Dieu s'y est accroché et lui a prêté une attention toute particulière. *(Le commentaire du disciple de toute la Bible, W.H.Griffith Thomas)*

L'HOMME DANS LE JARDIN ET LA CRÉATION DE LA FEMME *(Genèse 2)*

Septième jour *(2.1-3)* **: Dieu se repose de son œuvre**

1 Ainsi furent achevés le ciel, la terre et toute leur armée. 2 Le septième jour toute l'œuvre que Dieu avait faite était achevée et il se reposa au septième jour de toute l'œuvre qu'il avait faite. 3 Dieu bénit le septième jour et le sanctifia, car en ce jour Dieu s'était reposé de toute l'œuvre qu'il avait créée.

Verset 1. La Bible Segond dit : « ***Ainsi furent achevés le ciel, la terre et toute leur armée*** » dans une traduction littérale du texte hébreu. La Bible en Français Courant préfère traduire par : *« et tout ce qu'ils contiennent »*. Cette traduction semble suggérer que **« armée »** ne renvoie pas uniquement au soleil, à la lune et aux étoiles du **« ciel »**, mais aussi à l'homme avec toutes les créatures de **« la terre »**, classés en bon ordre selon leur espèce comme nous l'avons vu dans *Genèse 1*. Il est difficile de déterminer avec certitude laquelle des deux traductions est la plus exacte puisque le terme en hébreu *tseba'*, est employé de diverses manières dans l'Ancien Testament. Il fait le plus souvent référence à un corps militaire organisé et discipliné, avec ses rangées ou compagnies. Il peut s'agir d'une armée terrestre en ordre de bataille contre ses ennemis *(Genèse 21.22 ; Juges 4.2)* ou de « *l'armée des cieux* », qui est constituée des anges de Dieu *(1 Rois 22.19)*. Lorsque Dieu combattait pour Israël, il envoyait les armées des cieux. L'ange apparu à Josué avec son épée tirée s'est identifié comme le chef de « *l'armée de l'Éternel* », *tseba' Yahweh (Josué 5.14)*. Le terme « *armée* » est également employé en référence aux corps célestes, vénérés comme des dieux dans le Moyen-Orient antique[58]. Que l'homme soit inclus ou non dans « *l'armée* » évoquée en *Genèse 2.1*, l'auteur montre clairement que les corps célestes ne sont pas des divinités qu'il faille vénérer ou craindre : ils font tout simplement partie de la création de Dieu et ont été conçus en ce qui concerne le soleil, la lune et les étoiles, pour assurer des fonctions particulières dans le ciel, selon son dessein.

Verset 2. Le texte dit que « *le septième jour toute l'œuvre que Dieu avait faite était achevée* ».

---

58 Deutéronome 4.19 ; 17.3 ; 2 Rois 17.16 ; 21.3

Certains ont parfois interprété ce verset comme voulant dire que l'action créatrice de Dieu s'est poursuivie le long du septième jour, puis qu'à un moment donné de la journée, il y a mis un terme et s'est reposé. Cette idée ne correspond pas au contexte parce qu'à la fin du chapitre 1, Dieu a déjà créé l'univers et tout ce qu'il contient. Lorsque Dieu contemple sa création, il déclare qu'elle est *« très bonne ».* À la fin du sixième jour, nous ne nous attendons pas à une création supplémentaire. Ce verset *« toute l'œuvre que Dieu avait faite était achevée »* (Nouvelle Bible Segond) traduit le verbe *kalah* par un plus-que-parfait : *« Dieu avait achevé tout le travail qu'il avait fait »*. L'auteur, qui a déjà dit au *verset 1* que Dieu avait achevé la création des cieux et de la terre, ne va pas se contredire en disant qu'il ne l'achève qu'à un moment donné du septième jour, comme le rendent certaines traductions : « *Dieu acheva au septième jour l'œuvre qu'il avait faite »* (La Bible TOB). Chaque fois que ce verbe est utilisé sous cette forme dans le Pentateuque[59], l'action est terminée et plusieurs traductions françaises emploient le plus-que-parfait. Dans le verbe *kalah* il y a non seulement une idée d'achèvement, mais

---

59 Genèse 17.22 ; 49.33 ; Ex 40.33

aussi une idée d'accomplissement, qui correspond à l'expression « *très bon* » de *Genèse 1.31.*

« Dieu se reposa au septième jour de toute l'œuvre qu'il avait faite ». Le terme **« *se reposa* »** ne signifie pas que Dieu était fatigué, comme le serait l'homme à l'issue de six jours de « travail », mais que Dieu a **« *achevé* »** ou « *cessé* » son activité créatrice le septième jour. Le verbe hébreu traduit par **« *se reposa* »** est *shabath*, transcrit par « sabbat » en français. On peut aussi traduire ce verbe au présent comme le fait la version Chouraqui ; le présent y est le bienvenu, parce que le temps de l'inaccompli du verbe « créa » précédé du vav énergique pourrait avoir un sens de présent : Dieu bénit chaque 7ème jour, sanctifie encore chaque 7ème jour. Ce qu'il a accompli dans cette semaine initiale, il le reproduit. Traduire par un présent tout le texte biblique comme le fait Chouraqui est une invitation à vivre au présent les récits du passé. À les réactualiser ! Mais « *shavat* » est au parfait, temps de l'accompli, pour exprimer que Dieu a cessé de travailler ce jour-là. Or il continue encore de travailler même le shabbat. Voir dans l'Evangile de Jean (5.17) ce que Jésus dit après avoir guéri un malade le sabbat : « Mon Père travaille jusqu'à maintenant, moi de même ». Paradoxalement Dieu ne cesse pas d'œuvrer à notre salut, à notre guérison. Et heureusement on peut entrer dans le repos de Dieu aujourd'hui encore[60]. Dans la Loi, l'auteur rappelle aux Israélites qu'ils doivent imiter Dieu en se reposant de leur travail le septième jour. En fait, les dix commandements justifient le respect du Sabbat par le repos de Dieu: « *Car en six jours l'Éternel a fait le ciel, la terre, la mer et tout ce qui s'y trouve, et il s'est reposé le septième jour : c'est pourquoi l'Éternel a béni le jour du sabbat et l'a sanctifié* » *(Exode 20.11).*

Des spécialistes de l'Ancien Testament ont voulu établir un lien entre la tradition israélite du **«** ***septième jour*** **»** et d'autres traditions de Mésopotamie antique. Les Babyloniens appelaient le quinzième jour du mois, celui de la pleine lune, *šabattu/šapattu*, et le considéraient comme un jour de chance. Mais même si un lien sémantique entre le terme akkadien *(šabattu/šapattu)* et le terme hébreu *(shabbat)* pouvait être établi, il ne s'agit pas du septième ou du quatorzième jour, mais du quinzième, le milieu du mois. En fait, les Babyloniens considéraient les septième, quatorzième, dix-neuvième, vingt-et-unième et vingt-huitième jours

---

60 *Hébreux 4.3-11.*

du mois comme de « mauvais jours » plutôt que des jours saints comme le Sabbat pour Israël. Il est de plus impossible de faire coïncider une semaine de sept jours avec le calendrier lunaire qui est de 29,5 jours : les phases lunaires ne peuvent être réparties en périodes de sept jours. D'autres régions que la Mésopotamie ont été suggérées comme lieux où le Sabbat a été instauré, mais aucune de ces théories n'est assez fondée pour démontrer que ce jour unique vienne d'autre chose que du repos de Dieu après son œuvre de création.

Verset 3. La sainteté du Sabbat est manifestée par le fait que ***« Dieu bénit le septième jour et le sanctifia »***. Tout ce que Dieu a fait pendant les six jours de la création est appelé « *très bon* » en *Genèse 1.31*, mais il ne « sanctifia » que le Sabbat : du Sabbat seul, « *il fit un jour saint* » selon la Bible Segond 21. Le terme employé ici est en hébreu *qiddèsh,* l'intensif de *qadash*, qui implique l'appartenance à la sphère du sacré : le Sabbat est mis à part, distinct des jours courants ou profanes. Le Sabbat commémore le repos de Dieu après ses prodigieux actes de création. Ce repos a beaucoup d'importance pour Israël : en tant que peuple esclave, ils n'avaient jamais eu de jour de repos pendant leur servitude en Égypte, mais

Dieu les a délivrés pour qu'ils puissent se reposer à présent, être ressourcés et le louer en tant que peuple nouveau, recréé, adopté comme son enfant *(Exode 4.22-23).* Moïse a non seulement établi un rapport entre le commandement du Sabbat et la création divine *(Exode 20.8-11)*, mais il lui a aussi donné un sens théologique en le mettant en relation avec la délivrance d'Israël de son esclavage en Égypte. Voici ses paroles en *Deutéronome 5.15* : « *Tu te souviendras que tu as été esclave au pays d'Égypte et que l'Éternel, ton Dieu, t'en a fait sortir à main forte et à bras étendu : c'est pourquoi l'Éternel, ton Dieu, t'a commandé de célébrer le jour du sabbat* ».

Ainsi furent achevés le ciel et la terre *(2.4)*

4 Voici les origines du ciel et de la terre, quand ils furent créés. Lorsque L'Éternel Dieu fit la terre et le ciel.

Verset 4. Le récit de la création se conclut sur la première des dix déclarations, en hébreu *toledoth,* de la Genèse : « ***Voici les origines du ciel et de la terre, quand ils furent créés*** ». Ce terme hébreu *toledoth* peut être traduit par « récit », «généalogie », « origines » ou « histoire » des personnes ou peuples mentionnés en utilisant cette expression. Nous pouvons supposer que *toledoth* conclut le récit de la création en *Genèse 1.1-2.3*, mais, puisque ce terme est le plus souvent employé en introduction à ce qui suit, cela semble être la meilleure manière de l'interpréter ici. Rien dans le texte n'indique que l'auteur ait inséré en *Genèse 2.4-25* un récit de la création différent du premier, voire contradictoire, introduit par : **« Lorsque l'Éternel Dieu fit la terre et le ciel »**. Au contraire, il semble avoir employé un procédé littéraire courant : commencer par la description panoramique d'un événement, la création en *Genèse1.1-2.3*, avant de revenir sur les détails les plus importants pour le message théologique qu'il souhaite transmettre, en *Genèse 2.4-25*. L'emploi de l'appellation **«l'Éternel, Dieu »** en hébreu *Yahweh Elohim* plutôt que du nom plus simple *« Dieu »*, comme c'est le cas en *Genèse 1.1-2.3*, n'implique pas non plus l'existence d'un autre auteur ou d'une source différente, quoi qu'en disent certains auteurs de la haute critique libérale. Le terme le plus courant pour désigner Dieu dans l'Ancien Testament est *« Elohim »*, et *« Yahweh »* est son nom propre, employé uniquement par Israël, mais ineffable car les juifs ne le prononcent pas, de peur de le « prendre en vain ». Quand ils le lisent, ils le remplacent par *« Adonaï »*, le Seigneur. Par conséquent, l'auteur emploie le nom composé « *Yahweh Elohim* » en *Genèse 2.4* pour décrire l'intimité de la relation entre Dieu, le premier homme et la première femme dans le jardin d'Éden. La combinaison de ces deux noms a probablement pour objectif théologique d'insister sur le fait que, comme le révèle ce récit, Dieu est à la fois le Créateur de l'univers et le Dieu d'Israël. On observe la même chose en *Exode 9.30*, où la plaie de la grêle a pour but d'appeler Pharaon et les Égyptiens à *« craindre […] l'Éternel Dieu »* Yahweh 'Elohim. Ils doivent comprendre que Yahweh n'est pas que la divinité nationale d'Israël, mais le Dieu souverain qui est aux commandes de toute la création.

L'expression traduite par **« Lorsque l'Éternel Dieu fit la terre et le ciel»**, est dans le texte original hébreu « *Au jour où…* », beyom, et pose la question du sens du terme hébreu *yom* qui est habituellement traduit par **« *jour* »**. Ce segment contredit-il *Genèse 1.1-2.3*, qui raconte que la création fut réalisée en six jours ? La réponse est non. Le sens du terme hébreu *yom* peut varier en fonction du contexte. Il y a dix définitions différentes pour le terme *yom* en hébreu et en araméen. Dans *Genèse 1*, il est accompagné d'un numéral cardinal *« un »*, ou ordinal *«deuxième*

», « *troisième* », *etc.* et renvoie à une durée de 24 heures, comme nous l'avons vu en *Genèse 1.5, 8, 13, 19, 23, 31.*

Le mot hébreu *Yom* est souvent employé dans l'Ancien Testament en association avec un chiffre, toujours dans le sens de jour. De plus, le refrain *« il y eut un soir et il y eut un matin »* reflète la manière hébraïque de compter le temps en une journée au sens littéral. Les premiers lecteurs de la Genèse comprenaient le texte comme évoquant six jours littéraux suivis d'un septième jour de repos de Dieu, et c'est de là que provient la semaine de travail de six jours suivie d'un repos le jour du sabbat *(Exode 20.8-11)*, même si le psalmiste pouvait dire au *Psaume 90.4* :*« Car mille ans sont, à tes yeux, Comme le jour d'hier, quand il n'est plus, Et comme une veille de la nuit »*, et *« À tes yeux, mille ans sont comme hier, c'est un jour qui s'en va, une heure dans la nuit » au Psaume 89.4*. Le Nouveau Testament nous dit aussi en *2Pierre 3.8* : *« Mais il est une chose, bien-aimés, que vous ne devez pas ignorer, c'est que, devant le Seigneur, un jour est comme mille ans, et mille ans sont comme un jour»*.

Un autre sens possible de *yom* est le jour, en opposition à la nuit *(Genèse 1.5, 14, 16, 18)*. Sa durée exacte varie, bien sûr, en fonction de la saison de l'année et de la distance par rapport à l'équateur. Dans ces versets, *yom* renvoie à une période plus courte qu'une journée de 24 heures, qui comprend à la fois le jour et la nuit[61]. En *Genèse 2.4*, *yom* fait manifestement référence à une durée plus longue, qui englobe les six jours de la création de *Genèse 1*. Le texte hébreu emploie *beyom*, traduit littéralement par « *Au jour* », dans la Nouvelle Bible Segond[62]. La Bible la Colombe interprète *yom* dans un sens général et traduit le passage par : « *Lorsque l'Éternel Dieu fit la terre et le ciel* ». Certains hésitent à accepter l'idée d'un sens plus général de *yom* en *Genèse 2.4*, par crainte d'ouvrir la porte à la possibilité d'interpréter les trois premiers jours de la création *(Genèse 1.1-13)* comme distincts des journées de 24 heures. On peut considérer que les trois premiers jours, avant la création du soleil et de la lune qui régissent le jour et la nuit *(Genèse 1.16, 18)*, sont des périodes plus longues, mais le texte ne fait aucune différence entre ces jours et les autres. Une telle interprétation, nous pourrions le penser, conforterait les évolutionnistes qui pensent que les six jours de la création pourraient s'étendre à des

---

61 Genèse 1.5, 8, 13, 19, 23, 31
62 Genèse 2.17 ; 3.5 ; 5.1-2

centaines de millions d'années. Cela aurait laissé suffisamment de temps (au hasard et) à la sélection naturelle pour faire leur ouvrage afin de produire le monde tel que nous le connaissons aujourd'hui. Pour les concordistes et les créationnistes « terre vieille », la Création s'étend sur de longues périodes géologiques, mais elle est entièrement l'œuvre de Dieu. Selon les partisans d'une lecture littérale et les créationnistes « terre jeune »[63], interpréter *yom* comme une période s'étendant sur des centaines de millions d'années d'évolution est une tentative dogmatique d'interpréter le récit de la création sous un angle scientifique, prédéfini, qui lui est étranger. La solution est de laisser parler le texte. Le terme *yom* doit être interprété en fonction du contexte. En *Genèse 2.4*, il renvoie à une période s'étendant sur les six jours de la création. L'auteur affirme que dans son œuvre créatrice, Dieu n'a rien eu à faire d'autre

---

[63] *Le créationnisme "terre jeune" croit à la Création divine de l'univers et croit à l'interprétation littérale des 6 jours de 24 heures de la Genèse, donc à un univers qui aurait environ 6000 ans. Le créationnisme "terre vieille" croit à la Création divine de l'univers mais accepte que les 6 jours de la Genèse soient des périodes beaucoup plus longues, et admet la datation actuelle de l'univers par les astrophysiciens qui est de 13,8 milliards d'années. L'un des meilleurs représentants actuels du concordisme et du créationnisme "terre vieille" est l'astrophysicien chrétien américain Hugh Ross, qui dirige l'association "Reasons To Believe" (Jean Igor Wolga).*

que de dire le nom d'une chose pour la faire exister. Puis, par sa parole, les cieux, la terre et la mer se sont remplis de formes de vie. L'apogée de ce récit est la création de l'homme. Gerald Schroeder a une approche très intéressante dans son livre « La science de Dieu », où il réconcilie le point de vue des créationnistes « terre vieille » et des créationnistes « terre jeune » en montrant une différence énorme de l'échelle du temps selon le sens dans lequel on l'observe. Le temps n'est au fond qu'une notion relative, à laquelle Dieu n'est pas soumis. Comme le dit l'auteur de l'épître aux Hébreux (*11.3*) : « *C'est par la foi que nous comprenons que le monde a été formé par la parole de Dieu, de sorte que ce qu'on voit ne provient pas de ce qui est visible* ».

Le jardin d'Eden et l'homme *(2.5-7)*
5 Il n'y avait encore aucun arbuste de la campagne sur la terre, et aucune herbe de la campagne ne germait encore. Car l'Éternel Dieu n'avait pas fait pleuvoir sur la terre, et il n'y avait point d'homme pour cultiver le sol. 6 Mais une vapeur s'éleva de la terre et arrosa toute la surface du sol. 7 L'Éternel Dieu forma l'homme de la poussière du sol ; il insuffla dans ses narines un souffle vital, et l'homme devint un être vivant.

Verset 5. Ceux qui ont affirmé qu'un autre auteur présente ici un récit de la création différent de celui du chapitre 1 et en contradiction avec celui-ci, ont justifié leur thèse par l'absence de plantes et de végétation avant la création de l'homme. En fait, l'auteur de la Genèse fait tout simplement un retour en arrière afin de faire un récit plus détaillé des événements des troisième et sixième jours. D'après *Genèse 1*, Dieu a créé la végétation et tous les arbres fruitiers le troisième jour *(Genèse 1.11-12)*, puis l'homme le sixième jour *(Genèse 1.26-28)*. Puis en *Genèse 1.29,* Dieu a donné à l'homme toute plante et tout arbre fruitier pour nourriture, ce qui implique que la végétation avait déjà commencé à pousser et à porter du fruit avant la création de l'homme.

Certains soutiennent qu'en *Genèse 2.5*, l'auteur veut ramener le lecteur bien avant le troisième jour *(Genèse 1.2)*, lorsque « *la terre était informe et vide* ». Même si ce n'est pas le cas, lorsque la terre sèche est apparue le troisième jour, il est évident qu'il y a eu un temps où aucun arbuste de la campagne ne poussait sur la terre, et aucune herbe de la campagne ne germait encore. Deux types de plantes sont mentionnés ici.

Le premier type l'« **arbuste** » sauvage du désert, en hébreu *siah*. Ce terme n'est employé qu'à deux autres endroits de l'Ancien Testament : en *Genèse 21.15*, il fait référence à l'arbrisseau dans le désert, sous lequel Agar a laissé Ismaël sans nourriture ni eau jusqu'à la venue d'un ange pour pourvoir à leurs besoins, et en *Job 30.4, 7*. Job se compare à un fou au milieu des buissons, *siah*, du désert, couché sur le sol sec dans le dénuement et la famine, appelant désespérément au secours. L'autre terme employé est *èsèv*. La différence semble être que ce type de plantes, contrairement au premier, est comestible. *Esèv* est souvent employé pour désigner des **« herbes »** comestibles, comme la salade, le poireau, les légumes et l'herbe que broutent les animaux. Nous comprenons que les plantes qui existaient avant la création de l'homme étaient celles qui n'avaient pas besoin d'être cultivées. L'auteur en indique deux raisons : ***« car l'Éternel Dieu n'avait pas fait pleuvoir sur la terre, et il n'y avait point d'homme pour cultiver le sol »***. La première partie de la phrase, qui décrit l'absence de pluie sur la terre, est surprenante, sauf si elle fait référence uniquement à la région du sud de la Mésopotamie où se trouvait vraisemblablement le jardin d'Éden et qui est une région aride.

Verset 6. Au lieu de pluie, le verset dit **« *qu'une vapeur* »** en hébreu *ed,* **« *s'est élevée de la terre et a arrosé toute la surface du sol* »**. Ce terme n'est employé dans l'Ancien Testament qu'en *Genèse 2.6 ; Job 36.27*. Dans les deux cas, il est traduit par « *vapeur* » dans la Bible à la Colombe. « *Courant* » ou « *crue* » sont d'autres traductions possibles. Le terme hébreu *ed,* dériverait de l'akkadien *edû*, qui renvoie à la crue annuelle de l'Euphrate inondant la Babylone antique. La Nouvelle Bible Segond traduit par *« un flot »*. Cette « *vapeur* » ou ce « *flot* » qui arrosa le jardin ne provenait peut-être pas de fleuves tels le Tigre ou l'Euphrate uniquement, mais aussi des eaux souterraines qui émergent de la terre pour l'arroser. Quoi qu'il en soit, le manque de végétation sur terre semble dû surtout à l'absence de l'homme ; étant donné qu'il n'était pas là pour irriguer les terres, les sources ne servaient pas à grand-chose.

Verset 7. L'auteur entame ici un récit plus détaillé de la création de l'homme en affirmant que Dieu forma ce dernier de la poussière du sol. Le terme **«** ***forma*** **»,** en hébreu *yatsar,* correspond à divers contextes dans l'Ancien Testament. Il convient parfaitement pour une analogie de la création et sera d'ailleurs employé plus tard pour l'image du potier qui façonne un vase d'argile *(Jérémie 18.1-6)* : le potier représente L'Éternel, le Créateur divin, et la manipulation de l'argile par le potier, la création de l'homme par Dieu (ou plus tard, la formation d'Israël). Nous comprenons que Dieu, le divin potier, s'est beaucoup impliqué pour former l'homme à son image. Le texte hébreu contient un jeu de mots lorsqu'il dit que Dieu forma **« *l'homme* »***'adam* de la poussière du **« *sol* »** *'adama*, ce qui révèle sa proximité avec Dieu, mais aussi avec le sol. Le terme **«*poussière* »,** en hébreu *afar,* est synonyme de *« sol »* ici, comme en *Genèse 3* : si, en *Genèse 3.17*, la terre elle-même est maudite à cause du péché de l'homme, lui-même n'y échappe pas, mais il *« retournera à la poussière »* à partir de laquelle Dieu l'a créé, *« car tu es poussière, et tu retourneras à la poussière » (Genèse 3.19)*. Lorsqu'il est dit que Dieu **« *insuffla dans ses narines le souffle de vie* »**, cela souligne le fait que l'homme est plus qu'un peu de poussière façonnée par Dieu, qu'il est bien plus qu'un ensemble de produits chimiques, de glandes et d'impulsions électriques : il a en lui le souffle de vie que Dieu seul peut donner. Le souffle que Dieu *« insuffla dans ses narines »* est identifié comme étant *« le souffle de vie»,* en hébreu *neshamah*. Nous en retrouvons le parallèle le plus direct dans la prédication d'Ézéchiel en *Ézéchiel 37.1-10,* pendant la déportation à Babylone : si le prophète emploie le terme *« esprit »,* en hébreu *roua<u>h</u>,* il est néanmoins évident que les deux termes peuvent être interchangeables *« Mais en réalité, dans un homme, c'est l'esprit roua<u>h</u>, le souffle neshamah du Tout-Puissant, qui lui donne l'intelligence »*[64].

Le lien étroit entre l'Esprit et la Parole de Dieu apparaît aussi clairement dans les deux premiers chapitres de la Genèse. En *Genèse 1.1-3*, l'Esprit *« souffle »* ou *« vent »* de Dieu planait au-dessus de l'obscurité des eaux profondes. Lorsque Dieu parle, ce qui est sans forme et sans vie prend forme et vie. La vie a commencé à fleurir tandis que la parole sortait progressivement de la bouche de Dieu. Enfin, arrivé à l'apogée de sa création, Dieu parle encore et dit : *« Faisons l'homme à notre image » (Genèse 1.26).* Si le lien avec *Genèse 2.7* est établi, la parole sortie de la bouche de Dieu, *neshamah en Genèse 1.26* , sous-entendait le souffle que Dieu avait insufflé dans les narines de l'homme pour en faire **« *un être vivant* »**. Le verbe *«insuffla»* est personnel et chaleureux et communique l'intimité d'un baiser ; c'est un don, le don de soi, autant qu'un acte de

---

64 Job 32.8 ; Genèse 7.22 ; Job 27.3 ; 33.4 ; 34.14 ; Ésaïe 57.16.

création. C'est le même don qui est fait par Jésus lorsqu'il apparaît aux apôtres après sa résurrection, en *Jean 20.22* : *« Après ces paroles, il souffla sur eux et leur dit : Recevez l'Esprit Saint »*. Le souffle, Esprit du Seigneur ressuscité, insuffle une nouvelle vie et une nouvelle espérance au petit groupe de disciples qui deviendra le noyau d'une nouvelle communauté, d'une nouvelle création : le corps spirituel de Christ.

L'expression *« être vivant »*, en hébreu *nefesh ḥayah,* a souvent été mal comprise, comme le montre la traduction erronée : l'homme devint *« une âme vivante »*. Certains suggèrent que cette expression fait référence à la part d'immortalité en l'homme, à son âme qui survit à la mort, contrairement à celle des animaux. Le problème est que *nefesh ḥayah* ne s'applique pas qu'à l'homme dans l'Ancien Testament : l'expression est utilisée aussi pour les poissons et animaux marins *(Genèse 1.20-21)*, les animaux terrestres *(Genèse 1.24)*, les oiseaux et les autres animaux *(Genèse 1.30)* ». Comme nous l'avons vu plus haut au cinquième jour, le terme hébreu signifie littéralement « des âmes vivantes ». L'âme, *anima* en latin, est le souffle de vie qui *anime* l'organisme physique et le fait mouvoir. Ce terme désigne le caractère commun à tous les êtres vivants, depuis l'animal le plus inférieur jusqu'à l'homme, qui est aussi appelé « *âme vivante* » en *Genèse 2.7*.

Tout en qualifiant les êtres créés d'êtres vivants, les premiers chapitres de la Genèse distinguent l'identité de l'homme et de la femme de celle des animaux en ce qu'ils portent en eux l'image de Dieu. L'Ancien Testament sans répondre à toutes les questions concernant la vie et la mort, ainsi que l'âme et/ou l'esprit de l'homme, pose les fondements de ces notions qui prendront tout leur relief dans le Nouveau Testament »[65]. Sur ces sujets, la plénitude de la vérité n'est venue que par Jésus-Christ: par lui, nous avons l'assurance que la mort n'est pas une fin, mais que l'homme survivra à sa mort physique[66]. Cet enseignement viendra avec la révélation plus complète de Jésus-Christ, qui a « *mis en lumière par l'Évangile, la vie et l'incorruptibilité» (2 Timothée 1.10)*. Bien que ce verset ne parle pas de

---

[65] *Selon le professeur Pierre Berthoud, l'AT et la Genèse en disent plus sur l'identité verticale de l'homme. Cf son livre sur la Genèse pages 224 et 225. Et aussi pour les différents usages de la notion de « vie », son article : La vie et l'éternité dans l'Ancien Testament en particulier dans les psaumes, La Revue réformée T.LI, N°206,2000 (disponible sur internet RR)*

66 *Cet éclairage nous est apporté par les textes suivants : Matthieu 10.28 ; Luc 16.19-31 ; 20.37-38 ; 23.43 ; Jean 11.25-26 ; Actes 2.30-31 ; 2 Corinthiens 4.16-5.8 ; Philippiens 1.21-23 ; 1 Pierre 1.3 ; Apocalypse 6.9-11*

l'immortalité de l'âme, la Genèse enseigne clairement que même si l'homme et les animaux sont au même titre des *« êtres vivants »*, l'homme est la seule créature de Dieu susceptible d'entretenir une relation d'intimité avec lui, car seul l'homme est créé à l'image de Dieu *(Genèse1.26-27).*

La vie de l'homme dans le jardin
Le chapitre 2 se poursuit avec la description du jardin d'Éden. L'auteur met l'accent sur le fait que Dieu a pourvu à tous les besoins de l'homme dans son premier lieu de résidence sur terre en précisant que le jardin était bien irrigué et rempli de toutes sortes de plantes et d'arbres.

Le jardin d'Éden *(2.8-9)*

8 Puis l'Éternel Dieu planta un jardin en Éden, du côté de l'orient, et il y mit l'homme qu'il avait formé. 9 L'Éternel Dieu fit germer du sol toutes sortes d'arbres d'aspect agréable et bons à manger, ainsi que l'arbre de la vie au milieu du jardin, et l'arbre de la connaissance du bien et du mal.

Verset 8. Certains pensent que le verset *Genèse 2.7* place la création de l'homme avant celle de la végétation, ce qui contredit le récit de la création de

Genèse 1. Il est vrai que l'ordre dans lequel l'homme et la végétation sont mentionnés est inversé par rapport au chapitre précédent, pourtant nos *versets 8-9* ne font pas pour autant référence à la création des premières plantes sur terre, mais au soin particulier que met Dieu à préparer le lieu appelé à devenir le premier habitat de l'homme sur terre. Tout comme lors de la création de l'homme, Dieu est symboliquement décrit comme un potier qui forma ce dernier de la poussière du sol *(Genèse 2.7)*, ici, il est décrit comme un horticulteur (jardinier) qui prend grand soin de créer un endroit où l'homme puisse se sentir chez lui. En plantant un jardin en Éden, Dieu offre à l'homme un environnement parfaitement adapté à ses besoins. Le terme hébreu désignant *« jardin »*, *gan*, fait référence à un lieu réservé à l'agriculture, généralement protégé par un mur ou un grillage, où sont cultivés divers fruits, légumes et fleurs. Le fait que Dieu a planté ce jardin **« *du côté de l'Orient* »** ou « *à l'Orient* » (Bible TOB), signifie sans doute, si l'on songe aux premiers lecteurs, que cet endroit se serait trouvé à l'Est de la terre d'Israël. L'expression **« *en Éden* »** suggère que la région où Dieu a planté le jardin s'appelait jadis « *Éden* » ; il s'agit probablement de la grande vallée de Mésopotamie. Des spécialistes du Proche-Orient antique ont suggéré que le terme pour « *Éden* », en hébreu 'eden, est peut-être dérivé d'un terme sumérien qui signifie « plaine » ou « steppe » ; mais des études plus récentes indiquent une racine en langue sémitique occidentale, dont le sens est « luxe, abondance, délice, opulence ». Les traducteurs de la Septante LXX l'ont reliée à la racine hébraïque 'adan, qui signifie « régal » ou « délice ». Pour eux, le jardin d'Éden est un « jardin de délices » où Dieu mit le premier homme. Le terme hébreu *gan* est traduit par le grec *paradeisos* qui signifie « Paradis » et ce terme a ouvert la voie à l'assimilation du jardin d'Éden terrestre de la Genèse avec le Paradis céleste du Nouveau Testament[67].

Verset 9. Dieu pourvoit en abondance aux besoins de l'homme en faisant germer du sol toutes sortes d'arbres dans le jardin. La plupart étaient d'aspect agréable et bons à manger, cependant, Dieu fait mention spéciale de deux arbres qui sont au milieu du jardin : **« *l'arbre de la vie* »** et **« *l'arbre de la connaissance du bien et du mal* »**. Ce dernier arbre est également mentionné en *Genèse 3.3* comme

---

67 *Luc 23.43 ; 2 Corinthiens 12.4 ; Apocalypse 2.7.*

étant au « *milieu du jardin* » : Eve attirée par cet arbre ne vit peut-être que lui au milieu du jardin ! Selon l'habitude littéraire des Hébreux, cette place « au milieu » souligne l'importance de ce qui s'y trouve. Ces deux arbres sont d'une importance capitale pour la vie de l'homme.

Le premier arbre est « *l'arbre de vie* ». Cette expression apparaît dans *Genèse 2.9 ; 3.22, 24*. Cet arbre, bien que tout à fait réel dont on peut cueillir les fruits *(Genèse 3.22)*, semble symboliser la vie éternelle qui ne peut venir que de Dieu. Par conséquent, lorsque l'homme et la femme ont péché, ils furent chassés du jardin parce qu'ils ne pouvaient plus jouir du don de la vie éternelle, qui émane de leur Créateur, car ils étaient en rébellion contre lui et auraient rendu immortels le mal, le péché et ses conséquences (3.24). Nous retrouvons l'expression *«arbre de vie » à* plusieurs reprises dans le livre des Proverbes[68] où elle représente la sagesse, la droiture, l'espérance satisfaite et une parole de guérison. Dans le Nouveau Testament, « *l'arbre de vie* » représente la vie abondante, l'existence paradisiaque, que Dieu réserve à ses rachetés, au

---

68 *Proverbes 3.18 ; 11.30 ; 13.12 ; 15.4*

ciel, au Paradis, pour l'éternité[69]. C'est une image de Jésus-Christ, qui par sa mort sur la croix, bois d'un arbre (!), et sa résurrection nous donne la vie éternelle, et sera toujours présent avec nous dans le Paradis !

Le second arbre est « ***l'arbre de la connaissance du bien et du mal*** ». Qu'est-ce que cela signifie ? Il existe plusieurs interprétations :

1. Tout d'abord, certains pensent qu'il s'agit d'une connaissance sexuelle, car la première conséquence de la consommation du fruit interdit a été : « *ils prirent conscience du fait qu'ils étaient nus* » *(Genèse 3.7)*. Avant de pécher, ils étaient nus sans ressentir de honte, mais après leur transgression, ils ont eu honte de leur nudité. Certains pensent que cela indique que la connaissance du bien et du mal est la prise de conscience de leur différenciation sexuelle. Cette interprétation est intenable pour diverses raisons :

D'abord, dans une lecture littérale en suivant la logique selon laquelle la connaissance acquise par Adam et Ève avait à voir avec la connaissance du sexe, cela impliquerait que Dieu soit sexué, puisqu'ils sont à son image. Les croyances populaires du

---

69 *Apocalypse 2.7 ; 22.2, 14, 19*

monde antique étaient pleines d'histoires de prouesses sexuelles de divinités païennes, et lors des cultes de la fertilité, les adorateurs avaient des relations sexuelles avec des prostituées sacrées dans les temples païens ; mais attribuer à « *l'Éternel Dieu* » un corps physique et une nature sexuée qu'il aurait besoin d'exprimer comme chez l'homme, est une interprétation du texte forcée et blasphématoire. Cette idée est totalement absente de la Bible et dégradante à la fois pour Dieu et pour l'homme.

Ensuite, si « *la connaissance du bien et du mal* » est liée à la sexualité, pourquoi Dieu interdirait-il cette dernière à l'homme et à la femme, qu'il avait créés sexués ? Avant qu'Adam et Ève ne pèchent, Dieu leur a donné pour commandement : « *Soyez féconds, multipliez-vous, remplissez la terre* » *(Genèse 1.28)*, ce qui implique la sexualité, de même que l'affirmation que l'homme *« quittera son père et sa mère et s'attachera à sa femme, et ils deviendront une seule chair » (Genèse 2.24)*. Tout cela suggère qu'Adam et Ève ont certainement eu des relations sexuelles avant de manger du fruit interdit, puisque Dieu le leur avait ordonné. Les relations sexuelles ne sont de toute évidence pas l'objet de l'interdiction.

2. D'autres commentateurs pensent que *« la connaissance du bien et du mal »* implique l'omniscience, la connaissance divine. C'est ce que sous-entend le serpent : *« vous serez comme des dieux qui connaissent le bien et le mal » (Genèse 3.5).* L'histoire du conflit entre David et Absalom illustre cette idée : lorsque Joab a envoyé une femme habile de Teqoa auprès du roi pour plaider le retour de son fils à Jérusalem malgré le meurtre de son frère Amnon, la femme a adressé ce compliment à David : *« mon seigneur le roi est comme un ange de Dieu »* dans sa capacité à *«entendre le bien et le mal » (2 Samuel 14.17).* Quelques versets plus loin en *2 Samuel 14.20*, elle ajoute que le roi *« est aussi sage qu'un ange de Dieu, pour connaître tout ce qui se passe sur la terre ».*

Mais cet argument n'est pas convaincant pour au moins deux raisons. Tout d'abord, il est évident que la femme de Teqoa exagère, puisque David n'est pas détenteur d'une connaissance absolue. Ensuite, la Bible montre bien qu'Adam et Ève non plus n'ont pas acquis une telle connaissance : au contraire, ils semblent n'en savoir que très peu sur Dieu, le serpent et la vie. Si l'apôtre Paul a pu écrire en *1 Corinthiens 13.9,* plusieurs milliers d'années après, qu'il connaît *« partiellement »*, à combien plus forte raison était-ce le cas d'Adam et Ève, à l'aube de l'histoire de l'humanité !

3. Une troisième théorie est que « *la connaissance du bien et du mal* » est l'aptitude à discerner entre le bien et le mal, sans laquelle ceux qui en sont privés ne sont pas responsables de leurs actes. Dans le désert, Dieu dit aux Israélites qu'ils n'entreraient pas dans Canaan à cause de leur rébellion, mais que leurs « *petits enfants* », qui « *ne connaissent aujourd'hui ni le bien ni le mal* » *(Deutéronome 1.39)* y entreraient un jour et posséderaient la Terre promise. Longtemps après dans l'histoire d'Israël, le vieux Barzillaï emploie une expression similaire : lorsque David lui propose de devenir son conseiller à la cour royale, il répond par une question qui indique son refus : « *Puis-je connaître ce qui est bon et ce qui est mauvais ?* » *(2 Samuel 19.35)*. À quatre-vingts ans, il s'estime trop âgé pour jouir d'un bon discernement dans les conseils qu'il pourrait donner au roi, ses ressources physiques et mentales étant trop diminuées. Aucun de ces exemples ne s'applique toutefois à Adam et Ève dans le jardin. Dieu ne tient pas responsables de la rébellion d'Israël dans le désert les petits enfants qui n'ont pas encore atteint l'âge de la raison, qu'ils y aient participé ou non. Quant à Barzillaï, il est trop

âgé pour résister à la pression qu'impliquent de hautes responsabilités et réfléchir de manière lucide pour donner de bons conseils au roi. Adam et Ève, au contraire, n'étaient ni trop jeunes, ni trop vieux pour comprendre que Dieu leur interdisait de manger du fruit de l'arbre de la connaissance du bien et du mal. Ils avaient compris que s'ils en mangeaient, ils mourraient. Ils sont donc entièrement responsables de leur désobéissance.

Tout effort visant à déterminer la signification de l'arbre de la connaissance du bien et du mal doit prendre en compte la déclaration du serpent en *Genèse 3.5*: « *... le jour où vous en mangerez, vos yeux s'ouvriront, et... vous serez comme des dieux qui connaissent le bien et le mal* ». Cette déclaration contient une part de vérité : après la chute, Dieu s'exclame en *Genèse 3.22*: « *Maintenant, l'homme est devenu comme l'un de nous pour la connaissance du bien et du mal* ». L'homme tombé dans le péché n'est devenu « *comme* » Dieu que pour ce qui est de sa prise de conscience du mal et du péché. Nous avons une illustration des effets de cette connaissance en *Ézéchiel 28.1-19* : le prophète emploie un vocabulaire hautement symbolique pour décrire comment le roi de Tyr fut chassé du jardin de

Dieu, l'Éden, parce que son cœur s'est enflé d'orgueil, qu'il s'est cru plus sage que Daniel et s'est pris pour un dieu. Son orgueil et son arrogance rappellent l'attitude de l'homme dans le jardin d'Éden : en aspirant à la sagesse et à la connaissance émanant d'une autre source que Dieu, l'homme devient son propre dieu en se déclarant moralement autonome et en déterminant lui-même ce qui est bon ou mauvais, indépendamment de la volonté de Dieu révélée. Seul Dieu, qui a créé toutes choses et qui n'est pas limité dans le temps et dans l'espace, puisqu'il est transcendant et éternel, c'est-à-dire en dehors du temps et de l'espace qu'il a créés, peut savoir ce qui est réellement bon ou mauvais pour nous, mais les êtres fragiles et limités que nous sommes sont facilement tentés d'usurper cette autorité divine.

Les quatre fleuves *(2.10-14)*

10 Un fleuve sortait d'Éden pour arroser le jardin, et de là il se divisait en quatre bras. 11 Le nom du premier est Pichôn ; c'est celui qui contourne tout le pays de Havila, où l'on trouve de l'or 12 d'excellente qualité ainsi que le bdellium et la pierre d'onyx. 13 Le nom du second fleuve est Guihôn ; c'est celui qui contourne tout le pays de Kouch. 14 Le nom du troisième fleuve est Hiddéqel ; c'est celui qui coule à l'orient de l'Assyrie. Le quatrième fleuve, c'est l'Euphrate.

Verset 10. Le jardin était bien irrigué par un fleuve qui sortait d'Éden, ou la région qui porte ce nom *(Genèse 2.8).* Ce fleuve traversait ensuite le jardin afin de l'arroser ; et de là il se divisait en quatre bras. Le terme hébreu traduit par **« bras »**, *rashim,* dérive de la racine *rosh*, dont le sens premier est *« tête »*. Le sens de ce terme dans ce contexte est incertain. D'après la Bible Parole de Vie, le fleuve qui *« sort du pays d'Éden » « se divise en quatre fleuves plus petits »* alors que la Bible à la Colombe dit *« qu'il se divisait en quatre bras ».* Certains se sont fondés sur la complexité du vocabulaire employé au *verset 10* pour affirmer qu'il s'agit de la description mythologique d'un berceau utopique de l'humanité. Au-delà du sens correct de *« bras »* dans ce contexte, se pose la question du sens dans lequel coulaient les quatre fleuves et de la perspective géographique de l'auteur. Cette soi-disant idée d'une description mythologique est facilement réfutable, puisque l'auteur situe le jardin d'Éden dans la région mésopotamienne, où coulent le Tigre et l'Euphrate

(Genèse 2.14). Ceux qui ont interprété le texte comme une description littérale ont identifié deux emplacements possibles du jardin d'Éden. Si *rashim* signifie *«fleuves plus petits »*, cela permettrait de le situer dans les montagnes de Turquie orientale, dans l'Arménie historique, où se trouve la source du Tigre et de l'Euphrate. Il s'agit du même emplacement général que *« les montagnes d'Ararat »*, où l'arche de Noé s'est échouée *(Genèse 8.4)*. Mais si *« bras »* est la traduction correcte, alors il se situerait au sud de l'Irak ou au Koweït, au nord du Golfe persique ou sous ses eaux, en admettant que le niveau de la mer ait entre-temps augmenté.

Versets 11-12. Le premier fleuve mentionné dans ces versets ne peut être identifié avec certitude. Il s'agit du **« Pichôn, qui contourne tout le pays de Havila, où l'on trouve de l'or »**. Le problème est que le « Pichôn », en hébreu *Pishone,* n'est mentionné nulle part ailleurs dans l'Ancien Testament et que les racines hébraïques de ce nom sont incertaines. Certains l'identifient à l'Indus ou au Gange, en Inde, malgré leur éloignement du Tigre et de l'Euphrate ; d'autres ont suggéré le Karun, en Iran, qui se jette dans l'Euphrate, ou encore un fleuve d'Arabie, en raison de la référence au pays d'Havila et à son or.

Dans la Table des peuples, Havila est associé à des peuples qui se sont finalement installés en Afrique selon *Genèse 10.6-7* et en Arabie selon *Genèse 10.29 ; 25.18.* Comme le texte mentionne l'or, le bdellium et la pierre d'onyx d'Havila et qu'on trouve tous ces éléments en Arabie Saoudite, sur la côte de la Mer rouge, il est possible qu'il s'agisse d'une région d'Arabie. Aujourd'hui, une des mines d'or les plus importantes d'Arabie Saoudite, située près de Médine, s'appelle Mahd adh Dhahabà, ce qui signifie « berceau de l'or ». Il y avait déjà beaucoup de mines dans cette région dans l'Antiquité. La source du *« Pichôn »* était peut-être située à proximité. Des photographies par satellite des motifs dans le sable du désert arabe ont révélé qu'un fleuve traversait jadis l'Arabie Saoudite vers le Nord-Est, depuis les monts Hijaz vers Médine jusqu'au Koweït, sur la côte du Golfe persique, près de l'embouchure du Tigre et de l'Euphrate. Cette rivière asséchée, partiellement recouverte par les dunes et dont la partie émergée s'appelle Wadi al-Batin, fut appelée le fleuve Koweït.

Verset 13. Le nom du second fleuve est **« Guihôn ; c'est celui qui contourne tout le pays de Kouch »**. Ce fleuve *« Guihôn »,* en hébreu *Guihone,* signifie « qui éclate, source jaillissante ». L'emplacement de ce fleuve fait également l'objet d'une grande controverse, puisque toutes les références au *« Guihôn »* dans l'Ancien Testament sont en rapport avec la seule source d'eau douce de Jérusalem à l'époque de l'Ancien Testament, qui coule dans la vallée du Cédron depuis la Cité de David[70]. Le fleuve mentionné ici ne peut être identifié à cette source à Jérusalem, puisqu'il entourait le pays de Kouch. Le *« Guihôn »* est parfois identifié à un fleuve indien, ou encore au Nil en Afrique, mais ces hypothèses sont peu probables. Les partisans d'une localisation du jardin d'Éden en Turquie orientale ou Arménie historique, l'identifient à un fleuve de cette région. La mention du *« pays de Kouch »* rend l'identification de ce fleuve d'autant plus difficile : dans l'Ancien Testament, particulièrement dans les Prophètes, *« Kouch »* en hébreu *Kush,* désigne soit l'Éthiopie, soit la Nubie, dans la région africaine du Haut-Nil. À noter toutefois que *« Kouch »* était un fils de Cham et le père de Nimrod, qui régna *« sur Babel, Erek, Akkad et Kalné, au pays de Chinéar »* et du pays d'où *« sortit Assour ; il bâtit Ninive »* et d'autres villes selon *Genèse 10.6-11.* Les généalogies de la Genèse reflètent donc la situation avant que les descendants

---

70 1 Rois 1.33, 38, 45 ; 2 Chroniques 32.30 ; 33.14.

de *« Kouch »* n'arrivent jusqu'en Afrique, au sud de l'Égypte. Le nom de *« Kouch »* désignait alors les grandes villes de la vallée mésopotamienne. C'est certainement la raison pour laquelle le terme hébreu *Kush* est parfois équivalent au terme akkadien *Kashshu*, qui désigne la région montagneuse des Kassites, au nord de la Mésopotamie, que traverse le Tigre. C'est probablement aussi pour cela que *« Kouch »* est considéré comme l'ancêtre des Kassites, qui ont régné sur Babylone jusqu'à la fin du XIIème siècle avant Jésus-Christ. *« Le Guihôn, qui entoure le pays de Kouch »* des Kassites, pénètre la vallée mésopotamienne par l'Est et se jette dans le Tigre. Le fait que le Pentateuque samaritain remplace le *« Guihôn »* par *« 'Asqop »*, qui désigne le fleuve Choaspes, l'actuel Kerkha, à l'Est du Tigre, conforte cette hypothèse.

Verset 14. Les deux derniers fleuves décrits sont connus. Le **« *troisième fleuve était Hiddéqel* »**, ou le Tigre. Tigre est une transcription du grec employé dans la Septante LXX et *« Hiddéqel »* est une transcription de l'hébreu *ẖideqel,* issu du texte massorétique (TM). L'indication selon laquelle le Tigre coule à l'orient de l'Assyrie fut parfois mise en doute, puisqu'il traverse ce pays. Cette incohérence apparente s'explique par le fait que le terme hébreu traduit par **« Assyrie »** en hébreu *Ashshour*, peut désigner aussi la ville d'Asshur, une ancienne capitale de l'Assyrie située sur la rive Ouest du Tigre. Il est donc juste de dire que le Tigre coule *« à l'est de la ville d'Assour »* selon la Bible en Français Courant. **« *Le quatrième fleuve est l'Euphrate* »**. « Euphrate » est une transcription du grec employé dans la Septante LXX ; le nom hébreu du fleuve est *Perath*, qui vient d'une racine du sens de « jaillir, éclater ». L'Euphrate est mentionné de nombreuses fois dans la Bible. Il est appelé aussi le *« grand fleuve »*[71] ou tout simplement *« le fleuve »* dans *Josué 24.2, 3, 14, 15*, parce qu'il s'agit du plus grand fleuve en Asie du Sud-Ouest. La région entre l'Euphrate à l'Ouest et le Tigre à l'Est était le « pays entre les fleuves », ou «Mésopotamie ».

---

[71] *Genèse 15.18* ; *Deutéronome 1.7* ; *Josué 1.4* ; *Apocalypse 9.14* ; *16.12*

Le rôle de l'homme dans le jardin *(2.15-17)*

15 L'Éternel Dieu prit l'homme et le plaça dans le jardin d'Éden pour le cultiver et pour le garder. 16 L'Éternel Dieu donna ce commandement à l'homme : Tu pourras manger de tous les arbres du jardin ; 17 mais tu ne mangeras pas de l'arbre de la connaissance du bien et du mal, car le jour où tu en mangeras, tu mourras.

Verset 15. Le jardin d'Éden n'était pas un jardin magique. Les plantes et les arbres n'y poussaient pas tous seuls et l'homme ne pouvait pas les faire pousser par miracle. Dieu n'a jamais voulu faire de ce paradis un lieu de jouissance passive et d'oisiveté perpétuelles, pas plus qu'il n'a créé l'homme pour travailler à sa place afin de se soulager lui-même, comme dans le récit babylonien de la création. Dieu n'a pas besoin de l'homme, mais le jardin d'Éden avait besoin de l'homme. L'homme devait travailler dans le jardin et en prendre soin comme un gérant, ce qui était nécessaire non seulement au bon fonctionnement du jardin lui-même, mais aussi à son propre bien-être physique et mental. C'est pourquoi, déjà avant la chute, Dieu prit l'homme et le plaça dans le jardin pour le cultiver et pour le garder. Le terme traduit par **« *cultiver* »,** en hébreu *'abad,* signifie littéralement « travailler » ou « servir » le jardin en en cultivant le sol[72]. Il a aussi un sens religieux de service et d'adoration de Dieu[73]. Dans les passages sacerdotaux, ce verbe et sa forme nominale décrivent les obligations religieuses des Lévites au tabernacle, puis au Temple[74]. Le terme hébraïque *shamar* signifie **« garder »**. Il peut avoir un sens général, par exemple « garder » l'accès de l'arbre de la vie en *Genèse 3.24*, être le « gardien » de son frère en *Genèse 4.9* ou protéger un troupeau contre des prédateurs en *Genèse 30.31*, mais il désigne le plus couramment l'observance d'une obligation religieuse, comme l'alliance de Dieu par la circoncision qu'il a ordonnée à Abraham et à ses descendants dans *Genèse 17.9-10*. Dieu a ordonné à Israël de garder, observer et conserver, ses statuts et ses commandements, afin que leur mode de vie soit moralement supérieur à celui des Égyptiens et des Cananéens selon *Lévitique 18.3-5*. Les Lévites avaient l'importante responsabilité religieuse de garder le tabernacle contre toute intrusion d'individus non autorisés *(Nombres 1.51-53)* et de prendre soin de

---

72 *Genèse 2.5 ; 3.23 ; 4.2, 12.*
73 *Exode 3.12 ; 4.23 ; 7.16 ; Deutéronome 6.13 ; 10.12 ; 11.13 ; 13.4*
74 *Exode 38.21 ; Nombres 3.7-8 ; 4.23-24, 26 ; 18.6 ; 1 Chroniques 24.3, 19 ; 2 Chroniques 8.14.*

ses ustensiles *(Nombres 3.8)*. Le paradoxe terminologique du *verset 15* est que le terme hébreu **« plaça »**, *yanah,* a le sens de repos et qu'il est à la forme causative : littéralement, cela pourrait être traduit par : *« Dieu fit reposer l'homme dans le jardin»* ... pour y travailler ! Nous retrouvons le même paradoxe en *Exode 20.10-11*, lorsque Dieu interdit aux Israélites de travailler le jour du Sabbat et leur ordonne plutôt d'imiter Dieu, qui, après les six jours de création, *« s'est reposé»*, *nuah,* le septième jour. Il est évident que Dieu ne demande pas à Israël de cesser toute activité le jour du Sabbat : ce n'est pas ce que lui-même a fait. Lorsque Jésus fut critiqué pour avoir guéri un paralytique le jour du Sabbat, il a répondu en *Jean 5.17* : *« Mon Père travaille jusqu'à présent. Moi aussi, je travaille »*, affirmant ainsi que Dieu continue d'agir, même le jour du Sabbat, pour pourvoir aux besoins de sa création, bénir ses enfants et répondre aux prières, et que par conséquent, lui aussi poursuivait ses bonnes œuvres de guérison, qui glorifiaient son Père. C'est le même principe qui s'applique à la Loi de Moïse : le jour du Sabbat, le peuple de Dieu doit, surtout pour lui-même, cesser de travailler avec le souci de produire plus, d'avoir davantage de possessions ou de faire de plus gros profits[75] ; mais il doit continuer à travailler en vue d'être une bénédiction pour d'autres et glorifier Dieu, comme Jésus l'a démontré par la suite. La Genèse suggère non seulement que Dieu a prévu que l'homme travaille, mais aussi que contrairement aux animaux, il ne trouve de vrai « *repos* » (paix, satisfaction et sentiment d'utilité pour sa vie) que par des actions positives et constructives par lesquelles il devient une bénédiction pour ses semblables.

Versets 16-17. L'histoire de la vie dans le jardin d'Éden se poursuit par la description des abondantes bénédictions que Dieu accorde à l'homme. Le commandement du Seigneur implique à la fois une autorisation et une interdiction. *Genèse 2.9* raconte que le jardin contenait des arbres qui produisaient toutes sortes d'aliments agréables à voir et bons à manger, notamment « *l'arbre de vie* ». Dieu, dans sa générosité, répète encore que l'homme pourrait manger de tous les arbres du jardin ; toutefois, pour l'instant, il ne pourrait pas ***« manger de l'arbre de la connaissance du bien et du mal »***. Malgré toute la liberté dont jouit l'homme dans le jardin, il n'existe

---

75 *Exode 31.13-17 ; Néhémie 13.15-18 ; Ésaïe 58.13-14 ; Amos 8.4-6*

pas de liberté sans contraintes. L'homme doit prendre conscience de ses limites en tant que créature. Mais la limite que Dieu lui impose est toute petite : il n'y a qu'un seul arbre dont il 'n'a pas le droit de manger, celui *« de la connaissance du bien et du mal »*. Il est important d'observer qu'ici, Dieu s'adresse personnellement à l'homme. Contrairement aux animaux, l'homme a le privilège d'entendre l'Éternel lui parler directement. Il est le seul être créé à l'image de Dieu, susceptible d'être en communion avec son Créateur, mais aussi le seul qui ait le choix d'obéir ou non aux commandements divins. Le texte prend ici la forme ***« d'un commandement »***, car la question était de savoir si l'homme ferait confiance à Dieu, même si son commandement semblait ne pas avoir de sens *(Genèse 3.6)*. L'interdiction est claire : ***« tu ne mangeras pas »***. Le texte hébreu emploie la même construction que dans les Dix Commandements, qui commencent par la négation *lo'* en *Exode 20.1-17*. La Bible Parole de Vie traduit : *« Tu ne dois pas manger »*. La suite de la phrase, commençant par **« car »,** en hébreu *ki*, explique les conséquences d'une éventuelle désobéissance : car le jour où tu en mangeras, ***« tu mourras »***. Cet avertissement divin est difficile à interpréter car l'homme n'est pas mort le jour où il a mangé du fruit interdit.

Une explication possible à cela est que la Bible déclarant que, pour le Seigneur, mille ans sont comme un jour *(2 Pierre 3.8 ; Psaumes 90.4)*, Dieu voulait seulement dire que l'homme mourrait avant l'âge de mille ans, ce qui s'est effectivement réalisé. Mais cette interprétation fantaisiste est peu convaincante.

Une autre thèse semblable est que le terme **«jour»** a ici un sens général. L'expression *« le jour »*, en hébreu *yom,* est la même qu'en *Genèse 2.4*, où elle fait référence aux six jours de la création. Que ce terme soit employé pour une durée de plusieurs centaines d'années est toutefois improbable.

Une troisième possibilité serait que Dieu avertissait l'homme qu'il deviendrait mortel, le jour où il mangerait du fruit interdit. Cette interprétation impliquerait que Dieu ait créé l'homme immortel, ce que rien dans le texte ne suggère. L'homme a reçu la vie de Dieu et perpétue son existence en mangeant du fruit de l'arbre de la vie. Dès que celui-ci ne lui est plus accessible, la conséquence inévitable est la mort. De plus, d'après *1 Timothée 6.16*, l'immortalité est un attribut de Dieu seul.

Une quatrième interprétation est que le jour où l'homme mangerait de l'arbre, il serait « voué à mourir » et « mourrait certainement » un jour. Autrement dit, il ne s'agissait pas d'une menace de mort immédiate, mais d'un avertissement que toute désobéissance à Dieu mène finalement à la mort. Adam et Eve ont pris au sens littéral l'avertissement de Dieu, en le comprenant partiellement puisqu'ils ne savaient pas encore ce qu'était la mort. C'est ce qui a rendu la parole mensongère du serpent crédible et alléchante : ils verraient le monde invisible, le monde des dieux immortels ! C'est encore le désir, la tentation suprême des hommes. *« Vous ne mourrez pas du tout ! Mais Dieu sait que, le jour où vous en mangerez, vos yeux s'ouvriront, et que vous serez comme des dieux qui connaissent le bien et le mal »* (Genèse 3.4-5). « Le jour » où Adam et Ève ont péché, ils ne sont pas morts physiquement, mais spirituellement car leurs yeux se sont ouverts non sur le monde des dieux, mais sur leur péché, leur nudité loin de Dieu. Ils ont acquis la connaissance du mal selon *Genèse 3.22.*

Une cinquième possibilité est celle de la mort spirituelle d'Adam et d'Ève lorsqu'ils ont mangé du fruit interdit, due à leur séparation d'avec Dieu. Cette idée est certainement en partie fondée, mais ce n'est pas ce qu'indique le contexte de la Genèse : la mort physique et les souffrances dues au péché, ne sont que les signes visibles d'une mort spirituelle ou séparation d'avec Dieu. Tout le texte de la Genèse, ch. 2 et 3, s'adresse à des hommes israélites ou autres qui ne pratiquent pas l'abstraction, il leur faut donc des choses concrètes pour comprendre ce qui est invisible. D'où l'utilité des paraboles de Jésus et du Saint-Esprit pour connaître les choses invisibles.

Le texte décrit un état de mort spirituelle après leur expulsion du jardin, sous couvert de la mort physique due à la séparation de l'arbre de la vie *(Genèse 3.22-24)*. Les conséquences du péché qu'Adam et Ève ont subies toute leur vie étaient d'abord physiques : une vie[76] et des grossesses plus pénibles pour la femme, un travail fatigant pour l'homme et enfin, la mort physique pour tous deux. L'apôtre Paul interprète également ainsi le péché originel en *Romains 5.12*: *« C'est pourquoi, de même que par un seul homme le péché est entré dans le monde, et par le péché la mort, et qu'ainsi la mort a passé sur tous les hommes, parce que tous ont péché»*.

---

[76] *Voir Gen.3.16*

Enfin, l'interprétation qui semble la plus plausible est que Dieu a averti l'homme qu'il connaîtrait la mort physique *le jour où* il mangerait du fruit défendu.

Le problème demeure, parce qu'Adam et Ève ne sont pas morts physiquement le jour où ils ont mangé de l'arbre. Au contraire, Adam a encore vécu plusieurs centaines d'années avant que la mort le rattrape. Mais n'allons pas croire que Dieu ne pensait pas ce qu'il disait ! Dieu ne prend pas plaisir à punir sa créature, il l'avertissait des conséquences naturelles de la séparation avec lui, le Dieu de la vie. Cet épisode est tout simplement une première manifestation dans l'histoire biblique de la grâce qui triomphe sur le jugement. L'homme méritait de mourir ce jour-là, mais Dieu, dans sa miséricorde, lui a permis de continuer à vivre, bien que dans l'ombre de la mort. L'homme ne peut pécher impunément en pensant que Dieu lui accordera toujours un répit avant de le châtier, mais en même temps, cet épisode est porteur d'espoir : nous savons que *« le salaire du péché, c'est la mort »* et que nous méritons tous la mort, mais Dieu nous garde en vie parce que selon *2 Pierre 3.9,* il *« use de patience envers [nous], il ne veut pas qu'aucun périsse, mais il veut que tous arrivent à la repentance ».*

Il est important de garder à l'esprit qu'il y avait deux arbres particuliers dans le jardin. Le premier, *« l'arbre de la vie »*, sustentait l'homme physiquement tant qu'il y avait accès et symbolisait ainsi la vie spirituelle que Dieu lui offrait et qu'il devait cultiver chaque jour. Le second, *« l'arbre de la connaissance du bien et du mal »*, a provoqué la mort spirituelle de l'homme, symbolisée par la mort physique d'Adam et Ève et de toute l'humanité. La mort physique nous rappelle constamment que sans Dieu, nous ne pouvons pas vivre éternellement. Au chapitre 3 Dieu montrera à l'homme comment il pourra être restauré et retrouver le chemin de la vie éternelle. L'homme connaît la mort spirituelle lorsqu'il se détourne de Dieu, c'est cela le plus important, et ce qui a nécessité un plan de salut. Le salut est spirituel, pas physique. Sans la repentance et la confession à Dieu, l'homme ne peut pas en jouir ; parce qu'il y a eu une mort spirituelle, le salut est intervenu.

Pas de vis-à-vis pour l'homme parmi les animaux *(2.18-20)*

18 L'Éternel Dieu dit : Il n'est pas bon que l'homme soit seul ; je lui ferai une aide qui sera son vis-à-vis. 19 L'Éternel Dieu forma du sol tous les animaux des champs et tous les oiseaux du ciel. Il les fit venir vers l'homme pour voir comment il les appellerait, afin que tout être vivant porte le nom que l'homme lui aurait donné. 20 L'homme donna des noms à tout le bétail, aux oiseaux du ciel et à tous les animaux des champs ; mais, pour l'homme, il ne trouva pas d'aide qui fût son vis-à-vis.

Verset 18. Alors que jusqu'ici, Dieu s'était toujours exprimé positivement sur sa création en la qualifiant de *« bonne »* ou de *« très bonne »*, ici, il s'exclame : **« Il n'est pas bon que l'homme soit seul ; je lui ferai une aide qui sera son vis-à-vis ».** Tout comme avant de créer l'homme, Dieu avait déclaré en lui-même en *Genèse 1.26*: *« Faisons l'homme »*, de même, avant de créer la femme, il se fait la remarque qu'il n'est pas bon que l'homme soit seul. En effet n'est-il pas Lui-même entouré de la Parole, son Fils, et du Saint Esprit, avec qui il communique ? Par conséquent, puisque l'homme est à son image, il décide de lui créer une aide avec qui il pourra communiquer. Le jugement divin sur l'ensemble de la création en *Genèse 1.31* : « *c'était très bon* », n'interviendrait ainsi qu'après la création de la femme.

L'affirmation divine qu'il n'est pas bon que l'homme soit seul en dit long sur l'importance de la compagnie de nos semblables et de la communication avec eux. Puisque aucun homme n'est une île isolée, le Seigneur décide de créer à l'homme une aide qui lui soit semblable.

Le terme **« *aide* »** a parfois été interprété à tort comme étant dévalorisant, impliquant que la femme soit inférieure à l'homme, à l'image d'une servante qui aide sa maîtresse dans les tâches ménagères ou d'un apprenti non qualifié assistant un électricien, un charpentier ou un plombier expérimenté dans son travail : il peut accomplir certaines besognes simples, mais il n'a ni la formation ni l'expérience nécessaire pour des tâches plus techniques. Le terme biblique « *aide* », en hébreu *'ezer,* a un sens radicalement différent. En résumé, il désigne quelqu'un qui aide une personne, un groupe ou un pays, à faire quelque chose qu'il ne pourrait pas faire seul. Ce terme implique la collaboration ou la coopération des deux acteurs quand les moyens d'un seul d'entre eux ne suffisent pas. Un aide est d'ailleurs souvent supérieur au bénéficiaire, comme par exemple lorsqu'une nation faible comme le royaume de Juda appelle l'Égypte à l'aide dans sa lutte contre les Babyloniens (Ésaïe 31.1-3). La supériorité de l'aidant sur celui qui est assisté apparaît clairement environ quarante fois dans l'Ancien Testament où Dieu est présenté comme « *l'aide* », *'ezer,* de son peuple[77], en incluant les passages employant la forme verbale « *aider*» (*'azar).*

En aucun cas Dieu n'est inférieur à l'homme parce qu'il possède la puissance et condescend à l'aider, à le délivrer et à sauver ceux qui se confient en lui et font appel à lui dans la détresse. La femme, aide de l'homme, ne lui est ni supérieure ni inférieure, mais elle est sa compagne, qui partage sa vie en tant qu'égale. Les tempéraments masculin et féminin sont différents et ils ont chacun des qualités différentes à s'offrir l'un à l'autre dans le cadre du mariage. Chacun a un rôle à jouer dans leur vie commune et ils se complètent l'un l'autre en donnant à l'autre ce qui lui manque et en le fortifiant là où il est faible. Ainsi, chacun des deux devient meilleur grâce à l'apport de l'autre. L'auteur de la Genèse donne par la création de la femme en tant

---

[77] *Exode 18.4 ; Deutéronome 33.26 ; 1 Chroniques 12.18 ; 2 Chroniques 26.7 ; Psaumes 10.14 ; 46.5 ; 54.4 ; 79.9 ; 119.173 ; Ésaïe 41.10, 13, 14 ; 44.2 ; 49.8*

qu'aide et vis-à-vis de l'homme, un principe qui s'applique à tous les mariages[78]. La femme, en plus d'être une aide pour l'homme, est aussi son **« vis-à-vis »**, en hébreu *neged.* Littéralement, elle est « *contre* » lui ou « *face à* » lui. L'hébreu emploie une expression prépositionnelle composée qui signifie littéralement que la femme est *« comme face à lui »*, non pas en opposition stérile, en affrontement belliqueux mais pour une opposition féconde, pour une interaction pacifique et pour une confrontation constructive créatrice d'une identité plus riche. Tout « contre lui » contient l'idée de proximité, d'intimité, mais aussi de distance qui évite la fusion.

Autrement dit, l'homme n'a pas besoin de quelqu'un qui lui ressemble en tout point, mais de quelqu'un qui soit à la fois comme lui sous certains aspects et différent de lui sous d'autres, C'est ce qu'on appelle l'altérité. L'homme a besoin de plus que d'une aide pour son travail quotidien ou d'une mère pour ses enfants, même si cela en fait partie : il a besoin du soutien physique, psychologique et spirituel réciproque, que seule une relation d'intimité avec sa femme lui apporte. Dieu ne s'est pas contenté de créer l'homme afin d'être en

---

78 Matthieu 19.3-6 ; Éphésiens 5.25-33 ; 1 Pierre 3.1-7

communion avec lui, et de le placer dans un environnement parfaitement adapté à ses besoins : il en a aussi fait un être social, qui a besoin de relations avec d'autres êtres humains, particulièrement avec une épouse. Lorsque Dieu vit qu'il n'était pas bon que l'homme soit seul, il voulait dire qu'il ne pourrait jamais réellement vivre sans aimer, et se donner à un autre être de même nature que lui.

Verset 19. La suite du texte raconte la création de tous les animaux des champs et tous les oiseaux du ciel. Certains y voient une contradiction avec *Genèse 1.20-25*, où ces créatures apparaissent avant l'homme ; mais, comme nous l'avons déjà vu, *Genèse 1* n'est pas un récit chronologique, détaillé, et *Genèse 2* est davantage thématique et théologique, révélant non seulement ce que Dieu a fait dans la création, mais aussi pourquoi il l'a fait. Nous voyons ici Dieu initier une relation plus personnelle et intime entre lui-même et l'humanité que cela n'aurait été possible avec les animaux, du fait que ceux-ci n'ont pas de nature spirituelle selon *Genèse 2.7-9, 15-17*. L'auteur explique ensuite que la même chose est valable pour la relation entre l'homme et la femme, dont Dieu a prévu qu'elle serait plus intime qu'aucune relation entre l'homme et les animaux ne pourrait jamais l'être *(Genèse 2.18-25)*. Ce verset commence par les similitudes entre la création de l'homme et celle des animaux : l'Éternel Dieu les forma du sol, et ils sont tous deux des êtres vivants *(Genèse 2.7, 19)*. En dépit du fait que Dieu a compris que l'homme a besoin d'une aide qui soit son vis-à-vis, il ne satisfait pas immédiatement ce besoin, mais il fait d'abord venir vers lui tous les animaux terrestres et les oiseaux, pour qu'il leur donne un nom, afin que tout être vivant porte le nom que l'homme lui aurait donné. L'homme s'acquitte ici pour la première fois du commandement divin de *Genèse 1.26, 28,* de dominer sur les animaux : il les nomme en vertu de son autorité, mais ce faisant il prend la responsabilité de les soigner, comme un père en nommant son enfant prend la responsabilité de l'élever.

Verset 20. L'histoire continue et on s'aperçoit que même si Dieu a formé l'homme et les animaux du même sol, il y a une différence fondamentale entre eux que l'homme doit découvrir par lui-même. En regardant et nommant chaque animal, il commence à se demander s'il trouvera parmi eux un être semblable à lui pour l'aimer et communiquer avec lui. Il se sent seul, même au milieu des animaux. Sa solitude vient de ce qu'il ne trouve pas d'aide qui soit son vis-à-vis, qui pourrait partager sa vie plus intimement.

La création de la femme pour l'homme *(2.21-25)*

21 Alors l'Éternel Dieu fit tomber un profond sommeil sur l'homme qui s'endormit ; il prit une de ses côtes et referma la chair à sa place. 22 L'Éternel Dieu forma une femme de la côte qu'il avait prise à l'homme et il l'amena vers l'homme. 23 Et l'homme dit : Cette fois c'est l'os de mes os, la chair de ma chair. C'est elle qu'on appellera femme, car elle a été prise de l'homme. 24 C'est pourquoi l'homme quittera son père et sa mère et s'attachera à sa femme, et ils deviendront une seule chair. 25 L'homme et sa femme étaient tous les deux nus et n'en avaient pas honte.

Verset 21. Aucune autre tradition du Moyen-Orient antique ne comporte de récit d'une création spéciale de la femme. Le récit biblique est le seul qui ne la place pas tout simplement en-dessous de l'homme, auquel elle correspond. *Genèse 1.27* dit que *« Dieu a créé l'homme et la femme à son image »*, mais la suite du texte nous indique l'ordre des événements et les moyens employés. L'auteur raconte que « ***Dieu*** » forma d'abord l'homme de la poussière du sol, puis ***« fit tomber un profond sommeil sur l'homme qui s'endormit »***. Le terme employé pour « *profond sommeil* » est en hébreu *tardemah*. Un tel sommeil peut être induit par Dieu[79] parfois à des fins de révélation divine en *Genèse 15.12* ou de vision nocturne en *Job 4.13 ; 33.15*. Ici, c'était bien sûr pour une opération dans le corps de l'homme pendant son sommeil : ce fut la première anesthésie générale ! Ne peut-on pas voir dans cet endormissement de l'homme (mâle) la nécessité pour tout humain, d'assoupir en soi les qualités viriles (esprit d'entreprise, goût de l'action, autorité...) pour laisser émerger les qualités féminines (sensibilité, dévouement, méditation...) qui cohabitent en tout humain, homme ou femme ?

L'Éternel Dieu prit une de ses côtes et en forma une femme selon *Genèse 2.22*. Le terme hébreu traduit par **« côte »** est *tsela'*, qui signifie « *côté* ». Ce terme peut désigner le côté d'une montagne, d'un bâtiment, d'une pièce, du temple ou d'un meuble. *Genèse 2.21-22* est en fait la seule fois

---

[79] *1 Samuel 26.12 ; Ésaïe 29.10,*

dans l'Ancien Testament[80] où ce terme hébreu est traduit par « *côte* ». Cette traduction correspond au contexte et c'est celle qu'ont choisie la plupart des versions françaises de la Bible. Une autre traduction possible de *tsela'* serait : « *Dieu prit une partie du côté de l'homme* ». Cette traduction correspond mieux à l'exclamation de l'homme à son éveil après cette intervention chirurgicale divine : quand Dieu amène la femme vers lui, il s'exclame immédiatement : **« Cette fois c'est l'os de mes os, la chair de ma chair. C'est elle qu'on appellera femme, car elle a été prise de l'homme »**, ce qui implique que Dieu a formé la femme à la fois à partir de la chair et des os de l'homme. Cette phrase est un poème donc emploie des images poétiques pour exprimer combien Adam est heureux de trouver un être semblable à lui à côté de lui !

Certains rabbins antiques enseignaient que le premier homme Adam était d'abord androgyne, de nature à la fois masculine et féminine, avec les caractéristiques physiques des deux sexes. Cette vision est basée sur *Genèse 5.1-2* : « *Le jour où Dieu créa Adam, il le fit à la ressemblance de Dieu. Homme et femme il les créa, il les bénit et les nomma Homme,*

---

80 *On trouve son équivalent araméen 'ala' en Daniel 7.5,*

'adam, au moment où ils furent créés ». Ces dernières décennies, cette interprétation rabbinique a été reprise et appliquée à *Genèse 2.21-22* par des féministes qui affirment qu'à l'origine, l'homme et la femme s'appelaient tous deux Adam « *humain* ». *Genèse 1.27-28*, la base de la généalogie de *Genèse 5*, montre toutefois clairement qu'il s'agit ici de deux personnes, non pas d'une seule à double identité sexuelle. De plus, le *verset 27* emploie le pluriel « *les* » pour l'homme et la femme, ce qui montre qu'ils étaient deux. Rien dans le récit ne suggère que le premier homme était physiquement bisexuel.

Verset 22. Le récit se poursuit : **« *L'Éternel Dieu forma une femme de la côte qu'il avait prise à l'homme* ».**
Le terme hébreu « *former* », *banah* signifie littéralement « *construire* ». Dieu est le sujet du verbe, en tant que maître artisan qui crée la femme. Ce terme est employé ailleurs pour Dieu qui construit « *la cabane chancelante de David* » *(Amos 9.11)*, « *la maison* » c'est-à-dire la famille avec les enfants *(Psaumes 127.1, 3-5)* et « *son sanctuaire* » *(Psaumes 78.69)*. L'auteur emploie les verbes hébraïques *bara*, « *créer* » et *asah*, « *faire* » pour décrire la création de l'humanité (homme et femme)

dans *Genèse 1.26-27,* mais ici, pour la création de la femme, il choisit un terme qui présente Dieu comme un « *constructeur* » habile. Le verbe *banah* implique par définition, que la femme, produit de l'activité divine, est une créature de beauté, de stabilité et de durabilité. Quand Dieu amena la femme vers l'homme, il joue le rôle d'entremetteur ou de père qui amène sa fille vers son futur mari, ce qui correspond bien aux sociétés patriarcales antiques, où la plupart des mariages étaient arrangés. Comme Dieu a créé à la fois l'homme et la femme, il savait exactement de quel genre de compagne l'homme aurait besoin, mais en amenant la femme vers lui, il le laisse découvrir par lui-même ce merveilleux don divin.

Verset 23. Quand l'homme rencontre sa compagne et son parfait vis-à-vis, il ressent soudain une joie ineffable. Son enthousiasme est exprimé dans une strophe poétique alors qu'il s'exclame : Cette fois c'est l'os de mes os, la chair de ma chair. C'est la première fois que l'homme prend la parole. Dans 2.19- 20, il nomme les créatures vivantes, mais le texte ne mentionne pas comment il les nomme. « **Cette fois** » pourrait aussi être traduit par « *enfin* ». Dieu a enfin donné à l'homme exactement ce dont il avait besoin. En fait, l'homme est tellement exubérant qu'il emploie le terme « celle » / « elle », en hébreu zot, trois fois : **« Cette fois c'est celle qui est l'os de mes os, la chair de ma chair. C'est elle qu'on appellera femme, car elle a été prise de l'homme ».** L'homme a enfin trouvé son âme sœur. L'expression : « l'os de mes os, la chair de ma chair », ressemble à une formule hébraïque courante pour exprimer un lien de parenté ou de proximité[81]. Dans certains contextes, il peut aussi exprimer une forte loyauté[82].

La dernière partie du poème comporte un jeu de mots en hébreu : « *C'est elle qu'on appellera femme 'ishshah, car elle a été prise de l'homme 'ish*». L'étymologie de ces deux termes hébreux est incertaine, mais ils s'alignent bien ici à cause de leur assonance. En ayant examiné et nommé les animaux, l'homme a pris conscience de la différence qui existe entre lui et les autres créatures vivantes ; puis, quand Dieu amène la femme vers lui, il se retrouve pour la première fois en présence d'une créature de la même nature (humaine) que lui, mais aussi différente au plan sexuel. C'est pourquoi il l'appelle

---

81 Genèse 29.14 ; Juges 9.1-2 ; 2 Samuel 19.12-13
82 2 Samuel 5.1-3 ; 1 Chroniques 11.1

« femme 'ishshah, car elle a été prise de l'homme 'ish». En d'autres mots, l'homme constate la similitude, mais aussi la différence, entre la femme et lui-même, et emploie deux termes qui reflètent cela : *'ish et 'ishshah.* Le fait que la femme a été prise de l'homme suggère que son existence même dépend de lui et le fait qu'il l'a nommée implique qu'il a autorité sur elle et la prend en charge, de la même manière que le fait qu'il a nommé les animaux atteste de son autorité sur eux et de sa prise en charge en *Genèse 2.19-20.* Toutefois, l'autorité du mari sur sa femme et la soumission de la femme à son mari ne doivent pas être interprétées comme une autorité tyrannique qui abaisserait ou humilierait celle-ci. Au contraire, l'apôtre Paul, dans le Nouveau Testament[83], les compare à celles de Jésus et de l'Église : aimant, prenant soin, servant et se sacrifiant. Autrement dit, l'homme doit être prêt à tout pour sa femme, même à donner sa vie pour son bien-être, de même que Christ l'a fait pour l'Église.

Verset 24. Ce verset n'est pas la suite des paroles de l'homme, mais un commentaire de l'auteur, que

---

83 1 Corinthiens 11.3, 8-12 ; Éphésiens 5.22-33

Jésus finira par attribuer à Dieu en *Matthieu 19.4-5*. Le narrateur inspiré applique le principe énoncé ici à l'ensemble des mariages : « ***c'est pourquoi l'homme quittera son père et sa mère et s'attachera à sa femme, et ils deviendront une seule chair*** ». Ce principe de l'homme qui quitte son père et sa mère, a de quoi surprendre les commentateurs, puisque la coutume des sociétés patriarcales antiques voulait que la femme quitte la maison de son père pour commencer une nouvelle vie avec son mari, chez les parents de celui-ci ou non loin de là. Il y avait bien sûr des exceptions à cette règle : Jacob est resté pendant vingt ans chez son beau-père Laban à Harân, en haute Mésopotamie *(Genèse 29.1-31.38)* et Moïse a gardé les moutons de Jéthro, le père de son épouse Séphora, pendant quarante ans dans le désert du Sinaï[84]. Mais ces exemples ne sont pas normatifs. Le verset fait peut-être référence à une indépendance émotionnelle et psychologique plutôt qu'à un éloignement physique. Le vieil adage : « Un fils reste un fils jusqu'à ce qu'il trouve une femme ; une fille reste une fille toute sa vie », s'applique bien ici. Une jeune épouse a tendance à rester plus attachée émotionnellement à ses parents qu'un jeune marié ;

---

84 *Exode 2.15-3.1* ; *Actes 7.29-30*

c'est pourquoi, en se mariant, un homme quitte ses parents d'une manière dont une femme ne se séparera peut-être jamais pleinement des siens. L'auteur veut dire que dans une société patriarcale, quand une femme rejoint son mari et devient membre de sa famille, celui-ci doit impérativement rompre tout lien qui le maintient dépendant de ses parents. La femme l'a déjà fait dans une certaine mesure en quittant le foyer de ses parents ; maintenant, les deux époux doivent dépendre l'un de l'autre et construire leur vie ensemble. Le verbe employé dans ce verset pour **« *quitter* »,** en hébreu *azav,* a souvent une autre connotation qui signifie « *abandon* ». Il est employé dans ce sens plus de deux cents fois dans l'Ancien Testament, le plus souvent pour dire qu'Israël a abandonné Dieu pour les idoles. Ce sens ne s'applique pas au contexte de *Genèse 2.24*, puisqu'il est clair que l'auteur n'exhorte pas les hommes qui se marient à abandonner leurs parents. « *Renoncer à* » serait probablement une meilleure traduction du terme hébreu. La traduction anglaise emploie le terme similaire « *forsake* » pour « *abandonner* » dans plusieurs passages faisant référence au peuple de Dieu qui se détourne de Dieu et de son alliance pour l'idolâtrie[85]. Toutefois, de même qu'avec « *abandonner* », « *renoncer à* » n'a pas exactement le sens voulu par l'auteur. L'emploi du terme *azav* pour un homme qui quitte/ renonce à ses parents a un sens relatif. L'idée est que ses priorités doivent changer : avant son mariage, sa première responsabilité était à l'égard de ses parents, mais après, sa femme doit passer avant eux.

En Occident, où nos responsabilités à l'égard de nos parents sont parfois moins importantes, ce point peut sembler inutile, mais dans des sociétés plus anciennes et plus traditionnelles dans lesquelles seul Dieu passe avant l'honneur dû aux parents, cela peut être choquant, vraisemblablement autant que quand Jésus a parlé de « haïr son père et sa mère », ce qui signifie en fait que nous devons aimer le Seigneur plus que nos parents[86]. Le même principe s'applique certainement ici : le mariage entraîne un changement de responsabilités et si le mari doit toujours honorer ses parents[87], il doit maintenant faire passer sa femme en premier. La « distance »

---

85 Deutéronome 28.20 ; 29.25 ; Juges 10.10 ; 1 Rois 19.10, 14 ; Jérémie 1.16 ; 2.13, 17, 19 ; 5.7 ; 16.11 ; 17.13 ; 19.4 ; 22.9
86 Luc 14.26 ; Matthieu 10.37.
87 Exode 20.12 ; Deutéronome 5.16

avec les parents est une condition du bon rapprochement avec le conjoint.

L'auteur dit que l'homme quittera ses parents, puis **« *s'attachera,* dabaq, *à sa femme* ».** Le terme hébreu signifie au sens littéral, *«s'accrocher à »* ou *« adhérer dans »*. Il est souvent employé dans le sens d'un attachement ferme à Dieu[88], à des nations en *Josué 23.12*, ou encore à son conjoint. Il peut aussi désigner des relations entre personnes, comme dans *Genèse 34.3*, quand Sichem *« s'attacha de toute son âme à Dina »*. Le texte hébreu dit littéralement que *« son âme s'attacha »* à elle. Un autre exemple touchant de *dabaq* se trouve dans l'histoire de Ruth : quand Naomi est sur le point de retourner à Bethléhem, ses deux belles-filles moabites pleurent et Orpa retourne vers son peuple, mais *« Ruth s'attacha, dabaq, à elle »* et dit : *« Ne me pousse pas à te quitter, azav»* (Ruth 1.14,16). L'idée de *« s'attacher »* et de devenir *« une seule chair »* indique qu'un mari et une femme sont liés par une alliance impliquant une promesse irrévocable de fidélité qui prime sur tous les autres liens familiaux. Bien que le terme *« alliance » berith,* ne soit pas employé dans

---

[88] *Deutéronome 10.20 ; 11.22 ; 13.4 ; 30.20 ; Jos 23.8, à des objets en Deutéronome 13.17,*

Genèse 2.22-24, il est clairement sous-entendu. Il sera plus tard employé pour l'alliance du mariage entre un homme et une femme[89]. Cette alliance est comparée à la relation entre Dieu (l'époux) et Israël (l'épouse), qu'il a « *épousée* » lors de l'Exode[90]. Le mariage n'est pas une affaire privée : deux personnes, un homme et une femme, déclarent devant leurs familles, leurs amis et la société s'unir de la manière la plus intime qui soit pour former une nouvelle famille. L'homme et la femme qui s'unissent accomplissent potentiellement le premier commandement du Créateur : « *Soyez féconds, multipliez-vous, remplissez la terre* » (Genèse 1.28). L'expression *« devenir une seule chair »* ne met pas l'accent premièrement sur la relation sexuelle et le fait d'avoir des enfants, même si ces dimensions de l'union ne sont pas exclues : il s'agit surtout de l'unité spirituelle et sociale du nouveau couple. Devenir une seule chair avec son épouse crée un lien plus fort que le lien de sang. Les deux époux trouvent leur accomplissement l'un en l'autre comme ce n'est possible dans aucune autre relation humaine.

---

89 *Proverbes 2.17 ; Malachie 2.14*
90 *Jérémie 31.32 ; Ézéchiel 16.8*

Verset 25. Le chapitre se termine sur l'observation que l'homme et sa femme étaient tous les deux nus et n'en avaient pas honte. Le cadre est ainsi donné pour les événements de *(Genèse 3)*, où l'homme et la femme ne prennent conscience de leur nudité qu'après avoir mangé du fruit interdit. C'est à cette découverte qu'ils sont pris de honte pour la première fois. À l'origine, l'homme et la femme **« *n' avaient pas honte* »** de leur nudité. À noter que le terme hébreu *bosh* n'implique pas nécessairement de culpabilité personnelle due au péché, comme le suggère le terme français *« honte »*. Dans l'Ancien Testament *bosh* est parfois traduit par *« honte »* dans un contexte qui n'implique pas de péché ni de culpabilité ; mais plutôt un sentiment d'anxiété ou d'embarras. En fait *bosh* a souvent la connotation passive de quelque chose qu'on subit ou d'une expérience vécue, et n'est pas particulièrement *« orienté vers la honte sexuelle »*. Le sens le plus fréquent est qu'une personne ou communauté est *« déshonorée »*, *« humiliée »* ou *« ridiculisée »* aux yeux des témoins de ses actions[91]. Le texte affirme que jusqu'au moment où ils ont péché, Adam et Ève vivaient un état idéal et se voyaient eux-mêmes et

---

91 Ésaïe 1.29 ; 20.5 ; Jérémie 2.36 ; 48.13

leur sexualité avec pureté et innocence (comme de petits enfants) parce que leur nudité était une expression de transparence et de confiance. La chute du premier couple va transformer complètement cette notion de nudité !

LA CHUTE DE L'HOMME
(Genèse 3)

LA TENTATION ET LA CHUTE *(3.1-7)*

1 Le serpent était le plus rusé de tous les animaux des champs que l'Éternel Dieu avait faits. Il dit à la femme : Dieu a-t-il réellement dit : Vous ne mangerez pas de tous les arbres du jardin ? 2 La femme dit au serpent : Nous mangeons du fruit des arbres du jardin. 3 Mais quant au fruit de l'arbre qui est au milieu du jardin, Dieu a dit : Vous n'en mangerez pas et vous n'y toucherez pas, sinon vous mourrez. 4 Alors le serpent dit à la femme : Vous ne mourrez pas du tout ! 5 Mais Dieu sait que, le jour où vous en mangerez, vos yeux s'ouvriront, et que vous serez comme des dieux qui connaissent le bien et le mal. 6 La femme vit que l'arbre était bon à manger, agréable à la vue et propre à donner du discernement. Elle prit de son fruit et en mangea ; elle en donna aussi à son mari qui était avec elle, et il en mangea. 7 Les yeux de tous deux s'ouvrirent ; ils prirent conscience du fait qu'ils étaient nus. Ils se firent des ceintures avec des feuilles de figuier cousues ensemble.

Le deuxième acte de l'histoire humaine est tragique. Il commence par l'arrivée d'un nouvel acteur, le serpent, et met en scène la perte de l'état d'innocence et de parfaite harmonie avec Dieu de l'humanité.

Verset 1. « *Le serpent* » a trouvé accès au jardin où Dieu avait placé Adam et Ève. Il s'agit d'un véritable serpent, puisque l'auteur l'identifie comme une des créatures que Dieu a faites et emploie le terme hébraïque courant pour cet animal, *nahash*. Ce terme apparaît cinq fois dans *Genèse 3* et trente-et-une fois dans l'Ancien Testament. Il s'agit du terme employé pour le bâton de Moïse qui se transforme en serpent quand Moïse le jette à terre, en *Exode 4.3 ; 7.15,* et pour les « *serpents brûlants* » que le Seigneur envoie aux Israélites rebelles dans le désert, ainsi que de celui que Dieu emploie pour demander à Moïse de fabriquer un serpent de bronze et de le mettre sur une perche pour que ceux qui avaient été mordus puissent le regarder et être guéris, en *Nombres 21.6, 7, 9.* Cela montre que le serpent n'est pas un dieu comme le Pharaon dont il est l'emblème, ou une créature mythologique semi-divine comme les êtres décrits dans la littérature du Proche-Orient antique comme L'Épopée de

Gilgamesh. Dans cette histoire, Gilgamesh, un roi semi-divin, se fait voler une plante d'éternelle jeunesse par un serpent qui après l'avoir avalée, rajeunit en se débarrassant de sa peau. Certains considèrent cette légende mésopotamienne comme la source du récit biblique, mais rien n'indique que l'auteur de la Genèse s'en soit inspiré.

Les exégètes juifs ont plus tard interprété le serpent de la Genèse comme un instrument du diable pour tenter le premier homme et la première femme. Les auteurs du Nouveau Testament croyaient que c'est Satan qui a parlé par le serpent pour tromper nos premiers ancêtres et leur faire quitter le jardin d'Éden. L'apôtre Jean cite ces paroles de Jésus en *Jean 8.44* : « *Vous avez pour père le diable [...] Il a été meurtrier dès le commencement [...] Lorsqu'il profère le mensonge, ses paroles viennent de lui-même car il est menteur et le père du mensonge».* L'apôtre Paul, inquiet de voir les faux enseignants tromper les chrétiens de Corinthe, les avertit en ces mots en *2 Corinthiens 11.3* : « *Toutefois, de même que le serpent séduisit Ève par sa ruse, je crains que vos pensées ne se corrompent et ne s'écartent de la simplicité [et de la pureté] à l'égard de Christ* ». Il affirme plus loin en *2 Corinthiens 11.14-15* que *«Satan lui-même se déguise en ange de lumière. Il n'est donc pas étrange que ses serviteurs aussi se déguisent en serviteurs de justice. Leur fin sera selon leurs œuvres ».* L'apôtre Paul entend que Satan peut se déguiser pour tromper les hommes, comme il l'a de toute évidence fait au commencement en se servant du serpent comme instrument pour tenter le premier homme et la première femme dans le paradis terrestre. Jésus lui-même révèle à l'apôtre Jean dans *l'Apocalypse* que le serpent ancien était le diable, Satan[92] !

La brusque apparition du serpent a de quoi surprendre le lecteur non familier du récit biblique, mais le choc était certainement encore plus grand pour la femme, qui ne se doutait de rien et se retrouve soudain en pleine conversation avec « *le plus rusé de tous les animaux des champs que l'Éternel Dieu avait faits* ». Le terme **« rusé »,** en hébreu *aroum*, peut être compris comme une qualité, dans le sens de « *prudent* » ou «*raisonnable*[93] », ou comme un défaut, dans le sens de *« rusé » ou «sournois»*[94]. Son emploi le plus connu est bien sûr la référence au serpent dans *Genèse 3.1*. On voit un contraste entre la ruse et la

---

92 *Apocalypse 12.9, 15 ; 20.2*
93 *Proverbes 12.16, 23 ; 13.16 ; 14.8, 15, 18 ; 22.3 ; 27.12 ; Matthieu 10.16*
94 *Job 5.12 ; 15.5 ; Exode 21.14 ; Josué 9.4 ; Psaumes 83.3*

malice du serpent dans *Genèse 3.1-5*, et l'innocence presque puérile d'Adam et d'Ève dans *Genèse 2.25*. Le récit ne dit pas pourquoi le serpent a parlé à la femme plutôt qu'à l'homme. Certains ont suggéré que les femmes sont par nature plus vulnérables à la tentation que les hommes.

L'apôtre Paul écrit en *1 Timothée 2.14* : *« Ce n'est pas Adam qui a été séduit, c'est la femme qui, séduite, s'est rendue coupable de transgression»*. Il se tait cependant sur la nature d'Ève ; rien n'indique qu'elle serait plus naïve qu'Adam : il note tout simplement qu'elle a été séduite, contrairement à son mari qui a péché en pleine connaissance de cause. L'apôtre Paul a attribué la faute du péché originel à Adam dans *Romains 5.12-19.* Mais dans ce texte quand Paul parle d'Adam, c'est en faisant d'Adam la figure représentative de l'Humain en général, comme en *Genèse 2.16* où le mot « adam » est précédé de l'article et représente le genre humain*.*

Le serpent a formulé ses questions de manière à semer le doute sur l'interdit divin et sur la nature même de Dieu. La tentation commence par une question d'apparence anodine : ***« Dieu a-t-il réellement dit : Vous ne mangerez pas de tous les arbres du jardin ? »*** On voit que le serpent exagère le commandement divin en prétendant que Dieu interdit à l'homme et à la femme de manger de tous les arbres du jardin, ce qui est évidemment faux, puisque Dieu leur offre généreusement l'accès à tous ces arbres, à l'exception d'un seul. En formulant ainsi sa question, le serpent vise à faire douter Ève de la bonté de Dieu.

Versets 2-3. « *La femme* » répond en essayant de corriger « *le serpent* » en lui rappelant ce que Dieu a dit ; mais, ce faisant, elle tombe elle-même dans l'exagération. Elle commence par expliquer correctement que Dieu leur permet de « *manger* » librement « *du fruit des arbres du jardin* », mais ensuite, elle exagère « *quant au fruit de l'arbre qui est au milieu du jardin* » : au lieu de dire que Dieu leur interdit d'en manger, elle ajoute qu'ils n'ont même pas le droit d'y toucher, sous peine de mort. Il semble naturel d'interpréter la réaction d'Ève comme une exagération à l'interdiction donnée par Dieu. Ève semblerait entendre par là que Dieu est sévère et arbitraire d'avoir placé cet arbre dans le jardin pour leur en interdire l'accès, c'est du moins ce que le serpent avait voulu qu'elle pense.

Versets 4-5. Le « *serpent* » saisit cette occasion d'atteindre à l'image de Dieu, en l'accusant de mensonge : « *Vous ne mourrez pas du tout ! Mais*

Dieu sait que, le jour où vous en mangerez, vos yeux s'ouvriront, et que vous serez comme des dieux qui connaissent le bien et le mal ». Autrement dit, Dieu n'est pas bon et plein de grâce, il ne veut pas le meilleur pour Adam et Ève. Le serpent dépeint un Dieu égoïste, jaloux et trompeur, dont la réelle motivation serait d'empêcher ses créatures de réaliser tout leur potentiel, de *« connaître le bien et le mal »* et d'être *« comme des dieux ».* Il insinue à la femme que Dieu veut l'écarter de sa destinée légitime : être comme Dieu, immortelle et connaissant le bien et le mal.

Il faut garder à l'esprit qu'Adam et Ève vivaient dans un paradis terrestre doté de tout ce dont ils avaient besoin pour être heureux. Dieu a déclaré sa création *« bonne »*, *« très bonne »* même. Pourtant, Adam et Ève ont succombé à l'idée que Dieu les privait d'un plus grand bien encore. Ils ont pensé que c'était peu de chose de désobéir à leur Créateur afin d'atteindre l'immortalité et la connaissance divine. Plus profondément, l'idée de devenir comme Dieu touche la corde sensible de l'orgueil.

Verset 6. Bien que Dieu lui ait interdit de manger de l'arbre de la connaissance du bien et du mal, sa vue est séduisante aux yeux de la femme. D'abord,

« *l'arbre bon à manger* » éveille ses sens : elle veut goûter quelque chose de nouveau et de délicieux. C'est ce que le Nouveau Testament appelle en *Jean 2.16*, « *la convoitise de la chair*» qui fait qu'il est si difficile de résister à l'attirance physique de choses ou de personnes interdites. Le terme « *bon* », *tov,* est appliqué à toute la création[95] ; chaque élément créé existe pour accomplir le dessein que Dieu lui a donné. L'expression *tov* peut avoir une connotation esthétique ou morale. Ici, la femme prend la place de Dieu en déterminant elle-même ce qui est « *bon* » à manger, alors que Dieu le lui a interdit. Tout ce qui est esthétiquement beau *tov,* n'est pas moralement bon *tov*, surtout si cela mène à désobéir à Dieu.

Ensuite, la beauté esthétique de l'arbre l'attire : « *il est agréable à la vue* ». Il est intéressant de noter que dans les deux cas, la forme verbale des termes traduits par « *agréable* » *'âvah,* et littéralement «*désirable* », *ḥâmad,* ou « *précieux* », selon la Bible Segond, apparaît dans les Dix Commandements, où elle est traduite par « *convoiter* ». Les deux verbes sont employés dans *Deutéronome 5.21* :« *tu ne convoiteras pas* » *ḥâmad...*, « *Tu ne désireras pas* » *'âvah...*, mais un

---

[95] *Genèse 1.4, 10, 12, 18, 25, 31*

seul *ḥâmad* est employé dans *Exode 20.17*. Cette histoire illustre le danger pour le peuple de Dieu de se baser sur l'apparence, qui correspond à *« la convoitise des yeux»* dans *1 Jean 2.16*.

Enfin, la femme comprend qu'il est **« *propre à donner du discernement* »** elle n'est pas séduite seulement par la beauté du fruit et le plaisir gustatif qu'il procure : il semble que l'élément le plus fort de la tentation soit l'aspiration au *« discernement »,* en hébreu le causatif de *sâkal :* « *rendre intelligent* ». Elle se voit acquérir la sagesse, le discernement et la connaissance qui la rendraient maîtresse de sa vie et de sa destinée. Elle croit manifestement au mensonge du serpent prétendant que cette sagesse lui donnerait une nouvelle dignité et un nouveau statut, qu'elle serait *« comme Dieu »* selon *Genèse 3.5*, ce qui correspond à « l'orgueil de la vie » de *1 Jean 2.16.*

En rejetant les instructions de Dieu, en se laissant entraîner par ses émotions et son orgueil et en faisant de son propre bien-être sa priorité, elle a attiré sur elle la tragédie, et non la vie. **« *Ève prit de son fruit et en mangea ; elle en donna aussi à son mari qui était avec elle, et il en mangea* »**. Le texte ne dit pas que l'homme a été tenté par des paroles rusées ou a essayé de rationaliser son choix : il a vu sa femme manger du fruit et a constaté qu'elle n'était pas morte, alors il a fait comme elle. Il a écouté sa femme plutôt que Dieu et s'est conformé à ses désirs. Il a aussi été trompé, mais son péché était un acte de désobéissance volontaire au commandement de Dieu. Les deux ont pris conscience de leur erreur trop tard. Plutôt que la liberté, Adam et Ève ont gagné une vie de souffrance et de labeur qui se termine par la mort.

Verset 7. Les conséquences du péché interviennent rapidement. *« Les yeux »* c'est-à-dire l'esprit, la compréhension de tous deux *« s'ouvrirent »*, mais pas pour recevoir la sagesse ou les lumières divines. Au contraire, ce qui ne leur posait pas de problème auparavant, les gêne maintenant : ils prirent conscience du fait *« qu'ils étaient nus ».* Voilà que, après leur désobéissance, ils comprennent qu'ils se sont séparés de la présence de Dieu, ils ont perdu sa lumière et la chaleur de son amour, ils se retrouvent seuls face à eux-mêmes, sans sa protection. Le froid et la peur qu'ils en éprouvent se traduisent par la honte de se voir tels qu'ils sont.

La nudité dans la Bible devient alors le symbole de l'état de péché du cœur de l'homme, qu'il ne peut cacher devant Dieu. Mais physiquement elle n'a pas de valeur négative, de même que le sexe et la sexualité. Ils ont été voulus par Dieu pour le bonheur, la complémentarité et la procréation des êtres humains. C'est le péché introduit par l'homme, la séparation d'avec Dieu, qui en a fait des tabous, des sujets de honte et de souffrance. La conscience de la nudité qu'a l'être humain à ce moment est l'expression physique, somatique (sentiment de froid) de sa détresse intérieure, psychique, en s'apercevant qu'il s'est coupé de Dieu, qu'il se retrouve seul, démuni de sa protection, et voué à la mort. Ici, leur honte intérieure de s'être séparés de Dieu, se transfère sur leur nudité : ils ne peuvent plus se regarder eux-mêmes en face, tels qu'ils sont, ils ne s'aiment plus eux-mêmes, et ne peuvent plus aimer l'autre car chacun renvoie à l'autre l'image d'un être faible et privé de la présence et de l'amour de Dieu.

Quand leur innocence cède la place à la prise de conscience embarrassante de leur nudité, ils essayent de se couvrir de « ***ceintures avec des feuilles de figuier*** » cousues ensemble. De qui se cachent-ils ? L'un de l'autre ou de Dieu ? Peut-être les deux. Il semble que le premier homme et la première femme sont comme des enfants qui atteignent l'âge de la puberté et sont soudain gênés comme jamais auparavant par la nudité et les différences sexuelles. De plus, le fait qu'ils prennent conscience de leur nudité après avoir désobéi à Dieu suggère qu'ils se sentaient coupables déjà avant que Dieu les confronte. Ils ont un sentiment d'aliénation avec leur Créateur et ne sont plus à l'aise en sa présence.

Une fois leur innocence perdue à cause du péché, ils ressentirent la honte et le besoin de protéger leur vulnérabilité en s'habillant décemment selon *Genèse 3.7.* Alors, ils se couvrirent de « ***feuilles de figuier*** » et tentèrent de se cacher parmi les arbres quand ils entendirent Dieu approcher. Ils se fabriquent eux-mêmes de quoi cacher leur avilissement par le péché. Quelle belle image pour les œuvres ou les mérites que nous voulons présenter à Dieu pour cacher notre péché et paraître saints et purs ! Dieu remplacera ces feuilles fragiles par le *"vêtement de peau"* de sa justice et du salut[96], à la suite de son sacrifice. Fabriquer des pagnes avec des feuilles de figuier est ainsi le symbole d'une tentative de l'homme de se sauver lui-même au

---

[96] *Genèse 3.21 et Ésaïe 61.10*

moyen d'une religion de bonnes œuvres et sans effusion de sang, ni repentir.

Cela ne signifie pas que *Genèse 2.25* fait l'éloge de la nudité comme l'état naturel et sain pour l'homme et la femme dans la société aujourd'hui. En dépit de toute prétention contraire, il est impossible de retourner en arrière, à l'état d'innocence édénique d'Adam et d'Ève avant la chute, quand ils n'avaient pas honte de leur nudité. Au contraire, après la chute de l'homme, la base de l'enseignement des Écritures à ce sujet est qu'il est indécent de montrer ses organes sexuels en public, selon *Exode 20.26 ; 28.42-43*. De même, épier la nudité d'un autre membre de la famille, y compris de même sexe, est inexcusable d'après *Genèse 9.20-27*. Du fait de la tentation de l'inceste, il était strictement interdit de découvrir la nudité de parents de sexe opposé. L'expression « *découvrir la nudité* » était apparemment parfois employée comme un euphémisme en hébreu pour des relations sexuelles. Elle apparaît fréquemment dans *Lévitique 18.6-17,* qui interdit aux hommes de commettre l'inceste avec leurs parentes. Dans *Lévitique 18.6-17,* la Bible à la Colombe traduit littéralement l'expression hébraïque *«découvrir la nudité »*. D'autres versions en donnent le sens : *«avoir des relations sexuelles »* dans la Bible en Français courant, ou « *coucher avec* » dans la Bible Parole de Vie.

Dieu rencontre le couple après son péché *(3.8-13)*

8 Alors ils entendirent la voix de l'Éternel Dieu qui parcourait le jardin avec la brise du soir. L'homme et sa femme allèrent se cacher devant l'Éternel Dieu, parmi les arbres du jardin. 9 L'Éternel Dieu appela l'homme et lui dit : Où es-tu ? 10 Il répondit : J'ai entendu ta voix dans le jardin et j'ai eu peur, parce que je suis nu ; je me suis donc caché. 11 L'Éternel Dieu dit : Qui t'a appris que tu es nu ? Est-ce que tu as mangé de l'arbre dont je t'avais défendu de manger ? 12 L'homme répondit : C'est la femme que tu as mise auprès de moi qui m'a donné de l'arbre, et j'en ai mangé. 13 Alors l'Éternel Dieu dit à la femme : Pourquoi as-tu fait cela ? La femme répondit : Le serpent m'a induite en erreur, et j'en ai mangé.

Verset 8. L'auteur emploie un langage anthropomorphique dans ce passage, en décrivant Dieu comme le propriétaire d'un domaine arboricole qui décide de se promener dans sa propriété, dans son *« jardin avec la brise du soir »*. Le texte hébreu dit littéralement : « *dans le vent, rouah, du jour* », ou « *le soir, quand souffle la brise* » dans la Bible en français courant. Etait-ce habituel ou bien occasionnel de la part de Dieu ? Est-ce une indication que le soir est un moment privilégié pour une rencontre de Dieu avec ses créatures, dans le calme et la fraîcheur du soir ? Dans sa grâce, le Créateur vient **«*se promener* »** pour être en communion avec l'homme et la femme dans le jardin, mais à cause de leur désobéissance, ceux-ci se cachent de lui parmi les arbres.

« *L'homme et la femme entendirent la voix de l'Éternel Dieu qui parcourait le jardin* ». Le terme traduit par « *voix»,* en hébreu *qol,* fait probablement référence plutôt au bruit des feuilles dans la brise du soir. Dieu dans sa grâce ne cesse de leur parler et de les appeler, malgré leur péché, comme il l'avait fait avant leur faute. Est-ce que le mot *« voix »* est un anthropomorphisme ? Pour nous toute la Bible fait entendre la voix de Dieu, puisque la Parole est sa première caractéristique !

Verset 9. Dieu commence à leur poser des questions, non pas pour s'informer, mais pour permettre au couple, sans lui faire de reproches, de prendre conscience de la gravité de leur acte et de leur statut spirituel à ses yeux. *« L'Éternel Dieu appela l'homme et lui dit : Où es-tu ? »* Cette question est évidemment purement rhétorique, puisque le Seigneur sait exactement où ils sont. En confrontant l'homme et la femme dans le jardin, Dieu veut les attirer à lui comme un père aimant, pour qu'ils lui confessent leur péché parce qu'il sait que c'est la seule voie possible vers la réconciliation.

Verset 10. L'homme répond en essayant d'esquiver la question : il dit *« J'ai entendu ta voix dans le jardin, et j'ai eu peur, parce que je suis nu, et je me suis caché »*. Il n'ose pas mentir, alors il dit une demi-vérité pour éviter de reconnaître son péché. Il veut en fait changer de sujet de conversation. Avant de pécher, il n'avait pas peur en entendant la voix de Dieu. Il n'était pas non plus conscient de sa nudité. Quand le péché est entré dans le jardin, tout a changé, et les conséquences sont tragiques. Il ne considère plus Dieu avec amour et il a peur du châtiment qu'il mérite.

Verset 11. Le Seigneur refuse que l'homme évite le sujet ou réponde par des demi-vérités. Il pose encore deux autres questions rhétoriques : *« Qui t'a appris que tu es nu ? Est-ce que tu as mangé de l'arbre dont* *je t'avais défendu de manger ?* » Ces questions sonnent comme celles d'un procureur qui, faute de faits, cherche à déstabiliser l'accusé pour qu'il s'incrimine lui-même, mais il s'agit au contraire de questions d'un père plein de sagesse, qui sait exactement ce que son enfant a fait et veut l'encourager à l'avouer. Elles révèlent à l'homme que Dieu sait que sa honte et son embarras sont dus à sa désobéissance consciente.

Verset 12. La gêne entre l'homme et sa femme est encore plus grande que la honte qu'ils ressentent tous deux l'un en présence de l'autre ou vis-à-vis de Dieu : Adam tente de rejeter sur Ève la responsabilité de sa propre transgression : **« *C'est la femme que tu as mise auprès de moi qui m'a donné de l'arbre, et j'en ai mangé* »**. S'il confesse son péché en fin de phrase, il montre aussi du doigt sa femme comme en étant la cause. Autrement dit : « Tout est de sa faute. Après tout, je n'ai fait que manger ce qu'elle m'a donné ! » Cette tentative pathétique d'accuser sa femme n'exonère pas l'homme de son péché. Le plus tragique est qu'en donnant la femme à l'homme, Dieu avait l'intention d'en faire une *« aide »* pour lui, et voilà que l'homme la considère maintenant comme une pierre d'achoppement, comme la cause de ses propres défaillances. Mais il ne s'arrête pas là : il poursuit en accusant Dieu, qui lui a donné cette femme ! N'est-ce pas encore le mouvement instinctif de l'homme ou de la femme de rejeter sur Dieu la responsabilité des maux qu'a entrainés sa conduite inconsidérée ?

Verset 13. L'Éternel Dieu s'adresse à la femme et lui demande : *« Pourquoi as-tu fait cela ? ».* Ce n'est pas ce que Dieu avait prévu en créant la femme, ni l'aide dont l'homme avait besoin. La femme, à l'instar de son mari, cherche à se dédouaner en refusant d'assumer ses responsabilités pour ses actes : *« Le serpent m'a induite en erreur, et j'en ai mangé ».* L'homme et la femme ont tous deux avoué avoir désobéi en affirmant : *« j'ai mangé »* ; mais il y a une grande différence entre leurs paroles : Adam rejette la faute sur Dieu et sur sa femme, il ne se repent pas du tout. Eve au contraire avoue avoir été séduite, et avoir été faible devant le serpent. C'est une amorce d'aveu. Ce qui justifiera que la promesse de victoire sur le mal sera faite à **sa** descendance et non à **leur** descendance : seuls ceux qui avouent leur faute ou leur faiblesse, peuvent saisir le salut !

Lorsqu'elle déclarait que *« le serpent m'a trompée »*, elle disait au fond que le serpent « a fait une proposition attractive», elle a été accrochée et est tombée dans la tentation.

Contrairement à la joie et l'excitation notée à la fin de *Genèse 2*, la tristesse se lit à travers le texte à cause de la crainte de la punition imminente. Il est évident que la paix qui existait à l'origine entre Dieu et l'homme, entre l'homme et la femme, et entre l'homme et les animaux, a été détruite. Le lecteur est donc préparé aux conséquences à venir sur les personnes coupables de désobéissance à la Parole du Créateur.

Les conséquences de la chute *(3.14-19)*

14 L'Éternel Dieu dit au serpent : Puisque tu as fait cela, Tu seras maudit entre tout le bétail Et tous les animaux de la campagne, Tu marcheras sur ton ventre Et tu mangeras de la poussière Tous les jours de ta vie, 15 Je mettrai inimitié entre toi et la femme, Entre ta descendance et sa descendance : Celle-ci t'écrasera la tête, Et tu lui écraseras le talon. 16 Il dit à la femme : Je rendrai tes grossesses très pénibles, C'est avec peine que tu accoucheras. Tes désirs (se porteront) vers ton mari, Mais il dominera sur toi. 17 Il dit à l'homme : Parce que tu as écouté la voix de ta femme et que tu as mangé de l'arbre dont je t'avais défendu de manger, Le sol sera maudit à cause de toi ; C'est avec peine que tu en tireras ta nourriture Tous les jours de ta vie, 18 Il te produira des chardons et des broussailles, Et tu mangeras l'herbe de la campagne. 19 C'est à la sueur de ton visage que tu mangeras du pain, Jusqu'à ce que tu retournes dans le sol, D'où tu as été pris ; Car tu es poussière, Et tu retourneras à la poussière.

Le texte ne dit pas que Dieu punit, mais annonce seulement les conséquences du péché de chacun. Dans *Genèse 3*, Dieu avertit Adam et Eve de ce qui va se passer pour eux (souffrance dans leur œuvre de vie respective, et mort physique), et en plus il leur montre comment retrouver l'Arbre de Vie. Ce ne sont pas des punitions de sa part, mais des révélations sur ce qu'entraîne leur séparation d'avec Dieu.

Les conséquences du péché spécifiques à chacun, énoncées par Dieu, sont décrites dans l'ordre contraire de l'énumération des péchés et des pécheurs (ou de la source du péché). Le texte de *Genèse 3.9-11* présente le péché du premier homme, ensuite celui de la femme en *Genèse 3.12* et enfin, celui du serpent en *Genèse 3.13*. Les jugements ont été prononcés sur le serpent d'abord, sur la femme ensuite et sur l'homme en dernier[97].

Verset 14. « L'Éternel Dieu » n'a pas posé de question **« au serpent »** afin de susciter en lui un sentiment de culpabilité comme il l'a fait pour l'homme et la femme. La raison est que derrière cette créature rusée se trouvait un esprit de chute : *« le serpent ancien appelé le diable et Satan »* dans *Apocalypse 12.9*, que le Seigneur savait impossible à sauver. Par conséquent, rien n'a été fait pour essayer de l'amener à la repentance. Le Créateur a également refusé de donner de la dignité au serpent en demandant une explication par rapport à son implication dans le péché de la femme. Au contraire, Dieu l'a maudit, en annonçant une plus grande misère pour lui que pour toute autre bête des champs. Il a déclaré : **« Tu marcheras sur ton ventre et tu mangeras de la poussière tous les jours de ta vie ».** Cette déclaration veut-elle dire que, avant la malédiction, les serpents n'étaient pas des reptiles rampant sur la terre? Le lecteur ne doit pas considérer cette histoire comme un mythe étiologique qui explique comment les serpents ont

---

[97] *Genèse 3.14-15 ; 3.16 ; 3.17-19*

perdu leurs pattes. Ce type d'interprétation repose sur certains textes juifs qui tirent leur origine après la fin de l'Ancien Testament, tel que le Targum de Palestine, qui déclare : « Sur ton ventre tu te déplaceras, et tes pieds seront coupés ». Le passage biblique peut simplement signifier que, contrairement à certains serpents, tels que le mamba noir d'Afrique de l'Est, qui peut se propulser rapidement tout en tenant la partie avant de son corps droit, ce serpent précisément, devra ramper sur son ventre – le moyen ordinaire de locomotion de la plupart des serpents. Le fait de ramper peut-être figuratif. De même que *Genèse 9.13* ne veut pas dire que l'arc-en-ciel était un nouveau phénomène, mais qu'il prendra une « nouvelle signification », c'est ainsi que le fait de ramper pour le serpent aura un autre sens. Après que cette malédiction a été prononcée, le fait de ramper sur le ventre et de manger (ou de lécher) la poussière sont devenus des métaphores fréquemment utilisées pour parler de la défaite et de l'humiliation personnelle. Par exemple, il est écrit dans *Psaumes 72.9* : « *Devant lui, les habitants du désert fléchiront le genou, et ses ennemis lécheront la poussière*[98] ». Il est clair que les

---

[98] *Ésaïe 49.23 ; 65.25 ; Michée 7.17*

serpents ne mangent pas la poussière ou n'y vivent pas. Il s'agit d'un rappel figuratif des conséquences du péché. Ceux qui font face à la tentation subtile et trompeuse doivent se rappeler l'humiliation qui suit automatiquement le péché comme ce fut le cas avec les mensonges du serpent. Ne peut-on pas faire aussi le rapprochement avec l'emploi du mot « poussière » pour le sort mortel de l'homme au *verset 19 ?* Le serpent-Satan n'évoluera que dans un monde de mort, physique et spirituelle !

Verset 15. La malédiction que Dieu a prononcée sur le serpent visait à alimenter l'inimitié entre lui et la femme et sa descendance. Le terme hébreu traduit par **« *semence* »** est *zera'*, un nom générique singulier qui désigne souvent la **« *postérité* »** ou la « *descendance* » ; mais il dénote parfois « *une personne qui incarne le groupe entier* ». La première partie de la malédiction peut donc se référer à l'hostilité qui existe entre la descendance de la femme (l'humanité) et celle du serpent (le règne des reptiles), qui pousse les hommes à piétiner la tête des serpents avant qu'ils ne soient à leur tour mordus au talon. Il en sera ainsi de la tête du serpent comme du talon de la descendance de la femme. Il est écrit dans le texte : **« *Elle t'écrasera,* shouf*, la*

tête, et tu lui écraseras, *shouf,* ***le talon »***. Étant donné que le même terme hébreu est employé au début et à la fin de la phrase, il n'est pas évident de justifier la distinction faite par les traducteurs de la Bible Segond ou Parole de Vie : *« Elle t'écrasera la tête, et tu la blesseras au talon »*. Ceci implique que quelque chose de différent se produira à chaque partie qui encaissera le coup : il sera fatal pour le serpent que l'homme lui tombe dessus et lui écrase la tête ; pourtant la descendance de la femme ne ressentira que la douleur d'un talon mordu. À l'origine, le récit biblique laisse comprendre qu'il existait une harmonie entre l'humanité et les animaux placés sous la domination d'Adam qui leur a attribué des noms dans *Genèse 2.19-20*. Cependant, en raison du rôle qu'a joué le serpent comme représentant des animaux dans la première tentation, et comme instrument de Satan pour tromper la femme, cette relation de paix a été rompue. Le règne animal est tombé, avec l'humanité. Une inimitié durable existera entre eux selon *Romains 8.20-22*.

Plusieurs chercheurs ne croient pas que la déclaration faite à l'endroit de la descendance de la femme, selon laquelle elle écrasera la tête du serpent, soit un message d'espoir salvateur ou une promesse messianique. Néanmoins, elle semble avoir une signification qui va au-delà de l'hostilité durable entre les serpents et l'humanité. Le serpent était bien plus qu'un serpent parlant, en *Genèse 3.1*. Il représente clairement Satan, qui a parlé à travers la créature dans le but d'apporter le péché, c'est-à-dire de séparer l'homme de Dieu, et de provoquer ainsi la chute de l'homme ; même si cela n'apparaît pas clairement dans le récit de Genèse. Ce n'est qu'avec la révélation de Jésus qu'on saura que le véritable adversaire qui se cachait derrière le serpent était « *Satan qui séduit toute la terre* »[99].

La descendance de la femme n'est pas nommée. Dans l'immédiat, la descendance (les descendants), du moins, selon la compréhension qu'Ève a eue de la promesse, semblait être Seth, après que Caïn a tué Abel. À la naissance de son troisième fils, elle déclara : *« Dieu m'a donné une autre descendance, zera', « semence », à la place d'Abel que Caïn a tué »,* selon *Genèse 4.25*. Même si Ève ignorait toutes les implications que comportait l'acte d'écraser la tête du serpent, elle pouvait penser que d'une certaine façon, la promesse de

---

99 *Apocalypse 12.9 ; Jean 8.44*

Dieu serait réalisée à travers l'un des descendants de sa semence.

Malgré la description du péché et de la rébellion de l'homme dans *Genèse 1-11*, la promesse de Dieu concernant la semence est devenue le thème global de la Genèse. De même, en dépit du péché et de la rébellion de l'homme, Dieu, par sa grâce, a promis, tout d'abord de façon générique à travers la femme, ensuite de façon plus précise à travers Noé, Abraham, Isaac, Jacob et Juda, qu'il dispose d'abondantes bénédictions en réserve pour eux et leurs descendants. Avec le temps, les Juifs ont eux-mêmes vécu l'ultime accomplissement de *Genèse 3.15* avec la venue du Messie. Paraphrasant ce verset, le Targum de Jérusalem affirme : « Néanmoins, il existera un remède pour les fils de cette femme, mais pour vous, Serpent, il n'y aura aucun remède : c'est la raison pour laquelle il existera un remède pour le talon dans les jours du roi Messie (Mashia<u>h</u>) ».

Devons-nous considérer la déclaration de Dieu à l'endroit du serpent comme le protévangile, «la première Bonne nouvelle [Évangile] » ? La réponse est « oui ». À l'origine cette parole prophétique est adressée à Ève, et sa *« semence »* est sa postérité. Le Messie détruira le serpent satanique, en ayant été

« mordu au talon » par sa mort sur la croix et en ressuscitant, jouant ainsi le rôle clé dans le plan de rachat de Dieu. Dans ce sens, le passage est en effet la première énonciation de la Bonne Nouvelle. La réalisation de la prophétie sera complète en et à travers Jésus-Christ [100]. L'apôtre Paul s'est même inspiré de *Genèse 3.15* lorsqu'il a conclu sa lettre aux chrétiens de Rome en disant en *Romains 16.20* : *« Le Dieu de paix écrasera bientôt Satan sous vos pieds »*.

Verset 16. Le jugement de Dieu sur la femme a jeté du trouble sur son rôle à la création. Elle a en effet été créée pour être la femme d'Adam, une aide qui lui corresponde. Elle était destinée à être la mère de ses enfants selon *Genèse 2.18, 23-24.* Avoir des enfants ne faisait pas partie du jugement du Créateur, mais plutôt de la bénédiction originelle de *Genèse 1.28* :*« multipliez-vous et remplissez la terre »*. Évidemment, avant l'entrée du péché, la femme aurait été capable de porter des enfants avec très peu, voire aucune douleur. La femme n'est pas maudite par Dieu ! Dans ce texte seuls le serpent et le sol sont "maudits" c'est-à-dire voués au malheur, car rien ne peut les toucher, les faire revenir à l'état

---

100 Galates 3.8-29 ; Éphésiens 1.3-14

originel : Satan parce que son endurcissement est irrémédiable, le sol parce qu'il n'a ni conscience ni autonomie. Dieu s'adresse à la femme dans son rôle unique de femme, à savoir donner naissance, en disant *« **J'augmenterai** la souffrance et tes grossesses, tu enfanteras avec douleur »*. Or selon *Jacques 1.13*, Dieu ne veut le mal pour personne. Cette formulation« ***J'augmenterai*** »vient du fait que dans l'Ancien Testament, on attribue à Dieu tout ce qui arrive, bien comme mal, car il est le seul Dieu, l'Unique[101]. Donc ici il est possible à la lumière de l'Évangile de comprendre que après le péché ou leur séparation d'avec Dieu, la peine et la souffrance affectent la femme, tout comme l'homme, dans tous les domaines de leur existence et en particulier dans ceux de l'enfantement et du travail[102]. C'est ainsi que les contractions de l'enfantement deviendront douloureuses pour la femme. Elles existaient avant mais sans douleurs ; après le péché, la douleur apparaît et augmente en fonction de l'état de délabrement de la santé et du corps de la femme. Sa

---

[101] *Pierre Berthoud : «Rien n'échappe à sa souveraine volonté, sans pour autant nier la responsabilité des humains et les conséquences de leurs actes »*
[102] *Genèse 3.17-19*

douleur à l'accouchement était la conséquence de la séparation d'avec Dieu.

En outre, Dieu a déclaré, **« *tes désirs se porteront vers ton mari, mais il dominera sur toi* »**. Le sens précis de cette déclaration fait couler beaucoup d'encre et de salive. Certains pensent que le **« *désir* »** peut être employé dans un sens naturel pour désigner le désir sexuel. L'affirmation **« *il te dominera* »** peut être comprise comme attestant à nouveau l'ordre de la création (Dieu-homme-femme) mais inversée après la chute, lorsque l'homme a suivi la direction de la femme en goûtant au fruit de l'arbre interdit. Ce point de vue est très peu accepté en raison du fait que le désir sexuel naturel fait partie de la bénédiction de la sexualité mise en l'homme et la femme au commencement, comme procréateurs de la race humaine.

La notion de domination de l'homme sur la femme n'apparaît qu'après le péché, c'en est une conséquence directe. La priorité de création d'Adam et la nomination d'Eve par Adam n'impliquent pas la domination mais la responsabilité morale d'Adam. Les textes de Paul [103] qui attribuent à l'homme l'autorité sur la femme, viennent selon certains

---

103 1 Corinthiens 11.3, 7-12 ; 14.34-35 ; 1 Timothée 2.12-15

interprètes de sa culture gréco-juive de l'époque, qui voulait que les femmes soient soumises et dépendantes en tout de l'homme. D'autres y voient une « domination » comme une punition sur la femme. Certains encore ont vu dans ce « désir » de la femme le « désir de dominer ». Comment comprendre ce verset difficile ?

Pierre Berthoud, dans son étude des onze chapitres de la Genèse, aborde ce verset ainsi : « Tout dépend de la manière dont on comprend « le désir » de la femme vers l'homme : positivement et/ou négativement. Mais faut-il choisir ? Désormais le désir humain est caractérisé par la duplicité. Ne faut-il pas voir dans ce verset la relation de puissance qui s'instaure entre l'homme et la femme ? La tentation pour la femme, c'est de s'attacher à l'homme, d'en faire son absolu et réciproquement, avec cette différence que l'homme sera tenté d'exercer une domination écrasante »[104]. En ce sens, nous suivons son interprétation. Dans les Évangiles, le Seigneur Jésus-Christ dans son attitude envers les femmes a montré que ce n'était pas le projet de Dieu à la création, avant la chute. Le Seigneur Jésus-Christ a montré en effet une ouverture et une compassion

---

104 Pierre Berthoud : En quête des origines, page 262.

différentes du comportement habituel à son époque, fortement autoritaire et méprisant de la part des hommes en particulier des pharisiens et des sadducéens religieux. Jésus était en ce sens un révolutionnaire qui rompra avec les traditions et les cultures. Il rectifia leurs conceptions théologiques erronées en leur disant en *Matthieu 22.30*: *« À la résurrection, les hommes ne prendront point de femmes, ni les femmes de maris, mais ils seront comme les anges de Dieu dans le ciel».* Devant l'indignation de ses disciples et des bien-pensants de Béthanie, scandalisés par l'onction sur sa tête faite par la femme au parfum, Jésus leur affirma que « partout où serait prêchée la bonne nouvelle, dans le monde entier on racontera en mémoire de cette femme ce qu'elle a fait ! » De même à sa résurrection, c'est à une femme, Marie de Magdala qu'il se montrera en premier et confiera la mission de le proclamer Vivant, d'après *Jean 20.17-18*. Quelle belle réhabilitation de la femme ! L'apôtre Paul dit aussi dans *Galates 3.28,* *« il n'y a plus ni homme ni femme; car tous vous êtes un en Jésus Christ. »*

Toujours est-il qu'après la rupture et la chute, il existe désormais un rapport de force entre les sexes. La relation originelle entre le mari et la femme n'a pas été retenue dans le jugement prononcé à l'endroit de la femme en *Genèse 3.16*. Elle a été détruite par le péché et la chute. Donc, la déclaration *« Il te dominera »* n'est pas une recommandation à imposer l'autorité masculine sur les femmes ! C'est le constat d'un état de fait consécutif au péché, c'est-à-dire à la séparation d'avec Dieu, introduit par Adam et Eve dans le monde. Au lieu de vivre des rapports d'amour, l'Homme vit désormais selon des rapports de force !

Versets 17-19. Le jugement contre l'homme est plus complet que celui prononcé contre le serpent et la femme parce qu'il assume la partie la plus importante de la responsabilité du péché du fait d'avoir ignoré les instructions de Dieu et suivi l'avis de sa femme. Selon la version NBS, qui reflète le texte hébreu, Dieu a parlé à Adam. Selon certains, il s'agit de la première fois (v 17) que le Seigneur emploie le terme générique pour **« homme »** *'adam*, comme nom propre : « *Adam* », sans l'article défini *ha* (= « le »). Cependant, la même structure hébraïque employée ici sans l'article « le » *'adam*, apparaît plus tôt dans le passage de *Genèse 2.20*. Le mot est traduit comme un nom propre dans certaines versions (La Bible Martin et la New

International Version) par « *pour Adam* ». Si le terme doit désigner un nom propre dans le récit de *Genèse 2*, alors le passage de *Genèse 3.17* sera donc la deuxième fois où ce terme est employé comme le nom d'Adam.

Dieu a montré la grâce dans son jugement en ne frappant pas Adam directement. Sa malédiction n'est pas tombée sur l'homme même, mais plutôt sur la terre qui a produit l'aliment qu'Adam et sa famille ont mangé. Par la suite, le sol résistera aux efforts de l'homme pour produire des plantes en lui donnant des épines et des chardons. L'ironie dans ce cas est évidente : À l'origine, l'homme était censé prendre plaisir à s'occuper du jardin qui lui offrait des fruits en abondance ; mais à présent la terre devient son adversaire. Elle produira **« *des épines et des ronces* »** et l'homme devra souffrir en exerçant son dur labeur contre eux à la sueur de son front afin de survivre. Le travail n'est pas une malédiction pour l'homme à cause de la chute. Certains travaux de production sont essentiels pour le bien-être physique et mental de l'homme selon *Genèse 2.15*. Cependant, dans la société agricole ancienne qui laboure sous la chaleur pendant de longues heures afin de produire des plantes, cet effort supplémentaire provoquera la souffrance. Adam et

Ève avaient tout mais l'ont perdu en essayant d'en avoir plus. Plusieurs ont suivi leurs pas pendant des siècles, souffrant l'échec pour des intérêts égoïstes.

La deuxième partie du jugement de Dieu sur l'homme est la mort physique. L'homme a été tiré de la poussière et a été placé au paradis où la terre fournissait aisément des produits pour sa nutrition. Cependant, après l'entrée du péché dans le monde, et la sortie d'Eden, la terre est devenue son ennemie qui le recevra à la fin, en retour, à sa mort :

« … Jusqu'à ce que tu retournes dans le sol, d'où tu as été pris ; car tu es poussière, et tu retourneras à la poussière ».

La grande tragédie de la chute est que l'homme, qui a été fait à l'image de Dieu et aurait pu être béni en communiant avec son Créateur pour toujours dans un paradis sur terre, a perdu son privilège de créature à l'image de Dieu, ou en d'autres termes de sa possibilité de vivre éternellement avec Dieu, pour retourner uniquement à la terre d'où il est venu. Après que Dieu a annoncé les sentences et les malédictions, avec en dernier lieu la prédiction de la mort de l'homme, Adam et Ève auraient pu abandonner tout espoir pour l'avenir. Mais, Dieu n'avait pas exécuté immédiatement après leur péché la peine de mort contre laquelle il les avait mis en garde en *Genèse 2.17*. Même au milieu des malheurs prévisibles, l'homme a toujours gardé espoir en raison de la prophétie selon laquelle la descendance de la femme écrasera la tête du serpent dans *Genèse 3.15,* et en raison des gestes de grâce de Dieu qui ont suivi dans *Genèse 3.21-24*.

La grâce de Dieu envers Adam et Eve *(3.20-21)*

20 Adam donna à sa femme le nom d'Ève: car elle a été la mère de tous les vivants. 21 L'Éternel Dieu fit à Adam et à sa femme des habits de peau, et il les en revêtit.

Verset 20. Le nom Ève, en hébreu <u>H</u>awah est phonétiquement proche du terme <u>h</u>ay qui signifie « vivant » et était traduit dans la Septante LXX en grec Zōē « vie ». En usant d'un jeu de mots, l'auteur de Genèse donnait les raisons pour lesquelles Adam lui a attribué ce nom. L'explication est quelque peu énigmatique, car d'après cette explication, Adam l'a appelée *« Ève : car elle était la mère de tous les vivants »*. Étant donné qu'Ève n'avait pas encore enfanté, comment Adam pouvait-il dire qu'elle était *« la mère de tous les vivants »* ? Le terme traduit par

« était » est le verbe hébreu *hâyâh*, verbe d'état conjugué ici au parfait (peut-être prophétique), et traduit au présent dans certaines versions. On se serait attendu à l'emploi du futur simple, qui s'applique aux actions non achevées dans le futur et traduit par *« elle sera la mère de tous les vivants »*. Le verbe *« était »* semble être un exemple d'un parfait qui exprime la certitude ou la réalité d'un événement accompli dans le futur. On peut le traduire par « est devenue ». Il est tellement clair que l'événement se produira que l'on peut en parler comme s'il s'était déjà produit. Le fait de nommer Ève était une démonstration de la foi d'Adam qui, malgré la menace de mort qui pesait sur eux, était convaincu qu'ils ne seraient pas les derniers humains sur terre. Il s'est projeté dans le futur, confiant de ce qu'Ève donnerait naissance à la descendance promise en *Genèse 3.15,* qui, en quelque sorte, écrasera la tête du serpent.

Verset 21. Après la promesse de descendance faite à Eve, l'acte de grâce de Dieu suivant avant le départ d'Adam et sa femme du jardin, a été de les vêtir *« d'habits de peau »*, en contraste avec leur tentative désespérée de se couvrir avec des feuilles de figuier dans *Genèse 3.7.* Le premier acte de grâce c'était la promesse à Eve d'une descendance victorieuse du serpent. Le dernier sera la conservation du chemin de l'arbre de vie ! Entre temps chaque verset de 20 à 24 comprend une grâce de Dieu ! Le terme hébreu employé pour « tenue », *kethonet ou kutonet,* désigne une *« tunique »* près du corps, souvent avec de longues ou courtes manches et pouvant atteindre les genoux ou les chevilles[105]. Le terme hébreu employé pour *« peau »*, *'or,* désigne le cuir[106]. Même si l'auteur n'a pas abordé le thème du sacrifice ici, il semble évident qu'un animal devait mourir à cause du péché d'Adam et Ève. Apparemment, Le Seigneur a tué un animal et a ensuite utilisé son cuir pour en faire des vêtements pour le couple. Dieu n'aurait pas envoyé l'homme et sa femme hors du jardin en les laissant exposés aux éléments. Alors il leur a fourni des vêtements de protection physique. Symboliquement, en leur donnant ce vêtement de peau, Dieu prenait soin de leur état psychique : il leur donnait la possibilité de « changer de peau », de vivre d'une autre façon où ils se sentiraient « bien dans leur peau ». Et de là spirituellement, il leur signifiait que revêtus de la

---

105 Genèse 37.3 ; Exode 28.4
106 Genèse 27.16 ; Lévitique 4.11

justice du Christ sacrifié pour eux, ils pourraient espérer vivre en communion avec Lui. Il demeure que leurs tenues étaient un rappel de leur péché qui entraînait la mort d'un être innocent à leur place, et du fait que leur période d'innocence était passée pour toujours.

Expulsion du Jardin *(3.22-24)*

22 L'Éternel Dieu dit : Maintenant que l'homme est devenu comme l'un de nous pour la connaissance du bien et du mal, évitons qu'il tende la main pour prendre aussi de l'arbre de vie, en manger et vivre éternellement. 23 L'Éternel Dieu le renvoya du jardin d'Éden, pour qu'il cultive le sol d'où il avait été tiré. 24 Après avoir chassé l'homme, il mit à demeure à l'est du jardin d'Éden, les chérubins et la flamme de l'épée qui tournoie, pour garder le chemin de l'arbre de vie.

Verset 22. La fausse promesse du serpent en *Genèse 3.5*, s'est en partie réalisée puisque Dieu a donné comme raison de l'expulsion d'Adam et d'Ève du jardin, le fait que *« ... l'homme est devenu comme l'un de nous pour la connaissance du bien et du mal »*. Le pluriel *« nous »*, employé par Dieu, inclut soit les anges qui sont rassemblés en conseil autour de lui ou peut nous suggérer l'idée d'un Dieu trinitaire [107]. Son conseil angélique avait la connaissance *« du bien et du mal »,* non pas par expérience, mais par connaissance de ce que Dieu est celui qui détermine le bien et le mal. Cette déclaration exclut les anges qui ont péché, selon *2 Pierre 2.4 ; Jude 6.* Toute attitude, pensée ou action contraire à la nature, au caractère ou à la volonté de Dieu relève par conséquent du péché. Lorsqu'Adam et Ève ont décidé, en *Genèse 3.6,* dans un élan d'orgueil d'avoir la *« connaissance du bien et du mal »* comme Dieu, en acquérant ainsi le pouvoir de déterminer par eux-mêmes le bien et le mal, ils voulaient en fait déclarer leur indépendance et être leur propre *« dieu ».* Ils avaient besoin d'être instruits sur le fait que la vie matérielle est une bénédiction que les humains reçoivent et dont ils jouissent par la grâce de Dieu ; et que la vie éternelle, le don ultime de notre créateur, est réservée à ceux qui l'aiment et le servent. L'homme ne pourra jamais obtenir la vie éternelle par la connaissance ou par ses propres efforts.

---

107 Voir plus haut notre commentaire de Genèse 1.26

Dieu dans sa grâce, veut leur éviter de prendre, maintenant qu'ils sont devenus pécheurs, de l'arbre de vie, qui leur donnerait une vie éternelle dans le péché. Il a un projet pour eux autrement plus profitable : les éduquer, leur apprendre à grandir et à retrouver le chemin de la Vie éternelle *(v 24)*.

***Verset 23.* « *L'Éternel Dieu le chassa du jardin d'Éden..* » :**

Le verbe employé pour « *chasser* » provient de l'hébreu *shâla<u>h</u>*, qui signifie « *renvoyer* » ou « *bannir* ». Il s'agit du terme employé par Abraham pour renvoyer Agar, Ismaël et les autres enfants de ses concubines, qui auraient pu être des rivaux d'Isaac, selon *Genèse 21.14 ; 25.6*. De même, *shâla<u>h</u>* implique l'expulsion et la fin d'une relation, à l'instar d'un homme qui divorce de sa femme ou lorsque Dieu a envoyé Israël en captivité parce que le peuple l'a rejeté et a adoré d'autres dieux[108]. Cette expulsion est la même que celle de l'accouchement. La mère expulse son bébé pour qu'il vive et grandisse, car s'il restait en elle il ne pourrait pas se développer. Ainsi Dieu expulse le couple, car il ne peut plus vivre et se développer dans le jardin en étant contaminé par le

---

108 Ésaïe 50.1 ; Jérémie 28.16.

péché. Il doit vivre la vie qu'il a choisie, mesurer toutes les conséquences de son choix et éprouver le besoin d'être en relation avec Dieu. On peut donc considérer que cette expulsion est une grâce de Dieu, puisqu'elle donne au couple l'occasion de vivre et d'espérer retrouver une vie éternelle avec son Créateur.

Après avoir été chassé du jardin, le travail de l'homme était de cultiver la terre d'où il a été pris. Non seulement Adam et Ève perdent leur relation avec Dieu, mais ils se retrouvent dans un environnement rude qui ne leur est plus favorable. Par le passé, Adam ne fournissait que très peu d'efforts pour entretenir le jardin qui lui produisait des fruits en abondance. Mais à présent, il doit commencer à cultiver son jardin après avoir raclé une terre maudite et résistante à ses efforts. Le premier couple n'a pas pu faire confiance à Dieu, au point même de douter de ses intentions quand il lui refusait le fruit d'un arbre. Le résultat en est qu'il doit faire face à un monde froid et peu attirant. Mais ce travail devenu pénible lui permettra d'être occupé, et de remplir sa mission de dominer la nature, puis de comprendre qu'il ne trouvera de refuge que dans la grâce de Dieu.

Verset 24. Dieu a chassé *l'homme* du jardin : comme nous l'avons vu plus haut, il s'agit ici du terme général « *l'adam* » que l'on devrait traduire par « l'humain ». Le Seigneur, dans sa bonté pour l'homme, préserve un accès à « *l'arbre de la vie* » en plaçant ***« les chérubins qui agitent une épée flamboyante, pour garder le chemin de l'arbre de vie».*** Les chérubins gardent le chemin, c'est-à-dire qu'ils conservent, protègent le chemin qui reste accessible même s'il faut passer par ces gardes, dont il nous faut comprendre l'identité et le rôle.

L'entrée au jardin était à l'Est, et les « *chérubins* » y étaient postés. Beaucoup plus tard, les accès au tabernacle et au temple ont été placés à l'Est. Pour entrer dans le temple, il fallait donc tourner le dos au soleil levant, objet d'idolâtrie populaire, contre laquelle lutteront les prophètes[109]. Pour retrouver l'arbre de vie, l'homme doit se détourner de toute adoration des astres et des faux dieux !

Qu'étaient ces chérubins qui apparaissent ici pour la première fois ? Le terme « *chérubin* » apparaît une centaine de fois dans la Bible. Il désigne des anges composites dotés d'ailes, qui gardaient

---

109 Ézéchiel 8.16

souvent la sainteté de Dieu. Dans le tabernacle, deux chérubins en or sur l'arche de l'alliance représentent symboliquement le trône de l'Éternel d'après *Exode 25.18-22* ; et une autre grande paire taillée dans le bois d'olivier et recouverte d'or, fut placée dans le lieu Très Saint du temple de Salomon, en *1 Rois 6.23-28.* Dans le Proche-Orient antique, les statues de créatures composites ont été placées de manière à garder les palais et les temples. Elles avaient souvent la face d'un homme, les ailes d'un aigle et le corps d'un taureau ou d'un lion. L'auteur a peut-être utilisé ces images, connues à son époque et dans sa culture, pour faire comprendre des réalités divines inexprimables. On retrouve ces figures emblématiques dans l'Apocalypse où elles siègent même « au milieu » du trône de Dieu[110] ! Une étude approfondie de ce thème, qui sortirait du cadre de ce commentaire, révélerait que ces chérubins incarnent les qualités que Dieu met en œuvre dans son jugement des hommes : son autorité, sa bienveillance, son discernement, sa persévérance à éliminer le mal[111] ! L'homme qui cherche à retrouver

---

110 *Apocalypse 4.6*
111 *Pour comprendre le symbolisme des faces des chérubins, voir entre autres : Ésaïe 33.22 ; Ézéchiel 1.10 ; Apocalypse 4.7 ; 5.5 ; Jérémie 34.18 ; Deutéronome 30.19-20 ; Ésaïe 46.11,13.*

la Vie éternelle, en se détournant de l'idolâtrie se trouve face à face au jugement divin, et découvre que Dieu est bon et juste, qu'il lui pardonne et le purifie.

Comment l'homme peut-il retrouver ce chemin ? Grâce à l'épée flamboyante qui tourne dans toutes les directions. Si Dieu avait voulu empêcher l'accès, il aurait tout simplement effacé le chemin et il n'y aurait plus eu aucun espoir de salut ! Au contraire, il l'éclaire vivement par une épée qui illumine le monde entier. Loin d'être agressive comme pour l'âne de Balaam[112], ou pour exprimer la « vengeance » de l'Éternel sur ses adversaires[113], cette épée flamboyante est l'image utilisée par l'écrit aux *Hébreux 4.12,* pour parler de la Parole de Dieu *« qui juge des sentiments et des pensées du cœur »*, et s'adresse à tout homme en recherche de Dieu. C'est la Parole qui révèle que le chemin de la vie éternelle, c'est Jésus-Christ : *« Je suis le chemin, la Vérité et la Vie »* [114] ! Pourquoi y voir une épée menaçante comme beaucoup l'interprètent, alors que Dieu veut le salut de tous les hommes et leur en éclaire le chemin par sa Parole ? Dieu, dans son

---

112 *Nombres 22.23, 31, 33.*
113 *Deutéronome 32.41-42*
114 *Jean 14.6*

immense grâce ne laissait pas le couple sans espoir, mais lui offrait, dès sa sortie d'Éden, le moyen d'y retourner.

LA FAMILLE D'ADAM ET ÈVE
(Genèse 4)

Hors du Jardin *(4.1-16)*

La naissance de Caïn et Abel *(4.1-2)*

1 Adam connut Ève, sa femme ; elle conçut, et enfanta Caïn et elle dit : J'ai formé un homme avec l'aide de l'Éternel. 2 Elle enfanta encore son frère Abel. Abel fut berger, et Caïn fut laboureur.

Genèse 2.7-3.24 relate l'histoire d'Adam et Ève dans le jardin d'Éden. Ils n'ont pas réussi à vivre dans l'univers de Dieu en respectant ses conditions, et ont été expulsés du jardin. Ainsi, *Genèse 4.1-24* relate les expériences du premier couple à l'extérieur du paradis terrestre. Ève a donné naissance à deux fils : Caïn et Abel. À travers leurs vies, nous constatons, une fois encore, le fruit tragique du péché et ses conséquences destructrices dans la maison d'Adam et Ève, et en contraste les efforts de Dieu pour se faire entendre des hommes. Le plus jeune fils a été assassiné par son frère aîné. L'auteur de la Genèse a énoncé plus loin comment le péché s'est étendu à la société en général, jusqu'à ce que l'un des descendants de Caïn se vante d'avoir assassiné quelqu'un et y mette pratiquement un point d'honneur. Finalement, à la fin du chapitre en *Genèse 4.25-26*, un rayon d'espoir apparaît dans le texte. Adam et Ève donnent naissance à un troisième enfant ; et à partir de lui, les hommes commencent à invoquer le nom de l'Éternel : « *Seth eut aussi un fils, et il l'appela du nom d'Énosch. C'est alors que l'on commença à invoquer le nom de l'Éternel* » selon le *verset 26.*

Verset 1. Le chapitre s'ouvre avec l'indication suivante : « **Adam connut Ève** » sa femme. Le terme hébraïque *yada'* « **connut** » sa femme est un euphémisme courant utilisé dans la Genèse pour exprimer le fait d'avoir des relations sexuelles[115]. Cela signifie seulement qu'il l'a connue de manière plus intime. Elle devint enceinte et accoucha d'un fils ; qu'elle prénomma Caïn, en hébreu *Qayin*. La racine hébraïque du prénom Caïn n'est pas très connue, elle n'a probablement aucun lien avec la racine

---

115 *Genèse 4.1, 17, 25 ; 19.8 ; 24.16 ; 38.26*

étymologique *qyn*, qui signifie « *forger* ». Au lieu de cela, ce verset utilisant un son similaire dans un jeu de mots – l'associe à une racine différente, *qanah*, qui signifie « *posséder* » ou « *produire* ».

La réaction d'Ève à la naissance de **« Caïn »** est traduite de la manière suivante dans la Bible Parole de Vie : « *Avec l'aide du Seigneur, j'ai donné vie à un petit d'homme* ». Le mot hébraïque qui se traduit par « *petit d'homme* », *'ish,* est habituellement traduit par « *homme* »[116]. Pourquoi Ève a-t-elle utilisé ce mot, plutôt que « *fils* » ou « *enfant* » ? Peut-être a-t-elle voulu faire un jeu de mots à partir de sa conception, ayant été façonnée à partir d'un « *homme* »*'ish*, puis appelée « *femme* » *'ishshah* en *Genèse 2.23.* À présent, en tant que femme, elle a donné naissance à un « *homme* ». L'apôtre Paul fait appel à cette relation d'interdépendance, lorsqu'il écrit dans *1 Corinthiens 11.12 (NBS)* : « *Car de même que la femme a été tirée de l'homme, de même l'homme naît par la femme* ». Le mot hébreu *'eth* est difficile à traduire dans ce verset. Il est traduit dans la plupart des versions françaises par la préposition « *avec* ». Dans la Colombe, la préposition **« *avec* »** est suivie de l'expression **« *l'aide de* »** qui n'apparaît

---

116 *Bible LSG* ; *La Colombe* ; *SEM* ; *NBS*

pas dans le texte hébraïque. La paraphrase la plus ancienne et la plus précise du Pentateuque en araméen, le Targum Onkelos, « *devant l'Éternel»* identifie l'enfant nouveau-né comme un don de l'Éternel. La Septante LXX partage cette vision du texte. Elle comporte en grec *(dia tou Theou, « par Dieu »)*, ce qui laisse entendre qu'Ève a reçu l'enfant par l'intermédiaire de Dieu.

La traduction du Targum d'Onkelos, quant à elle, suggère une lecture différente du terme hébraïque *me'eth*. Le problème de base réside dans la problématique des points voyelles. Le texte massorétique hébraïque ne met pas de points voyelles sur la préposition « avec » *'eth*, ni sur l'orthographe du mot hébraïque « *de »*, *me*. À la place, il écrit les points voyelles du symbole désignant le complément d'objet direct, ou un mot apposé à un nom précédent *'eth*. Ceci signifie que le texte, tel qu'il est construit, énonce littéralement : « *J'ai mis au monde un homme : l'Éternel »*. Cela a conduit certains chercheurs à déclarer qu'Ève a pensé qu'elle avait donné naissance au libérateur promis, « ***l'Éternel*** », et qu'elle serait immédiatement soulagée de sa condition grâce à la naissance de Caïn. Le Targum de Palestine présente une vision quelque peu similaire, avec la déclaration suivante d'Ève : « *J'ai acquis un homme, l'ange de l'Éternel »*. Cette traduction reflète peut-être l'idée que, dans la Genèse, l'ange du Seigneur est presque synonyme de l'Éternel lui-même, parlant de sa part, et étant en même temps son représentant[117]. Nous ne pouvons pas savoir avec certitude si les Massorètes, qui ont intégré des points voyelles dans le texte consonantique hébraïque vers 800 après J.-C., ont utilisé avec précision le symbole désignant le complément d'objet direct *'eth* au lieu de la préposition « *avec* » *'eth.*

Bien qu'on ne puisse évaluer avec précision comment Ève a exprimé sa joie lors de la naissance de Caïn, elle pensait certainement que *« le Seigneur »* avait été en quelque sorte impliqué dans la naissance de Caïn[118]. À ses yeux, cet enfant nouveau-né était soit *« l'Éternel »,* son représentant ou venu *«de l'Éternel »*, *« par l'Éternel »*, ou *«avec l'aide de l'Éternel »*, comme le traduisent la plupart des versions françaises du texte hébreu. Quoi qu'il en soit, la joie d'Ève et ses rêves pour son fils premier-né furent anéantis, et son espoir pour ce fils d'homme réduit à néant. Au lieu de soulager sa

---

117 Genèse 16.7-13 ; 21.17-20 ; 22.11-18 ; 31.11-13 ; 48.15-16
118 Genèse 29.31 ; 30.22 ; 33.5 ; 48.9 ; Job 31.15 ; Psaumes 127.3 ; 139.13 ; Jérémie 1.5

souffrance, il lui a infligé une blessure qui, sans aucun doute, lui a transpercé le cœur à jamais.

Verset 2. Quelque temps plus tard, Ève a donné naissance à **« Abel »**, le frère de Caïn. La naissance du second enfant d'Ève est décrite de manière factuelle, ce qui laisse entendre qu'elle portait moins d'espoir pour Abel que pour Caïn. En fait, contrairement à la déclaration glorieuse d'Ève à l'occasion de la naissance de son premier fils Caïn, l'absence de tout commentaire de sa part au sujet de la naissance d'Abel peut révéler une certaine déception à propos de l'enfant : était-il moins beau ou robuste que Caïn ? Nous ne savons pas ce qui lui est venu à l'esprit, à ce moment, mais il se pourrait que son nom soit un indice de mauvais présage pour sa vie. Le nom « *Abel* » en hébreu *Hebel,* peut signifier « *vapeur* », « *souffle* » ou «*vanité* ». Ce terme est souvent utilisé dans l'Ancien Testament pour désigner les faux dieux ; il est traduit par le terme « *idoles*», en les déclarant « *vanités* ». Il fait parfois allusion à une personne qui a passé sa vie et sa force « *en vain et pour la vanité* » en *Ésaïe 49.4.* Trente-six fois dans Ecclésiaste, le mot se rapporte à une personne qui possédait énormément ou a pratiquement tout essayé, sans trouver aucune satisfaction durable dans la vie. Insatisfait, l'Ecclésiaste déclare sans cesse que tout est « *vanité*», « *futilité* » et « *poursuite du vent* »[119]. Cependant, pour ce qui est du nom d'Abel, *Hebel* préfigure probablement la brièveté de sa vie, qui a été interrompue par son frère Caïn. Le temps d'Abel sur terre était temporaire comme une « *vapeur* » ou un « *souffle* ». Des suggestions supplémentaires pour la signification du nom « *Abel* » ont été proposées. Certains pensent que ce nom se rapporte au nom akkadien *aplu* signifiant « *fils* » ou « *héritier*». D'autres affirment qu'il s'agit d'une variante de « *Yabal* » qui signifie «*berger* » ou « *gardien de troupeaux* » selon *Genèse 4.20*. Néanmoins, le mieux est probablement de comprendre *Hébel* comme signifiant « *vapeur* » ou «*souffle* ». Abel est décrit comme un berger de petit bétail. Plus tard, garder des troupeaux a été la profession d'aussi nobles personnages que Jacob, Moïse, et David[120]. Par contre, Caïn est désigné comme un cultivateur de la terre. Caïn a suivi la vocation de son père, Adam d'après *Genèse 3.17-19*. Certains ont soutenu que cette histoire reflétait une lutte de classe dans la

---

[119] *Ecclésiaste 2.11, 17*
[120] *Genèse 30.36 ; Exode 3.1 ; 1 Samuel 16.11.*

civilisation antique, entre deux types de modes de vie : l'un agricole et sédentaire, et l'autre pastoral et nomade. Mais, rien à ce stade du récit ne montre une préférence d'un mode de vie par rapport à l'autre, ni de la part de Dieu, ni de la part de l'homme. La différence fondamentale entre Caïn et Abel ne réside pas dans le choix de leur vocation, mais dans l'attitude de leur cœur.

Les offrandes de Caïn et Abel et la réaction de Dieu (4.3-7)

3 Au bout de quelque temps, Caïn fit à l'Éternel une offrande des fruits de la terre; 4 et Abel, de son côté, en fit une des premiers-nés de son troupeau et de leur graisse. L'Éternel porta un regard favorable sur Abel et sur son offrande; 5 mais il ne porta pas un regard favorable sur Caïn et sur son offrande. Caïn fut très irrité, et son visage fut abattu. 6 Et l'Éternel dit à Caïn: Pourquoi es-tu irrité, et pourquoi ton visage est-il abattu? 7 Certainement, si tu agis bien, tu relèveras ton visage, et si tu agis mal, le péché se couche à la porte, et ses désirs se portent vers toi: mais toi, domine sur lui.

Versets 3-5. Le *« temps »* a passé, Caïn et Abel ont prospéré dans leurs vocations respectives. Le texte décrit les deux frères dans le culte. Certains ont avancé l'idée selon laquelle ce qui différenciait essentiellement les deux jeunes hommes n'était autre que leur offrande à Dieu : *« **Caïn fit à l'Éternel une offrande des fruits de la terre** »*, tandis que *«**Abel, de son côté, en fit une des premiers-nés de son troupeau et de leur graisse** »*. Le texte ne donne aucune indication sur le fait que Dieu ait agréé un type d'offrande par rapport à l'autre à cet instant. Le récit raconte simplement que chacun a apporté une offrande, en hébreu *minḥah,* à l'Éternel. Ce terme a été utilisé des années plus tard, dans l'histoire juive, principalement pour désigner les offrandes appropriées de farine ou de graines en *Lévitique 2.1-3, 14-16.* En *Lévitique 2* et d'autres passages, certaines versions, anglaise et américaine, traduisent à tort *minḥah* comme signifiant *« offrande de viande »*, alors que le contexte indique clairement qu'il s'agit d'une *« offrande de produits de la terre »,* comme le traduisent pratiquement toutes les versions françaises, mais c'est vrai que ce terme a pu plus tard également inclure des sacrifices d'animaux selon *1 Samuel 2.17.* *« **L'Éternel porta un regard favorable sur Abel et sur son offrande ; mais il ne***

porta pas un regard favorable sur Caïn ni sur son offrande ». Un indice nous permet de comprendre pourquoi l'offrande d'Abel a paru plus précieuse à Dieu que celle de Caïn : il s'agit de la mention des premiers-nés de « ***son*** » cheptel. Dans la loi de Moïse, les prémices des premiers fruits du sol[121], l'aîné des portées du bétail[122], avec leur graisse[123] appartenaient tout spécialement à l'Éternel. On ne peut déterminer réellement si Dieu a ou non donné des instructions à ce sujet, pour l'humanité, au tout début de l'histoire. Toutefois, Abel a de toute évidence apprécié les bénédictions de Dieu sur son petit bétail, et il a été suffisamment reconnaissant pour donner à l'Éternel le meilleur de sa production. Caïn a peut-être donné à contrecœur, en amenant tout simplement à Dieu ***« des fruits de la terre »***. Le récit de la Genèse ne dit pas pourquoi Dieu a agréé l'offrande d'Abel et rejeté celle de Caïn. Le texte est bref et ne fournit que peu de détails. Toutefois, il apparaît clairement que leur attitude envers Dieu et leurs biens étaient très différents. L'auteur du livre des Hébreux a souligné ceci lorsqu'il a écrit en *Hébreux 11.4* : *« C'est par la foi qu'Abel offrit à Dieu*

---

121 Exode 23.16-19 ; 34.22-26 ; Lévitique 2.14
122 Exode 13.11-13 ; 22.29-30 ; 34.19-20
123 Exode 29.13 ; Lévitique 3.3-5 ; 4.8-10 ; 7.23-25

un sacrifice de plus grande valeur que celui de Caïn ; par elle, il fut déclaré juste, Dieu lui-même rendant témoignage à ses offrandes ; et par elles, quoique mort, il parle encore ». À partir de cette affirmation spécifiant que Dieu *« avait porté un regard favorable sur Abel et sur son offrande »* mais n'avait *« pas porté un regard favorable sur Caïn ni sur son offrande »,* nous pouvons discerner plusieurs vérités.

(1) Même si les deux frères croyaient en Dieu et le bénissaient, la qualité de la foi d'Abel, de son engagement envers Dieu, était supérieure à celle de la foi de Caïn. Il avait sans doute appris de ses parents le sens symbolique et prophétique du sacrifice fait par Dieu après leur péché[124]. Il voulait montrer sa reconnaissance pour la vie qui leur avait été conservée, et qui lui avait permis de naître.

(2) Bien que les deux frères aient présenté leurs offrandes à l'Éternel, la foi qui a poussé Abel à honorer Dieu en lui donnant les prémices et le meilleur de ***« son »*** élevage, manifestant par là le don de lui-même à Dieu, était très différente de celle de Caïn, qui voulait peut-être être le premier et obtenir de Dieu le meilleur pour lui-même. S'il était lui-même enthousiaste, Caïn n'honorait pas

---

[124] *Genèse 3.21*

vraiment Dieu. Contrairement aux êtres humains, Dieu n'observe pas seulement les actions extérieures de l'homme, mais il connaît également les dispositions du cœur de l'homme et il scrute ses motivations à lui rendre un culte. Plus tard, les Écritures mentionnent que l'Éternel demande à tout croyant qui désire lui plaire, de lui obéir et d'avoir un cœur droit[125]. La colère de Caïn révèle quelque chose au sujet de la disposition réelle de son cœur. En fait, le texte énonce que **« Caïn fut très irrité »**, et le terme *« très »,* en hébreu *me'od,* traduit l'intensité de ses sentiments ; Caïn bouillait de colère. Il existe une construction de phrase similaire en hébreu, dans *Genèse 34.7,* décrivant la colère des fils de Jacob lorsqu'ils ont appris que Sichem avait abusé sexuellement de leur sœur Dina. Ce type de colère, si elle n'est pas contrôlée, peut conduire au meurtre, comme cela a été le cas dans les deux récits. Outre la colère de Caïn, le texte énonce que **« son visage est abattu »**, ce qui signifie littéralement que *« les traits de son visage étaient défaits »*, ou qu'il avait le visage déconfit avec un aspect attristé et abattu d'après *Job 29.24.* Par conséquent, Caïn se trouvait dans une humeur massacrante et Dieu le savait bien.

---

125 1 Samuel 15.22 ; Osée 6.6 ; Michée 6.8 ; Matthieu 5.24 ; 23.23

Dans le Nouveau Testament, il est dit que Caïn est « *du malin* », du diable, parce qu'il détestait son frère et l'a assassiné. La raison qui justifie cet acte est la suivante : « *parce que ses œuvres étaient mauvaises et que celles de son frère étaient justes* » selon *1 Jean 3.11-15*. Le meurtre n'est pas le premier péché de Caïn ; il a assassiné Abel parce que « *ses œuvres étaient mauvaises, et que celles de son frère étaient justes.* » La haine et la jalousie envers son jeune frère ont précédé les événements décrits au *verset 8*. Par conséquent, le fait que Dieu ait agréé l'offrande d'Abel et rejeté celle de Caïn a été l'étincelle qui a enflammé la fureur de Caïn, qui était déjà tapie depuis un certain temps dans son cœur. Elle a abouti à l'assassinat de son frère. « *C'est en effet du cœur que viennent les mauvaises pensées, meurtres... qui souillent l'homme.* » selon *Matthieu 15.19*.

Verset 6. « *Et l'Éternel dit à Caïn: Pourquoi es-tu irrité, et pourquoi ton visage est-il abattu?* » Dieu a fait preuve de patience et d'amour à travers les questions qu'il a posées à Caïn ; tout comme pour Adam et Ève en *Genèse 3.9-13*. Une fois encore, l'Éternel, au travers de ces interrogations, ne cherchait pas à obtenir des informations, puisqu'il savait déjà précisément pourquoi Caïn était « *irrité* » et pourquoi son « *visage était abattu* ». Dieu voulait inciter Caïn à examiner dans quelle disposition de cœur il se trouvait. Un aveu de culpabilité aurait pu le conduire à la repentance. Bien sûr, l'Éternel savait que s'il ne maîtrisait pas sa jalousie de frère aîné envers son frère cadet ni le ressentiment qu'il avait envers Dieu, ce serait le conduire à un péché beaucoup plus grave : l'assassinat de son frère. Cependant, cela se passa pour Caïn comme cela s'était produit pour ses parents. Caïn n'a exprimé aucun regret d'avoir péché, il n'a pas non plus converti son cœur ; Caïn, en colère, a boudé dans le silence et n'a pas répondu aux questions que Dieu lui avait adressées.

Verset 7. Ce verset présente plusieurs questions complexes d'ordre grammatical. Dès le début de 250 av. J.-C., avec la traduction de la Septante LXX, certains ont amendé le texte et ont tenté de le réécrire ; et cette pratique s'est poursuivie jusqu'à présent. Ce n'est pas l'objet de ce commentaire, de discuter de la technicité du problème. Ainsi, il est suffisant de dire que la traduction de ce passage dans La Colombe semble proche de l'intention originale de l'auteur, lorsqu'il relate la déclaration de Dieu à

Caïn : « *Si tu agis bien, ne relèveras-tu pas la tête ?* » (Bible NBS). Bien que *« visage »* n'apparaisse pas dans ce verset, c'est parfaitement logique qu'il soit implicite, car il inverse l'image du visage abattu de Caïn dans *Genèse 4. 5-6*. Le texte original ainsi que les traductions françaises proches de l'original et la plupart des traductions anglaises disent : *« Si tu fais bien, ne seras-tu pas agréé ? »*. Si Caïn avait bien agi et adopté la bonne attitude, il aurait relevé la tête, ce qui peut signifier que le fait de bien agir changera sa vie, enlèvera sa rancœur. Cette expression peut être associée à la bonne conscience devant Dieu, sans honte et sans reproche. On peut aussi comprendre que, en relevant la tête, en regardant à Dieu et non plus à lui-même, il agira bien, il pourra vaincre le péché qui le guette.

L'Éternel a mis Caïn en garde contre le péché, qui **« *se couche à la porte* »**, prêt à s'emparer de lui. Être *« tapi ,* en hébreu *rabats,* ou *« attendre en cachette »* (Bible Parole de Vie) est ce qu'un animal sauvage fait avant de bondir sur sa proie et la dévorer. Ce terme *« se coucher »*, est employé en référence aux animaux domestiques ou aux hommes[126] ; néanmoins, en *Genèse 4.7 et 49.9*, il semblerait qu'il désigne « *une bête féroce prête à bondir* » et qu'il soit à prendre figurativement. Caïn devait résister au péché même si le péché le désirait. Dieu lui avait recommandé de le dominer. Caïn n'était pas un meurtrier prédéterminé, car il était entièrement libre et avait le choix de décider si oui ou non il allait poursuivre dans cette mauvaise voie. Il n'était pas complètement dépravé ou profondément esclave du péché – qu'il soit héréditaire ou réel – au point de n'avoir aucune autre alternative. Au contraire, il a été confronté au choix entre deux possibilités et a eu la responsabilité de prendre la bonne décision : il aurait pu réagir avec une obéissance sincère à l'Éternel au lieu de rester dans la désobéissance et de garder une mauvaise attitude envers Dieu et son frère. La déclaration de Dieu, **« *si tu agis bien…* »**, n'aurait eu aucun sens, si Caïn avait été incapable de réagir en agissant bien. En outre, par l'utilisation du pronom emphatique au début des avertissements de Dieu, il est évident que l'auteur a insisté sur la responsabilité qui est celle de

---

126 *Genèse 29.2 ; Psaumes 23.2 ; Ésaïe 13.20 ; 14.30 ; Ézéchiel 34.14*

Caïn, de résister au péché. L'hébreu dit littéralement… *« Mais toi, domine sur lui »*.

L'assassinat d'Abel par son frère Caïn *(4.8-16)*

8 Cependant, Caïn adressa la parole à son frère Abel; mais, comme ils étaient dans les chMamps, Caïn se jeta sur son frère Abel, et le tua. 9 L'Éternel dit à Caïn: Où est ton frère Abel? Il répondit: Je ne sais pas; suis-je le gardien de mon frère? 10 Et Dieu dit: Qu'as-tu fait? La voix du sang de ton frère crie de la terre jusqu'à moi. 11 Maintenant, tu seras maudit de la terre qui a ouvert sa bouche pour recevoir de ta main le sang de ton frère. 12 Quand tu cultiveras le sol, il ne te donnera plus sa richesse. Tu seras errant et vagabond sur la terre. 13 Caïn dit à l'Éternel: Mon châtiment est trop grand pour être supporté. 14 Voici, tu me chasses aujourd'hui de cette terre; je serai caché loin de ta face, je serai errant et vagabond sur la terre, et quiconque me trouvera me tuera. 15 L'Éternel lui dit: Si quelqu'un tuait Caïn, Caïn serait vengé sept fois. Et l'Éternel mit un signe sur Caïn pour que quiconque le trouverait ne le tuât point. 16 Puis, Caïn s'éloigna de la face de l'Éternel, et habita dans la terre de Nod, à l'orient d'Éden.

Verset 8. Malgré les avertissements de Dieu, Caïn laissa sa haine le conduire vers des péchés plus graves, à cause de son tempérament fougueux et de son incapacité à comprendre la cause du rejet par Dieu de son offrande – alors que celle de son frère était acceptée. Le texte ne dit pas que Dieu a donné des explications. C'est *Hébreux 11.4* en parallèle avec *Romains 21.1* qui éclaire pour nous les raisons de l'acceptation par Dieu du sacrifice d'Abel. Abel manifesta sa foi dans la grâce de Dieu par un sacrifice sanglant, préfigurant le sacrifice de l'Agneau de Dieu, tandis que Caïn faisait une offrande qui ne lui coûtait rien en espérant gagner la faveur de Dieu. Il est probable qu'il ait été dévoré par la jalousie jusqu'à ce qu'elle s'extériorise, dans une crise de rage. Ce verset commence ainsi, **« *Caïn adressa la parole à son frère Abel* ».** Le texte hébraïque ne donne aucune indication concernant les propos de Caïn à Abel. Sur la base de la Septante LXX et des autres versions antérieures, la Bible Segond 21 ajoute, « *Allons dans les champs* » ; mais ces mots ne sont que des hypothèses. L'histoire ne nous raconte pas si Caïn a dupé ou non Abel en allant dans les champs, ou s'il est entré dans une violente dispute contre lui à la maison et que cette dispute s'est poursuivie dans les champs. Le texte relate simplement que Caïn se dressa contre son frère Abel et le tua. Le mot hébraïque signifiant **« *tua* »** est *harag.* Ce terme est utilisé couramment pour désigner un meurtre violent et prémédité, comme par exemple, le massacre des hommes de Sichem par Siméon et Lévi en *Genèse 34.25-26,* ou le meurtre des prophètes du Seigneur perpétré par Jézabel dans *1 Rois 18.13* ou la vision des ossements desséchés d'Ezéchiel 37.9, où le mot dérivé *harouguim* qui signifie *« tués, massacrés »* est souvent traduit incorrectement par *« morts ».*

Verset 9. Une fois encore, l'Éternel s'adresse à Caïn : **« *Où est ton frère Abel ?* »** Comme auparavant, par cette question, Dieu ne cherchait pas à obtenir des informations. Dieu voulait provoquer l'introspection chez le frère aîné et lui faire découvrir quel genre de personne il était devenu. N'y avait-il donc pas de place, dans son cœur, pour la tristesse selon Dieu et la repentance ? Apparemment non, puisque Caïn a réagi avec un déni sarcastique et cynique. **« *Je ne sais pas ! Suis-je le gardien de mon frère ?* »** Adam, après avoir tenté de jeter le blâme sur sa femme et sur Dieu, avait admis avec réticence son péché. Cependant, Caïn a aggravé sa culpabilité en tentant de se soustraire à la question de Dieu et en niant toute sa responsabilité d'aîné sur son frère, en posant sa question :

« *Suis-je le gardien de mon frère, moi ?* » Caïn a également posé une question purement rhétorique, anticipant une probable réponse négative. Le dégoût qu'il a affiché, en étant interrogé sur Abel, était bien la preuve de la haine et du mépris qu'il avait pour lui. L'expression « **gardien** », *shomer,* dans la Bible implique les concepts de prise en charge, de protection, d'entretien, de gestion, de contrôle et d'exercice de l'autorité sur des biens, des animaux et des gens, en fonction du contexte de *Genèse 3.24*. Bien entendu, Dieu est, par excellence, le gardien de son peuple, qui ne sommeille ni ne dort selon le *(Psaume 121.4-8.* Les parents prennent naturellement soin de leurs enfants et les protègent des dangers. Les frères aînés, de la même manière, sont souvent chargés de surveiller et de s'occuper de leurs cadets. Cependant, Caïn ne faisait rien de cela ; il n'a montré aucune affection naturelle pour son frère lorsqu'il est allé vers Abel et l'a tué. Par conséquent, lorsque Dieu l'a interrogé sur son frère, il a menti. Il s'est montré évasif et indifférent vis-à-vis d'Abel.

Verset 10. Dieu ne lui fait pas l'honneur d'une réponse, mais il le met face à son acte ignoble en lui demandant, *« Qu'as-tu fait ? »* Si cette phrase apparaît sous forme de question, c'est encore une fois pour mettre Caïn face à son acte et lui faire comprendre toute son horreur. Dieu n'attendait pas une autre réponse évasive de Caïn, mais il l'a surpris en se révélant témoin du meurtre : ***« La voix du sang de ton frère crie de la terre jusqu'à moi »***. L'auteur de la lettre aux Hébreux a affirmé quelque chose de similaire concernant Abel, en déclarant dans *Hébreux 11.4* que *« par sa foi, Abel parle encore, bien qu'il soit mort »*. Les anciens croient que le sang humain répandu sur la terre a crié ; c'est une figure de style –la prosopopée- qui fait parler des objets ou des allégories. Ici le sang innocent répandu réclame justice et punition du criminel. L'auteur du livre des Hébreux affirme en *Hébreux 12.24* que le sang de Jésus *« parle mieux que celui d'Abel »*. Le sang d'Abel criait vengeance uniquement ; mais le sang de Jésus expie les péchés et les crimes de tous les hommes. Au lieu de la vengeance, il offre le pardon et de ce fait, il délivre un message bien plus percutant à tous ceux qui sont perdus.

Verset 11. Tout comme ses parents, Caïn n'a fait preuve d'aucun repentir pour son crime et n'a, en aucun cas, demandé le pardon de ses péchés. Il a dû apprendre que les actes entraînent des conséquences et qu'il ne pouvait pas prendre la vie de son frère sans être puni. En fait, le lecteur peut être surpris du fait que Dieu n'a pas tué Caïn pour son acte cruel. Plus tard, bien entendu, Dieu a prescrit que, dans le cas d'un meurtre prémédité, le coupable devrait être exécuté [127]. Cependant, comme Adam et Ève ont été autorisés, par grâce, à continuer à vivre dans la douleur et la lutte, il en a été de même avec la « punition » de Caïn. Il méritait certainement la mort; et pourtant la grâce de Dieu a prévalu, de sorte qu'il a pu continuer à vivre, même s'il avait été **« *maudit de la terre* »**, dont sa vie dépendait. Le mot « maudit » peut-être traduit par « malheureux » car, selon le *verset 12*, « *Tu seras errant et vagabond sur la terre* ». En effet, cette terre avait **« *ouvert sa bouche pour recevoir de sa main le sang de son frère* »,** et ne pourrait plus le nourrir. Il est obligé de quitter ses propres terres de cultivateur. Ce qui est un grand **malheur** pour lui !

---

127 Genèse 9.6 ; Exode 21.12-14

Verset 12. Dans un sens, la terre est morte sous ses pieds, de sorte qu'elle ne lui **« donnera plus sa richesse »,** son produit. Il ne pourra plus jamais jouir de la productivité de la terre qu'il avait cultivée. Le jugement appliqué contre la terre anéantissait *« tout »* pour Caïn. Il avait apporté *« des fruits du sol »* en offrande à l'Éternel, en *Genèse 4.3*. À présent, il ne pouvait plus faire ce qu'il aimait ou ce qu'il savait bien faire pour tout le restant de sa vie, car il avait été *« chassé . . . loin du sol arable »,* dans *Genèse 4.14*. À cause de son péché, Caïn sera sans terres et sans logis, ***«errant et vagabond sur la terre»***. L'expérience de Caïn a été perçue comme une prophétie des quarante années d'errance d'Israël dans le désert, que le peuple avait dû vivre à cause de son incrédulité, sa désobéissance et sa rébellion contre Dieu[128]. L'expulsion de Caïn de sa terre a aussi trouvé, plus tard, un parallèle dans l'histoire d'Israël, lorsque le peuple de Dieu a été contraint de quitter son pays et a été emmené en captivité à cause de son immoralité incessante et de son idolâtrie[129]. D'une certaine manière, Caïn a été condamné à un enfer qu'il a délibérément choisi. Il n'a pas vécu en paix

---

128 Nombres 14.33-34 ; Deutéronome 2.14-15
129 Lévitique 18.24-29 ; 26.31-35 ; Deutéronome 28.63-65

avec sa famille, s'est monté violent, alors il devra vivre sans eux, loin d'eux. Il est devenu un danger pour la société, il doit vivre en retrait de la société. De la même manière, étant donné que Caïn ne voulait pas de Dieu dans sa vie, Dieu ne l'a pas forcé à vivre en communion avec Lui, pour Caïn comme pour peuple d'Israël, comme pour tous les hommes. Ce concept est développé plus loin dans le Nouveau Testament : à l'issue du jugement dernier, ceux qui auront rejeté l'amour de Dieu et la vie en communion avec lui, seront exclus de sa présence et des rachetés de tous les temps[130]. On peut trouver une autre raison à la décision de Dieu d'envoyer Caïn dans le désert : il lui donne le même sort de nomade qu'Abel, pour lui apprendre à reconnaître sa dépendance de Dieu, comme il l'a fait pour son peuple rebelle, selon *Osée 2.16*.

Versets 13-14. Caïn dit à l'Éternel : **« Mon châtiment est trop grand pour être supporté »**. Par sa réaction, il ne montre aucun remord du meurtre qu'il a commis contre son frère, il fait seulement preuve d'apitoiement sur lui-même et de ressentiment envers Dieu. Caïn se plaint des conséquences de son

---

130 Matthieu 8.11-12 ; 2 Thessalonique 1.6-10

péché, car le fait qu'il ait été chassé… loin du sol arable, était au-delà du supportable pour lui. Caïn semblait dire : « Tu as chassé mes parents du jardin d'Éden, mais mon sort est pire, car je ne puis trouver aucun lieu où m'installer. Par ailleurs, tu as accru le travail de mon père et son labeur pour rendre la terre fertile, mais tu m'as complètement coupé de la fertilité du sol, me rendant ainsi errant et vagabond. De plus, je vivrai caché de toi ». Une pointe d'ironie réside ici, car jusqu'à présent, Caïn a visiblement ressenti et considéré la présence de Dieu comme une intrusion divine dans sa vie. Or, à présent, il réalise ce qu'il est en train de perdre – parce qu'il croit peut-être, comme Israël exilé loin de Jérusalem le croyait aussi, que Dieu est attaché à une terre et qu'il n'est pas omniprésent. Se sentant démuni, il prend peur et déclare : **« *et quiconque me trouvera me tuera* »**. Caïn s'est éloigné de Dieu et ceci a entraîné chez lui la peur des autres hommes qui pourraient lui faire du mal. Par ses inquiétudes, Caïn semble confirmer la présence d'autres habitants sur la terre à cette époque, de même que la référence au fait qu'il ait pris une femme, et construit une ville, en *Genèse 4.17*. Peut-être pensait-il que quelqu'un pourrait s'ériger en *« vengeur de sang »* et chercher à tuer le meurtrier. L'auteur de Genèse ne précise aucun indice temporel : il ne mentionne pas le nombre de temps écoulé depuis l'expulsion d'Adam et Ève d'Éden jusqu'à la naissance de Caïn et Abel, ni le nombre d'années écoulées avant que le frère aîné ne tue son cadet. Il n'y a pas non plus d'explication sur l'identité de ceux que le meurtrier avait à craindre ni sur le lieu où il a trouvé son épouse. Adam et Ève ont eu d'autres enfants, des fils et des filles selon *Genèse 4.25 ; 5.4*, mais aucune chronologie n'est donnée concernant la vie de ces enfants. L'épouse de Caïn et un éventuel *« vengeur de sang »* étaient sûrement parents – tous descendent d'Adam et d'Ève d'après *Genèse 3.20 ; Actes 17.26*– mais nous ne savons pas combien d'années se sont écoulées depuis que le premier couple a perdu son habitat originel dans le jardin. Le but de l'auteur n'était pas de faire un récit chronologique exact de tous ces événements, mais il voulait surtout relever la condition de l'homme et la spirale l'entraînant toujours plus bas vers le péché, l'éloignant toujours plus de Dieu, et comment tout ceci a finalement débouché sur le déluge.

Verset 15. Caïn s'est plaint du fait que la sanction de Dieu était trop sévère, mais ce verset révèle le contraire. L'Éternel avait bien rendu une sentence qui révélait à Caïn son sort futur, mais néanmoins il démontrait sa grâce au moyen d'une promesse et d'un gage de protection divine à l'endroit de ce pécheur rebelle. Dieu déclare : ***«Si quelqu'un tuait Caïn, Caïn serait vengé sept fois »***. Le terme « *vengeance »,* en hébreu *naqam,* dans l'Ancien Testament se rapporte habituellement au châtiment divin que Dieu prononce sur ses ennemis ou sur des personnes qui transgressent résolument son engagement. « *À moi la vengeance et la rétribution, je tirerai vengeance de mes adversaires et je rendrai la pareille à ceux qui me haïssent »*[131]. Nous avons là des expressions anthropomorphiques pour faire savoir que Dieu ne serait pas fidèle à son caractère saint et juste s'il fermait les yeux sur le péché et la méchanceté, en exonérant les criminels des conséquences de leurs crimes. Lorsque Dieu a prononcé des jugements provisoires sur des hommes et des nations, l'on a appelé cela *« un jour de vengeance pour l'Éternel*[132]*».* Cependant, dans le

---

131 Deutéronome 32.35, 41 ; Romains 12.19
132 Ésaïe 34.8 ; 61.2 ; 63.4 ; Genèse 35.4 ; 47.3

cadre des relations personnelles en vigueur sous la Loi de Moïse, le peuple de Dieu n'était pas censé se faire personnellement vengeance. En *Lévitique 19.18,* Dieu a enseigné Moïse à dire à Israël, *« Tu ne te vengeras pas, et tu ne garderas pas de rancune envers les fils de ton peuple. Tu aimeras ton prochain comme toi-même. Je suis l'Éternel ».* L'histoire de Caïn semble suggérer que la même attitude doive être adoptée envers un meurtrier. Quand Dieu a annoncé que Caïn serait *« vengé » « sept »* fois, il est peu probable qu'il ait voulu dire, comme la Segond Révisée le laisse toutefois entendre, que le meurtrier de Caïn et six membres de sa famille mourraient ou que Dieu punirait sept générations à partir de Caïn. Il pourrait simplement s'agir d'une figure de style poétique se rapportant à la perfection ou à la plénitude de la vengeance. Le nombre *« sept »* est le nombre sacré souvent utilisé dans les Écritures avec cette signification[133].

Par grâce, Dieu a *« mis un signe sur Caïn ».* Ce n'était pas une malédiction prononcée contre lui ; il servait à assurer sa protection dans un monde hostile. De ce fait, quand les gens le verraient, ils sauraient qu'il bénéficie de la protection divine et

---

133 *Lévitique 26.24-25 ; Psaumes 12.6 ; 79.12 ; Proverbes 6.31*

qu'il ne faut pas qu'ils le frappent. Ce *« signe »,* en hébreu *'ot*, par conséquent, devait être visible. C'était peut-être une espèce de marque, comme un tatouage, sur sa face ou sur son front. La présence de ce signe a permis à Caïn de vivre toute la durée naturelle de sa vie sur terre.

Après que Caïn a tué Abel dans une crise de jalousie et de rage, le meurtrier rebelle est sorti de la présence de l'Éternel. C'est ainsi, explique l'auteur de Genèse, que **« Caïn s'éloigna de la face de l'Éternel, et habita dans la terre de Nod, à l'orient d'Éden».** Le nom de *« Nod »* signifie littéralement en hébreu « errance », comme dans une vie de nomadisme misérable. La forme verbale *nud* fait référence aux *« errances d'un nomade sans point d'ancrage »*. Plutôt qu'un lieu particulier, il s'agit probablement d'une zone à l'est d'Éden, le foyer que Dieu avait originellement pourvu pour l'humanité, où cet homme ayant rejeté la direction de Dieu pourrait vivre dans l' *« errance et la peur sur la terre »* selon *Genèse 4.14.*

Deux généalogies *(4.17-26)*

La famille de Caïn et l'origine de la culture *(4.17-24)*

17 Caïn connut sa femme; elle conçut, et enfanta Hénoc. Il bâtit ensuite une ville, et il donna à cette ville le nom de son fils Hénoc. 18Hénoc engendra Irad, Irad engendra Mehujaël, Mehujaël engendra Metuschaël, et Metuschaël engendra Lémec. 19 Lémec prit deux femmes: le nom de l'une était Ada, et le nom de l'autre Tsilla. 20 Ada enfanta Jabal: il fut le père de ceux qui habitent sous des tentes et près des troupeaux. 21 Le nom de son frère était Jubal: il fut le père de tous ceux qui jouent de la harpe et du chalumeau. 22 Tsilla, de son côté, enfanta Tubal Caïn, qui forgeait tous les instruments d'airain et de fer. La sœur de Tubal Caïn était Naama. 23 Lémec dit à ses femmes: Ada et Tsilla, écoutez ma voix! Femmes de Lémec, écoutez ma parole! J'ai tué un homme pour ma blessure, Et un jeune homme pour ma meurtrissure. 24 Caïn sera vengé sept fois, Et Lémec soixante-dix-sept fois.

Verset 17. Bien que Caïn ait tué son frère et soit sous la sentence divine, Dieu n'a pas abandonné son projet de remplir la terre. Genèse ne dit rien de la femme que Caïn a épousée ni du moment où le mariage a eu lieu. Cependant, sa femme avait peut-être été l'une des filles d'Adam mentionnées en *Genèse 5.4*[134]. Il y avait peu de gens sur terre, le mariage entre consanguins était une nécessité. Même plusieurs générations plus tard, Abraham a épousé sa demi-sœur d'après *(Genèse 20.12.* Néanmoins, au fur et à mesure que les habitants de la terre se multipliaient, cela n'a plus été nécessaire et la Loi de Moïse a sévèrement condamné une telle pratique, en *Lévitique 18.9.* La bénédiction originelle de Dieu de « *multiplier* » et de *«remplir la terre »* en *Genèse 1.28,* a continué en dépit du péché. De même qu'Adam et Ève, Caïn a eu des rapports avec sa femme et elle a conçu, donnant naissance à Hénoc. Au contraire du premier couple de *Genèse 4.1*, ni Caïn ni sa femme n'ont fait mention du Seigneur comme ayant participé d'une quelconque manière à la vie de leur fils Hénoc. D'après la généalogie qui suit, ils ont produit toute une lignée de descendants qui n'accordaient pas de place à Dieu dans leur vie. La désignation *«Hénoch »*, aussi orthographié « *Énoch »,* apparaît plusieurs fois en Genèse, mais les descendants les plus importants d'Adam et d'Ève

---

134 Voir également Genèse *3.20* ; Actes *17.26.*

ayant porté ce nom sont le fils de Caïn et une lignée ultérieure descendant de Seth, selon *Genèse 5.18-24.* De fait, le nom « *Hénoc* » a une origine incertaine, mais le mot tel qu'il est écrit en *Genèse 4* dérive probablement de l'hébreu *chanak*, qui signifie « *entraîner* » ou « *consacrer* ». C'est cette dernière idée qui semble le mieux correspondre, du fait que Caïn a **« *bâti ensuite une ville* »** et l'a appelée **« *Hénoc* »** en l'honneur de **« *son fils* »**. Même si Dieu a condamné Caïn à errer, celui-ci s'est établi à « *Nod* » littéralement, un lieu d'«*errance* » selon *Genèse 4.16.* Par la suite, il a agi à l'inverse du décret divin en construisant une ville. Ce qui est implicite dans le texte, c'est donc une vie continue de désobéissance à Dieu. Son errance finalement est une errance loin de Dieu.

Verset 18. Dans le récit, les noms des quatre descendants d'**« *Hénoc* »** sont cités par ordre chronologique : **« *Irad, Mehujaël, Metuschaël* »**, et **« *Lémec* »**. À part ces noms, aucune information n'est donnée concernant les trois premiers de la liste. Il est possible qu'ils n'aient rien accompli qui vaille la peine d'être mentionné, hormis le fait d'être des maillons dans la chaîne des descendants d'Adam par Caïn, censés remplir la fonction divine de peupler la terre. L'auteur passe rapidement au quatrième individu, le tristement célèbre *« Lémec »*, de la septième génération depuis Adam.

Verset 19. La première indication du déclin moral de Lémec est l'affirmation qu'il a épousé *« deux femmes : Ada et Tsilla »*. C'est ainsi que par lui, la polygamie a commencé à s'imposer, et par là même, la volonté de Dieu pour la création a été rompue : « *C'est pourquoi l'homme quittera son père et sa mère et s'attachera à sa femme, et ils deviendront une seule chair* » dans *Genèse 2.24.* Une fois de plus, la grâce de Dieu a été offerte car Dieu n'a pas condamné Lémec pour cela, pas plus qu'il n'a condamné les patriarches qui pratiquaient la polygamie. Néanmoins, il est clair que de telles pratiques ont entraîné de nombreuses conséquences néfastes sur ceux qui reproduisaient ce mode de vie déviant. C'est ainsi qu'on voit dans l'Ancien Testament pratiquement tous les mariages polygames être le théâtre de querelles détruisant ceux qui y sont engagés. Dans une certaine mesure, Dieu a fait en sorte que les hommes apprennent à leurs dépens les conséquences qui surviennent lorsqu'une créature décide de mettre en premier son idée du mariage au détriment de la vision du Créateur.

Versets 20-22. **« *Ada et Tsilla* »** ont eu quatre enfants à elles deux. Ada a enfanté deux fils, tandis que Tsilla a eu un fils et une fille. Un nom est donné pour chaque fils, avec une description de la profession de chaque homme et sa contribution à la civilisation. En ce qui concerne la fille de Tsilla, **« *Naama* »**, il n'est rien dit d'autre ; aucune réussite culturelle ne lui est attribuée, ce qui n'implique pas qu'elle n'ait pas eu de qualités. La naissance de **« *Jabal* »** par Ada est premièrement décrite, et l'on rapporte qu'il est **« *le père de ceux qui habitent sous des tentes et près des troupeaux* »**. Dans ce contexte, le mot **« *père* »** est plutôt utilisé au sens figuratif. Jabal est le fondateur des semi-nomades habitant des tentes et de ceux qui gardaient des troupeaux d'animaux. Cette affirmation est perçue par certains comme contradictoire avec la référence précédente à Abel comme « *un gardien de troupeaux* » en *Genèse 4.2*. Comment Jabal peut-il être décrit comme le père de cette profession ? Ceux qui soulèvent une objection négligent de noter que le terme utilisé pour décrire les troupeaux d'Abel, en hébreu *tso'n*, fait référence à des animaux de plus petite taille, comme des brebis et des chèvres. Le mot qui décrit la vocation de Jabal est en hébreu *miqneh*, terme qui *« regroupe tous les animaux gardés par un berger »*, tels que les brebis, les chèvres, les ânes et les chameaux [135]. Par conséquent, il n'existe aucune contradiction véritable dans le texte. Abel n'a d'ailleurs été le « père » d'aucune descendance à ce qu'on en sait, contrairement à Jabal ici. Jubal, l'autre fils d'Ada, est présenté comme l'ancêtre **«de tous ceux qui jouent de la harpe et du chalumeau »,** ou *« de la harpe et de la flûte »*, du fait que cette dernière est une évolution de cet instrument primitif, le chalumeau. La *« harpe »* en *1 Samuel 16.23,* était un instrument à cordes pincées, et le *« chalumeau »* était probablement un instrument en roseau mentionné de rares fois dans l'Ancien Testament, habituellement en lien avec la harpe, en *Job 21.12 ; 30.31.* **« Tubal-Caïn »**, né de Tsilla, est devenu le fondateur de la technologie métallurgique de cette civilisation. Il est décrit comme un forgeron **«qui forgeait tous les instruments d'airain et de fer »**. Néanmoins, le fait de dire qu'il savait *«forger »* du métal évoque l'image d'une science plus avancée de

---

[135] *Genèse 47.16-17 ; Exode 9.3.*

la fusion du minerai qui n'existait pas en cette période primitive de l'histoire. Une traduction plus exacte de la racine hébraïque *latash*, est « *aiguiser* », « *frapper* » ou « *marteler* ». De plus, le sens fondamental du terme traduit par « *bronze* » *ne<u>h</u>oshet,* désigne en fait le « *cuivre* », que Tubal-Caïn employait probablement. Ce n'est qu'après le quatrième ou le troisième millénaire av. J.-C. que l'on a commencé à allier le cuivre à l'étain pour créer un métal plus dur.

Par ailleurs, l'on ne doit pas tomber dans l'erreur de penser que la référence à des *«outils de... fer »* indique une grande abondance d'outils de fer et d'armes disponibles dès cette époque primitive. Du fait que l'extraction de minerai et la fusion du fer n'ont commencé que vers 1 400 av. J.-C. parmi les Hittites ou Héthiens de l'Anatolie, la faible quantité de fer disponible au Proche-Orient a dû essentiellement provenir des météorites. Divers articles et instruments à base de fer météorique ont été découverts en Égypte et en Mésopotamie, leur datation remontant au troisième millénaire av. J.-C. S'il est vrai que certains objets terrestres ont été découverts, leur faible teneur en nickel est différente de celle du fer météorique utilisé par l'homme primitif. Les experts estiment que ce fer est devenu disponible en tant que sous-produit du raffinement de l'or.

Les contributions culturelles que Jabal, Jubal et Tubal-Caïn ont apportées à la civilisation n'étaient pas nécessairement de gigantesques pas en avant, du moins selon les critères actuels. Cependant, l'auteur biblique reconnaît leur contribution dans certains domaines. Ils étaient les précurseurs ou les géniteurs des talents culturels et des professions qui se sont développés sur une longue période. Parallèlement à ces percées dans le domaine de la culture et de l'invention, le péché a connu une recrudescence. L'éclosion de la civilisation n'a pas rendu l'homme meilleur, ne l'a pas induit à traiter son prochain avec plus d'égard, ni n'a engendré une attitude plus révérencieuse envers Dieu. Les avancées réalisées par les descendants de Caïn n'étaient pas mauvaises en soi. De fait, les bénédictions matérielles et les talents que ces individus utilisaient, leur avaient été accordés par un Créateur gracieux et avaient pour objectif d'améliorer la vie de l'homme sur terre. Néanmoins, les dons peuvent devenir une source de chute : plus on accomplit avec ses aptitudes venant de Dieu, plus l'on peut s'enfler d'orgueil ; l'homme devient plus enclin à se glorifier de ses propres réussites et ressent moins le besoin de Dieu dans sa vie. La culture ne traite pas du problème du péché. À moins qu'il ne soit enrayé, le péché engendre le délitement et la désintégration de la société. Cela ressort clairement des paroles vengeresses de Lémec et des événements qui se sont déroulés.

Verset 23. En prenant deux femmes, Lémec s'est écarté du projet originel de Dieu pour le mariage et a mis Ada et Tsilla dans une situation de compétition humiliante. Lémec a affirmé sa force et sa domination sur quiconque pourrait l'inquiéter, et il a montré son arrogance en exigeant que ses épouses viennent à lui et prêtent l'oreille à sa parole : *« **Ada et Tsilla, écoutez ma voix! Femmes de Lémec, écoutez ma parole!** »* Ses mots sont présentés comme un poème. Bien qu'aucune arme ne soit mentionnée dans ce discours, on a souvent appelé ce passage le « chant de l'épée ». La vantardise de Lémec pourrait provenir du fait que son fils Tubal-Caïn avait œuvré une nouvelle arme en métal lui donnant la sensation d'être invincible. Dans son chant de provocation, Lémec s'est vanté devant ses épouses, disant : *« **J'ai tué un homme pour ma blessure, et un jeune homme pour ma meurtrissure** »*. Ce rapport soulève au moins deux problèmes de traduction. Est-ce que, tout d'abord, Lémec publiait un avertissement contre quiconque pourrait l'attaquer, ou se rapportait-il à un événement ayant déjà eu lieu ? Le texte hébreu présente une forme au parfait, *haragti,* du verbe *harag*, que certains ont compris comme signifiant « *je tuerai quiconque pourrait me blesser* ». « Je tuerai » est proposé comme alternative dans les notes de bas de page de certaines versions. La traduction « Je tue » se trouve dans d'autres versions. Cependant, une bonne partie des versions françaises et la plupart des versions anglaises s'accordent avec la Bible Segond Révisée et traduisent le verbe comme étant un fait accompli *« j'ai tué »* au *verset 24.* Cela signifie que Lémec était non seulement un meurtrier, mais également un homme méprisable et fier de ce qu'il avait fait. En second lieu, la vantardise se rapporte-t-elle au meurtre d'un homme ou de deux ? La formulation retenue par la Bible Segond Révisée implique deux homicides, puisqu'elle mentionne *« **un homme** »* et *« **un jeune homme** ».* Cependant, dans des écrits poétiques comme celui-ci, les deux vers pourraient être un parallélisme se rapportant à une seule et même personne. Au lieu d'*« enfant »* (Bible annotée), beaucoup de versions traduisent le mot hébreu *yeled* par *« jeune homme »* (Segond,

Darby, Ostervald). Le terme *yeled* est utilisé dans l'Ancien Testament pour un grand nombre d'âges, y compris un enfant en bas âge en *Genèse 21.8*, un adolescent en *Genèse 21.16,* et de jeunes adultes en *1 Rois 12.8*. La répétition vient étayer l'idée que les termes « *homme* » et « *jeune homme* » se rapportent à la même personne. Dans ce cas-ci, le « *jeune homme* » soulignerait la force de l'individu, le fait qu'il était dans la fleur de l'âge. L'attitude de Lémec dans ce chant de provocation était sensiblement différente de celle de son ancêtre Caïn. Ce dernier avait commis un meurtre, puis essayé de le dissimuler, feignant d'être ignorant des allées et venues de son frère, quand Dieu l'a interrogé en *Genèse 4.9*. À l'inverse, Lémec était fier de ce qu'il avait fait et a voulu l'annoncer à ses épouses de sorte qu'elles, et vraisemblablement d'autres, sachent quel individu féroce il était.

Verset 24. Après avoir relaté son crime, Lémec a dit : **« *Caïn sera vengé sept fois, et Lémec soixante-dix-sept fois* »**. Une fois encore, ce qu'il a voulu dire n'est pas clair. Peut-être faut-il comprendre : « *Si quelqu'un qui tue Caïn est puni sept fois, alors celui qui me tue sera puni soixante-dix-sept fois* ». Si cela est correct, Lémec était en train de prononcer une malédiction sur quiconque le punirait pour son crime. Il se pourrait, cependant, que Lémec se soit vu lui-même, et non Dieu, comme l'exécutant de la vengeance sur quiconque pourrait tenter de lui ôter la vie. Dans ce cas, ce qu'il affirmait avec arrogance, c'était que son châtiment serait bien plus grand que celui que Dieu exercerait sur quiconque tuerait Caïn.

« ***Soixante-dix-sept fois*** » est une hyperbole, signifiant *« au plus haut point »*. Ce genre d'égocentrisme et d'esprit vindicatif est exactement à l'opposé de ce que Christ désire chez ceux qui lui appartiennent. En *Matthieu 18.21-22*, il a dit à Pierre de pardonner à quelqu'un qui pèche contre lui *« soixante-dix fois sept fois »* ou *« soixante-dix fois »*. L'utilisation du nombre *« sept »*, représentant la complétude et la perfection, était peut-être fondée sur les sept jours du récit de la création, y compris le repos divin du Créateur. Cependant, Lémec l'a détourné pour en faire une expression de la méchanceté parfaite. Le langage hyperbolique pourrait signifier que Lémec deviendrait une sorte de machine à tuer, un précurseur des héros violents cités en *Genèse 6.4-5, 11*. Cela pourrait justifier la raison pour laquelle l'énumération de la généalogie de Caïn s'arrête à sept : peut-être l'auteur a-t-il voulu souligner que, à moins de sept générations d'Adam, le déclin moral et le déclin spirituel – y compris la haine et le désir de meurtre – avaient déjà grimpé à leur plus haut niveau, et Lémec en était le symbole par excellence. Il était inutile de citer le nom d'autres personnes ayant fait des ravages sur la terre, mais leur péché a fini par mener au jugement de Dieu dans le déluge selon *Genèse 6-8.*

Seth et sa famille *(4.25-26)*

25 Adam connut encore sa femme; elle enfanta un fils, et l'appela du nom de Seth, car, dit-elle, Dieu m'a donné un autre fils à la place d'Abel, que Caïn a tué. 26 Seth eut aussi un fils, et il l'appela du nom d'Énosch. C'est alors que l'on commença à invoquer le nom de l'Éternel.

Verset 25. Après la courte liste des sept générations d'Adam à Lémec, ce verset fournit une transition entre les descendants de Caïn et la lignée de Seth, qui vient ensuite. C'est la troisième fois que l'auteur dit qu'un homme, **« *Adam* »** deux fois et **« *Caïn* »** une fois, a eu des relations avec son épouse et qu'elle a enfanté un fils selon *Genèse 4.1, 17, 25.* Ève a appelé ce fils **« Seth »**. Dans le texte hébreu, un jeu de mots apparaît entre le nom «*Seth* », *Sheth,* et la déclaration d'Ève, « *Dieu m'a donné,* shat',

« *attribué* », **« un autre fils à la place d'Abel, que Caïn a tué ».** Ces mots sont différents de ceux qu'Ève a employés à la naissance de Caïn en *Genèse 4.1*, où elle a mis l'accent sur elle-même « *j'ai...* ». Avec la naissance de Seth, elle mettait l'accent sur le *« Dieu a.. »*. Ceci peut indiquer une certaine maturité spirituelle qu'Ève avait développée. Elle considérait apparemment la naissance de Seth comme une réponse de Dieu à la perte de son fils Abel qui était juste, et que Caïn avait tué. De plus, elle se référait à Seth en tant qu'autre **« *fils»,* zera'**, qui signifie « *semence* ». Cette formulation rappelle la « *postérité* » promise, qui un jour écraserait la tête du serpent, de *Genèse 3.15*. Si nous n'avons aucune connaissance de la manière dont elle interprétait cette promesse vague, son propos implique qu'elle prévoyait qu'une lignée de descendants justes comme Abel, viendrait par Seth. Beaucoup de ceux qui sont décrits dans le reste de Genèse semblent correspondre à cette espérance.

Verset 26. L'annonce de la naissance **« *d'Énosch* »**, le fils aîné de Seth, signifie que l'espoir de la « *postérité* » promise perdurait. « *Énoch* » est un mot semblable à *'adam*[136]. Ce terme peut désigner « *l'homme* » en général[137], et servir de nom à un individu spécifique comme ici et en *Genèse 5.6-11*. À partir d'Énoch, **«*C'est alors que l'on commença à invoquer le nom de l'Éternel.* »**. Cette expression est utilisée communément en Genèse pour récapituler la démarche de piété des patriarches[138]. Elle se rapporte au culte, plus précisément à la prière et au sacrifice à l'Éternel. L'auteur voulait clairement relever l'origine du culte régulier de Dieu, de même qu'il avait en parallèle retracé les origines de l'élevage de troupeaux, de la musique et de la métallurgie.

---

136 Genèse 1.26-27 ; 5.1-5.
137 Job 36.25 ; Psaumes 8.4
138 Genèse 12.8 ; 13.4 ; 21.33 ; 26.25.

LES PATRIARCHES AVANT LE DÉLUGE
(Genèse 5)

Création et bénédiction *(5.1-2)*

1 Voici le livre de la postérité d'Adam. Lorsque Dieu créa l'homme, il le fit à la ressemblance de Dieu. 2 Il créa l'homme et la femme, il les bénit, et il les appela du nom d'homme, lorsqu'ils furent créés.

Verset 1-2. Une nouvelle déclaration, *toledoth*, apparaît dans ce verset, mais elle est différente de tous les autres récits de la Genèse : elle utilise l'expression « ***le livre,*** en hébreu *sefer,* ***de la postérité*** » ou « *génération* » *toledoth,* ***d'Adam*** ». Le langage suggère qu'avant son inclusion dans la Genèse, ce récit généalogique existait en tant que source documentaire séparée. Le sens de base de « *livre* », *sefer,* est un « document » c'est-à-dire une pièce de matériel écrit sur lequel figure un texte. Dans les temps anciens, ce terme pouvait désigner une inscription sur une pierre, du papyrus ou du vélin (cuir). Par la suite, il a été employé pour désigner un document écrit ou un livre. L'auteur l'a employé comme source pour les informations concernant la lignée d'Adam à Noé par Seth. Les écrivains de l'Ancien Testament connaissaient les autres livres (documents) qui existaient aux temps anciens, tels que le « *Livre des Guerres de l'Éternel* » de *Nombres 21.14* et « *le Livre du Juste* » de *Josué 10.13 ; 2 Samuel 1.18*, et ils les ont parfois cités en racontant divers événements survenus dans la vie du peuple de Dieu.

Ces *versets 1-2* forment une structure poétique dite en chiasme, ou en parallèles concentriques (ABCBA), qui ressemble à celle présentée en *Genèse 1.27 ; 2.4*. Cette structure hébraïque sert à mettre en valeur la phrase placée au centre (C) :

A1. « ***Lorsque Dieu créa l'homme*** »,
B1. « ***Il le fit à la ressemblance de Dieu.*** »
C «***Il créa l'homme et la femme*** »
B2 « ***il les bénit, et il les appela du nom d'homme*** ».
A2 « ***lorsqu'ils furent créés*** ».

En employant des mots semblables, l'auteur relie la généalogie de *Genèse 5* à la création du premier homme Adam, et à la théologie de *Genèse 1.26-28*. Il souligne de nouveau que «*l'homme* » a été fait « *à l'image de Dieu* ». Il avait déjà décrit la chute de l'homme et les meurtres commis par Caïn et Lémec.

Avant de poursuivre avec la généalogie de Seth à Noé, l'auteur insiste sur le moment de la création (A1 //A2), et rappelle **qu'avant la chute** l'Humain était parfaitement à la ressemblance de Dieu. Mais après la chute cette image a été atteinte, troublée : la nature de l'homme est devenue souillée et a besoin d'être purifiée. Paul fait allusion à cette déformation en 1 Cor 13.12 : "aujourd'hui nous voyons *de manière confuse*, mais alors nous verrons face à face...". Nous héritons d'une nature faible qui a tendance à se couper de Dieu. Mais nous avons encore et toujours la possibilité de choisir de nous laisser dominer par cette nature ou de la vaincre par la grâce de Jésus-Christ. Si l'auteur rappelle l'image de Dieu donnée à la création, c'est pour faire contraste avec le *verset 3* où il est dit que Seth en hébreu *Shet*, est né à la ressemblance, à l'image d'Adam, et non de Dieu ! Seth est né **après la chute**, avec la nature pécheresse de son père, conséquence du péché originel qui est la séparation d'avec Dieu.

Si l'image de Dieu était restée intacte, il n'y aurait pas eu besoin de l'incarnation de Jésus et du salut par la croix. Jésus est le seul à être vraiment l'image de Dieu, sans péché, selon *Colossiens 1.15*. Nous héritons à la naissance d'une nature pécheresse qui nous sépare de Dieu. Les péchés et la dépravation résultent des choix que les gens font dans leurs cœurs de pécheurs, d'après *Genèse 6.5*. Depuis Adam et Ève, sont venues non seulement la lignée mauvaise de Caïn de *Genèse 4.1-24*, mais également la lignée juste de Seth de *Genèse 4.25-5.32*. La lignée de Seth n'est pas juste de naissance ou par héritage. Simplement elle comprend des hommes et des femmes qui ont choisi de suivre Dieu comme l'a fait leur ancêtre Seth. Ainsi, malgré leur nature pécheresse, ils sont déclarés « justes » par Dieu à cause de leur foi, comme ce fut le cas d'Abraham plus tard, selon *Galates 3.6*.

L'auteur reprend un autre thème de l'histoire de la création de *Genèse 1.26-28* : la vérité est que « *Dieu les créa homme et femme* ». Même si l'image ou ressemblance, de Dieu a été déformée après que le péché est venu dans le monde, la bénédiction originelle du couple par Dieu demeurait. La postérité de l'homme et de la femme a accompli le premier commandement de Dieu à l'humanité : « *Soyez féconds, multipliez, remplissez la terre* » en *Genèse 1.28*.

Ces *versets 1-2* contiennent un jeu de mots sur le terme hébreu *'adam* revenant trois fois. Dans le *verset 1*, l'auteur se référait au premier homme, ainsi le mot hébreu doit-il être traduit par le nom propre

« Adam » de Genèse 5.3-5. Dans les *versets 1b-2*, *'adam* est employé dans le sens générique de *«l'humanité »* et doit simplement être rendu par *« homme ».* C'est évident au *verset 2*, où l'écrivain mentionne que Dieu *« les créa homme et femme » (mâle et femelle)... « et les appela du nom d'Homme » ou d'Humain.* Il s'agit d'une référence non à Adam, non à un individu, mais à l'*« humanité »/*au *« genre humain »*, qui est composé d'hommes et de femmes. Les genres ne sont pas indépendants l'un de l'autre dans *1 Corinthiens 11.11* ; les deux sont nécessaires pour poursuivre le processus de création conçu par Dieu, qui inclut la procréation et la naissance régulière de la descendance physique pour peupler le monde.

La nouvelle lignée d'Adam depuis Seth jusqu'à Hénoch *(5.3-20)*
Depuis Adam à Seth *(5.3-5)*

3 Adam, âgé de cent trente ans, engendra un fils à sa ressemblance, selon son image, et il lui donna le nom de Seth. 4 Les jours d'Adam, après la naissance de Seth, furent de huit cents ans; et il engendra des fils et des filles. 5 Tous les jours qu'Adam vécut furent de neuf cent trente ans; puis il mourut.

Verset 3-5. Cela faisait déjà longtemps qu'Abel était mort, mais la lignée d'Adam a continué par les descendants de Caïn, comme il est dit en *Genèse 4.1-24*. Ici l'auteur présente une nouvelle lignée émanant de *« **Seth** »,* en hébreu *Shet*. Bien que la bénédiction originelle se poursuive dans la nouvelle lignée d'Adam, cela n'a pas évité à Seth de subir la conséquence du péché de ses parents, c'est-à-dire de leur séparation d'avec Dieu : la mort selon *Genèse 5.8.* Meilleure preuve que l'image de Dieu était altérée après la chute !

Dans toute la généalogie citée en *Genèse 5.3-32*, l'auteur n'a enregistré que la naissance du premier fils dans chaque génération ultérieure, excepté pour les deux premiers fils d'Adam, Caïn et Abel en *Genèse 4.1-2* et les trois fils de Noé : Sem, Cham et Japhet en *Genèse 5.32.*

En ajoutant chaque génération, l'auteur suit un modèle récurrent : l'âge du père à la naissance de son fils et ensuite le nom du fils. Puis, il rapporte le nombre d'années que le père a vécues après la naissance de son fils et inclut une affirmation selon laquelle *« **il engendra des fils et des filles** »*. Enfin, il mentionne l'âge du père à sa mort. Une remarque toute particulière doit être faite concernant la longévité des individus mentionnés dans ce chapitre.

Par exemple, ***«Tous les jours qu'Adam vécut furent de neuf cent trente ans; puis il mourut. »***. De ce fait, il est dit de la plupart des hommes, qu'ils ont vécu plus de neuf cents ans. Les sceptiques nient que des âges avancés tels que ceux des personnages de *Genèse 5* soient un fait historique. Plutôt que de rejeter cette longévité comme improbable, le lecteur doit la prendre au sérieux, comme une preuve supplémentaire de la grâce de Dieu. Le texte n'explique pas pourquoi Dieu a permis des durées de vie si étendues. Une raison possible en est que, avant le déluge, il planait une épaisse couche de vapeur dans les cieux, filtrant les rayons nuisibles du soleil, à l'origine du vieillissement. Par conséquent, les hommes ne vieillissaient pas aussi vite qu'aujourd'hui. *Genèse 3-4* montrent qu'Adam, Ève et Caïn ont joui de la grâce divine par laquelle ils ont pu continuer à vivre même s'ils méritaient une mort immédiate à cause de leur péché. Mais ce n'est qu'une théorie, car le manque d'ensoleillement est lui aussi à l'origine de certaines maladies.

Après le déluge, la longévité des individus a décliné rapidement. Bien que Noé ait vécu 950 ans selon *Genèse 9.29*, la longévité de son fils fut de 600 ans seulement dans *Genèse 11.10- 11*. Bien des générations après, Abraham est mort à l'âge de 175 ans, dans *Genèse 25.7*. Bien des siècles après lui, Moïse a vécu jusqu'à l'âge de 120 ans selon *Deutéronome 34.7*. La durée de vie a continué à diminuer jusqu'à atteindre les 70 ou 80 années qui nous sont habituelles d'après *Psaumes 90.10.* La diminution de la durée de vie de l'homme est peut-être le moyen par lequel Dieu affirmait que l'histoire régressait qualitativement en raison du péché, alors qu'elle progressait quantitativement dans le nombre d'individus et dans les réussites culturelles. Cette régression de la durée de vie peut ainsi faire comprendre que plus on s'éloigne de l'Arbre de vie, plus on perd de la vitalité qu'il est destiné à donner à l'homme.

La généalogie d'Adam conclut avec un refrain de clôture répété à plusieurs reprises dans le chapitre : « il est mort »[139]. Le retentissement de ce sinistre glas est un rappel du fait que « *la mort a passé sur tous les hommes, parce que tous ont péché»* d'après *Romains 5.12*. Les données généalogiques nous donnent une liste précise des ancêtres de la race humaine, indiquant l'âge où leurs enfants sont nés et le moment où ils sont morts. Une comparaison des listes généalogiques dans la Bible

---

[139] *Genèse* 5.8, 11, 14, 17, 20, 27, 31

révèle qu'elles sont souvent sélectives dans le nombre des noms qui sont donnés, citant juste les plus importants. Ceci signifie que chaque généalogie prise individuellement est peut-être beaucoup plus représentative qu'exhaustive, et que l'on ne peut prendre ces listes comme fondement pour donner des dates ou des durées « historiques » à notre préhistoire.

De Seth à Hénoch *(5.6-20)*

6 Seth, âgé de cent cinq ans, engendra Énosh. 7 Seth vécut, après la naissance d'Énosh, huit cent sept ans; et il engendra des fils et des filles. 8 Tous les jours de Seth furent de neuf cent douze ans; puis il mourut. 9 Énosh, âgé de quatre-vingt-dix ans, engendra Kénan. 10 Énosh vécut, après la naissance de Kénan, huit cent quinze ans; et il engendra des fils et des filles. 11 Tous les jours d'Énosh furent de neuf cent cinq ans; puis il mourut. 12 Kénan, âgé de soixante-dix ans, engendra Mahalaleel. 13 Kénan vécut, après la naissance de Mahalaleel, huit cent quarante ans; et il engendra des fils et des filles. 14 Tous les jours de Kénan furent de neuf cent dix ans; puis il mourut. 15 Mahalaleel, âgé de soixante-cinq ans, engendra

Jéred. 16 Mahalaleel vécut, après la naissance de Jéred, huit cent trente ans; et il engendra des fils et des filles. 17 Tous les jours de Mahalaleel furent de huit cent quatre-vingt-quinze ans; puis il mourut. 18 Jéred, âgé de cent soixante-deux ans, engendra Hénoch. 19 Jéred vécut, après la naissance d'Hénoch, huit cents ans; et il engendra des fils et des filles. 20 Tous les jours de Jéred furent de neuf cent soixante-deux ans; puis il mourut.

Versets 6-20. Hormis **« Seth »** et **« Énosh »**, qui ont été introduits dans le récit en *Genèse 4.25-26*, on en sait fort peu sur les descendants d'Adam, tels que **« Kénan »** *(5.9)*, **«Mahalaleel »** *(5.12)* ; ou « Mahalélel », et **« Jéred »** *(5.15)*. Ces individus n'apparaissent qu'à deux autres endroits dans les Écritures, dans la généalogie inaugurale présentée en *1Chroniques 1.1-2* et dans la généalogie de Jésus en *Luc 3.37-38*. Une autre personne nommée «Mahalaleel » est citée en *Néhémie 11.4* et un autre « Jared » ou « Jered » apparaît en *1Chroniques 4.18*. Malgré leur longue vie, tous ces gens sont morts. Ils ont vraiment vécu jusqu'à cet âge avancé, mais le nombre de leurs années montre qu'ils n'ont pas obtenu ce que Dieu avait de meilleur en vue pour eux, en *Hébreux 11.13*. **«Puis il mourut »** est répété comme un refrain lugubre. La désobéissance d'Adam a empêché les êtres humains d'atteindre leur véritable durée de vie, que Dieu avait certainement prévue au départ. La mort règne, malgré la bénédiction de Dieu. Sous la forme de nombreuses générations successives, la mort détient dans notre texte le dernier mot, à moins que ce ne soit justement la vie qui ait le dernier mot au travers de l'engendrement. Comme certains de ceux qui sont mentionnés dans la lignée de Caïn, ces descendants de Seth ne sont que des maillons de la chaîne ; cependant, ils sont importants du fait que ces personnes ont fait avancer le plan de Dieu pour que vienne au monde Abraham et, pour finir, le Fils, plus grand encore qu'Abraham, Jésus, par qui le monde entier allait être béni, selon *Genèse 12.3.*

Lignée de Hénoch à Noé *(5.21-32)*

D'Hénoch à Mathusalem *(5.21-24)*

21 Hénoch, âgé de soixante-cinq ans, engendra Metushélah. 22 Hénoch, après la naissance de Metushélah, marcha avec Dieu trois cents ans; et il engendra des fils et des filles. 23 Tous les jours d'Hénoch furent de trois cent soixante-cinq ans. 24 Hénoch marcha avec Dieu; puis il ne fut plus, parce que Dieu le prit.

Versets 21-22. « **Hénoch** », en hébreu henok, arrive en septième position dans cette lignée de Seth, ce qui confère l'idée qu'il revêtait une importance unique dans le plan de Dieu. Dans le Nouveau Testament en *Jude 14*, il est désigné sous le nom de « *septième patriarche depuis Adam* ». Hénoch est l'unique patriarche dont on a rapporté qu'il n'est pas mort. Une raison en est peut-être qu' ***«après la naissance de Metushélah, il marcha avec Dieu »***. À la différence d'autres descendants de Seth, qui n'ont peut-être envisagé la naissance d'un enfant que comme le résultat naturel d'un acte humain de procréation, le texte semble indiquer qu'Hénoch a perçu que la main de Dieu, qui donne la vie, l'avait béni lui et son épouse au moyen de ce fils nouveau-né. Peut-être est-ce pourquoi il *« marcha avec Dieu ».* Il se peut qu'il ait soudain compris l'importance d'une relation spirituelle dans sa vie, comme c'est le cas pour beaucoup de parents à la naissance de leurs enfants, par reconnaissance envers Dieu ou parce qu'ils ressentent la nécessité de donner l'exemple à leurs enfants à cet égard. Quoi qu'il en soit, la déclaration la plus importante est qu'Hénoch a commencé une vie de pèlerinage en marchant avec Dieu. L'expression *« marcha avec Dieu »* est d'une nature générale, et sa signification précise est peu claire. Cette terminologie hébraïque se retrouve ailleurs dans les Écritures, par exemple en référence à Noé, dont il est aussi dit qu'il *« marchait avec Dieu » (Genèse 6.9),* ou dans d'autres textes semblables. En *(Malachie 2.6),* l'Éternel a révélé ses attentes à l'endroit des prêtres. Au sujet de Lévi, Dieu dit qu'*« il a marché avec lui dans la paix et la droiture ».* Il est également écrit qu'Abraham et Isaac ont marché *« devant Dieu »*[140]. La marche pendant **« trois cents ans »** indique que la relation d'Hénoch avec Dieu n'était pas statique mais active, et lui permettait de progresser dans la foi et la connaissance de Dieu.

---

140 Genèse 17.1 ; 24.40 ; 48.15

Dans ce contexte, Noé est décrit en tant qu'« *homme juste et intègre dans son temps* ». Être intègre, cependant, ne signifie pas que Noé était sans péché, car « *tous ont péché et sont privés de la gloire de Dieu* » selon *Romains 3.23*. Néanmoins, il s'avère qu'Hénoch et Noé étaient des hommes de foi qui « *marchaient humblement* » avec Dieu [141]. Hénoch, Noé, et d'autres qui ont «*marché avec Dieu* », qui ont consacré leur cœur à l'Éternel et cherché à lui plaire, doivent avoir joui d'une relation étroite et personnelle d'adoration et de communion avec Lui dans leurs vies quotidiennes respectives.

Verset 23. La vie d'Hénoch fut d'une durée totale de **« *trois cent soixante-cinq ans* »**. Les années de sa vie correspondent au nombre de jours d'une année solaire. Certains ont donc interprété la durée de vie d'Hénoch comme symbolisant une existence caractérisée par la plénitude. Quoique Hénoch ait vécu moins d'années sur terre que la moitié de ses contemporains, il a vécu sa vie pleinement dans l'intimité avec Dieu. Hénoch nous montre ainsi que bien vivre avec Dieu vaut mieux que vivre longtemps.

---

141 Hébreux 11.5-7 ; Michée 6.8 ; Matthieu 23.23

Verset 24. Le texte réitère le fait qu'« ***Hénoch marcha avec Dieu*** » *(5.22)* pour souligner son attachement à Dieu. L'affirmation selon laquelle « ***il ne fut plus***», en hébreu *'eynennou,* est parfois employée dans l'Ancien Testament comme un euphémisme pour désigner la mort [142]. Le commentateur juif médiéval Rachi a soutenu que Dieu avait fait mourir Hénoch prématurément afin de le garder du péché. Cependant, cette interprétation n'est pas recevable, car cette expression se distingue de l'expression habituelle *« puis il mourut »*, typique du récit biographique de tous les autres hommes énumérés au chapitre 5, d'Adam à Noé. Hénoch est dépeint comme le seul personnage de cette période qui n'a pas partagé le destin d'Adam : *« ... tu mourras » de Genèse 2.17.* La relation qu'Hénoch avait avec Dieu était évidemment d'une nature si étroite que l'Éternel a suspendu cette sentence de mort à son endroit et **« *l'enleva* »** simplement, afin de l'emporter en sa présence. C'est ainsi que l'a compris l'auteur de la lettre aux *Hébreux 11.5* : *« C'est par la foi qu'Hénoch fut enlevé, de sorte qu'il ne vit pas la mort ; et on ne le trouva plus, parce que Dieu l'avait enlevé. Car*

---

142 Job 7.21 ; 8.22 ; Psaumes 39.14 ; 103.16

avant son enlèvement, il a reçu le témoignage qu'il plaisait à Dieu ».

Puisque *Genèse 5* mentionne beaucoup d'hommes qui ont eu une longue vie avant le déluge, l'histoire d'Hénoch a été probablement insérée ici pour attirer l'attention sur une bénédiction plus grande encore. L'expérience humaine la plus importante n'est pas la durée de la vie physique sur terre, mais la qualité de la vie spirituelle qui conduit à la présence éternelle de Dieu.

La seule autre personne transportée dans les cieux dans son corps, sans connaître la mort, fut le prophète Élie selon *2 Rois 2.1, 11*. Dieu a écarté la sentence de mort dans ces deux cas, probablement afin qu'ils préfigurent le moment où la « *mort serait engloutie dans la victoire* » par Jésus-Christ, d'après *1 Corinthiens 15.54*. Ces deux personnages peuvent aussi préfigurer le sort des croyants vivant à la dernière génération, qui accueilleront le Christ à son retour et seront enlevés avec Lui dans son Royaume sans passer par la mort, selon *1Thessaloniciens 4.17*.

De Metushélah à Lémec *(5.25-27)*

25 Metushélah, âgé de cent quatre-vingt-sept ans, engendra Lémec. 26 Metushélah vécut, après la naissance de Lémec, sept cent quatre-vingt-deux ans; et il engendra des fils et des filles. 27 Tous les jours de Metushélah furent de neuf cent soixante-neuf ans; puis il mourut.

Versets 25-27. Le fait le plus marquant concernant « *Metushélah* » est qu'il a vécu plus longtemps qu'aucun autre être humain connu : « *neuf cent soixante-neuf ans* ». Pourquoi a-t-il vécu plus longtemps, tandis que la vie de son père a été la plus courte qui soit recensée à son époque ? Cela ne nous est pas expliqué. La signification du nom *«Metushélah»* est contestée, certains plaidant pour un rapprochement avec le nom du dieu cananéen des enfers ; il semblerait qu'il signifie simplement *«l'homme du javelot»*. L'auteur biblique, en mettant en contraste le dénouement de leurs existences respectives, a souligné que le père *Hénoch*, après une vie courte par rapport aux autres vies décrites en *Genèse 5*, a été enlevé pour être avec Dieu, tandis que le fils *«Metushélah»* a vécu plus longtemps que nul autre dans la généalogie ; peut-être parce que Dieu lui a permis ainsi de témoigner longtemps de l'exemple de vie et de la bénédiction de son père dont il avait lui-même bénéficié, mais il a finalement été rattrapé par la mort.

De Lémec à Noé *(5.28-32)*

28 Lémec, âgé de cent quatre-vingt-deux ans, engendra un fils. 29 Il lui donna le nom de Noé, en disant: Celui-ci nous consolera de nos fatigues et du travail pénible de nos mains, provenant de cette terre que l'Éternel a maudite. 30 Lémec vécut, après la naissance de Noé, cinq cent quatre-vingt-quinze ans; et il engendra des fils et des filles. 31 Tous les jours de Lémec furent de sept cent soixante-dix-sept ans; puis il mourut. 32 Noé, âgé de cinq cents ans, engendra Sem, Cham et Japhet.

Versets 28-29. Ce verset nous présente un autre « *Lémec* ». Bien qu'il eût le même nom qu'un descendant de Caïn, en *Genèse 4.18-24*, c'était quelqu'un de bien différent. Le premier Lémec était rempli de la soif de vengeance et s'est complu dans le meurtre, tandis que celui-ci nourrissait l'espoir d'un avenir meilleur pour l'humanité. En fait, Lémec est le seul père en *Genèse 5* qui donne la signification du nom de son fils : « *Il lui donna le nom de Noé, en disant: Celui-ci nous consolera de nos fatigues et du* *travail pénible de nos mains, provenant de cette terre que l'Éternel a maudite. ».* L'étymologie du nom « *Noé* » nommé en hébreu *Noah* est incertaine. Dans ce *verset 29*, il semble être employé comme un jeu de mots avec le verbe *naham*, que la Bible à la Colombe traduit par « *consoler* ». Ce terme désigne littéralement l'acte de « *réconforter* » (Bible TOB) ou de « *soulager* » (Bible Annotée de Neuchâtel). Cependant, « *Noé* » est peut-être plus directement lié au verbe *nouah*, qui signifie «*se reposer* » et présente une nuance de victoire et de salut. Il pourrait s'agir ici d'un exemple de termes parmi d'autres, utilisés poétiquement pour leurs sonorités proches quoiqu'ils proviennent de racines différentes. La manière dont « *Lémec* » a parlé de « *Noé* » en tant que celui qui les « *consolera de la peine que nous causent nos durs travaux manuels sur le sol que l'Éternel a maudit* » pourrait signifier que le père a vu son fils comme un type du deuxième Adam qu'est Christ[143]. Peut-être espérait-il qu'il serait la postérité promise à la femme en *Genèse 3.15,* qui renverserait, d'une manière ou d'une autre, la malédiction proférée sur **«** *le sol* **»** et apporterait le soulagement à ceux qui devaient travailler si dur

---

[143] *1 Corinthiens 15.45*

pour que le sol produise des aliments. Quelle que fût son idée quant à ce que ferait Dieu en faveur de l'homme, il n'a certainement pas prévu que l'humanité prendrait un nouveau départ sur cette terre, qui viendrait seulement par la destruction d'une génération inique et violente au moyen du Déluge, laissant Noé et sa famille comme seuls survivants.

Versets 30-31. « *Lémec* » vécut « ***sept cent soixante-dix- sept ans; puis il mourut*** ». Du fait que des multiples de « *sept* » sont employés pour décrire son âge, cela incite le lecteur à envisager le père de Noé comme ayant joui d'une existence bien remplie symbolisée par l'utilisation du chiffre parfait « *sept* ». Cependant, rien dans le texte ne nous donne une raison de penser qu'il ait mené une vie aussi parfaite. Au contraire, il mentionne les « *fatigues* » et *le « travail pénible »* engendrés par ses travaux manuels difficiles et la lutte que sa génération et lui-même doivent mener *(5.29)*. En outre, ***«Lémec vécut, après la naissance de Noé, cinq cent quatre-vingt-quinze ans; et il engendra des fils et des filles* »**. Il a certainement eu beaucoup de petits-enfants et d'arrière-petits-enfants pendant cette longue période. Puisque la chronologie de la vie de Lémec s'étend jusqu'à cinq ans avant le déluge[144], il a dû se rendre compte que les descendants de ses autres « *fils et [...] filles* » anonymes faisaient partie d'une génération mauvaise. Il a pu entendre la prédication de son fils Noé tandis que l'arche était en construction[145]. Noé, «*prédicateur de la justice* » selon *2 Pierre 2.5*, a appelé en vain les gens de son temps par son message. Cela a dû causer de grandes souffrances et inquiétudes dans le cœur de Lémec.

Verset 32 : En outre, quoique Noé ait eu trois fils mariés avant le déluge **« Sem, Cham et Japhet »**, aucune référence n'est faite à une autre postérité qui serait née du vivant de Lémec. Selon *(Genèse 10.1)*, les petits-fils de Noé n'étaient pas nés avant le déluge. Par conséquent, Lémec a dû éprouver un sentiment de consternation et d'anéantissement en se demandant si sa lignée allait s'éteindre sans aucune espèce de postérité ou d'avenir. Par ailleurs, puisque Lémec avait vécu jusqu'à une période précédant de peu le déluge, il lui a sans aucun doute fallu, pendant toutes les années où ses forces déclinaient, endurer le déferlement d'anarchie et de

---

144 *Genèse 5.30-32 ; 7.6,*
145 *Hébreux 11.7 ; 1 Pierre 3.20.*

violence qui ravageait le monde. Rien de cela ne s'accorde avec la vie de plénitude que pourraient symboliser les multiples du chiffre « *sept* ». Si ce nombre avait souvent une portée symbolique dans les généalogies bibliques, comme nous l'avons vu plus haut dans ce chapitre, il ne semble pas que cela ait été le cas concernant la durée de vie de Lémec.

LE GRAND DÉLUGE
(Genèse 6)

Les fils de Dieu et les filles des hommes *(6.1-4)*

1 Lorsque les hommes eurent commencé à se multiplier sur la face de la terre, et que des filles leur furent nées, 2 les fils de Dieu virent que les filles des hommes étaient belles, et ils en prirent pour femmes parmi toutes celles qu'ils choisirent. 3 Alors l'Éternel dit: Mon esprit ne restera pas à toujours dans l'homme, car l'homme n'est que chair, et ses jours seront de cent vingt ans. 4 Les géants étaient sur la terre en ces temps-là, après que les fils de Dieu furent venus vers les filles des hommes, et qu'elles leur eurent donné des enfants: ce sont ces héros qui furent fameux dans l'antiquité.

Versets 1-2. Le chapitre commence par énoncer que, les hommes ayant commencé à se multiplier sur la terre, eurent des filles. Lorsque ces filles ont grandi, **« les fils de Dieu virent que les filles des hommes étaient belles »**. Par conséquent, ils les ont prises comme femmes, sans aucune précision. De qui l'auteur parle-t-il lorsqu'il fait mention des *« fils de Dieu »* ? Cette phrase est expliquée de trois manières différentes au moins. Selon la première, l'auteur parle d'êtres célestes, angéliques comme dans *Job 1.6 ; 2.1.* Telle était l'idée du rédacteur juif de 1 Hénoc, une œuvre apocryphe du début du deuxième siècle av. J.-C. Il y est écrit que ces êtres divins sont descendus sur la terre sous la forme d'hommes et se sont accouplés avec *« les filles des hommes »*, donnant ainsi naissance à ***« des géants »***, en hébreu *Néphilim.* C'est cette idée qui est la plus répandue aujourd'hui. Souvent, *2 Pierre 2.4-5* et *Jude 6* sont cités à l'appui de la thèse que *« les fils de Dieu »* sont des êtres divins qui ont péché, assimilant ainsi le péché à l'acte sexuel. Ces passages mentionnent le péché et la chute des anges, précipités dans des *« abîmes de ténèbres où ils sont retenus en vue du jugement »* ; ils se réfèrent probablement au péché et à la chute de Satan et de ses anges, avant la chute de l'homme dans *Genèse 3* comme le rapporte *Apocalypse 12.7-9.* Par exemple, tandis que le texte hébraïque traduit littéralement *« les fils de Dieu »*, une traduction anglaise parle plutôt d'*«êtres divins »* ou anges. Les théologiens libéraux interprètent ce court récit comme le condensé d'un mythe bien connu et beaucoup plus long. Il rend compte en tout cas d'une violation de la frontière très importante entre le divin et l'humain.

Mais pareille vision ne saurait être retenue en raison des déclarations de Jésus en *Matthieu 22.30*. Il a déclaré qu'à la résurrection, les êtres humains seraient tels des anges, êtres divins : *« les hommes ne prendront pas de femmes, ni les femmes de maris* [146] *»* pour suggérer que les préoccupations sexuelles n'effleureront plus les ressuscités. Ce sont donc des personnes et non des anges qui *« se mariaient et mariaient leurs enfants, jusqu'au jour où Noé entra dans l'arche »* d'après *Matthieu 24.38*. Seul Dieu est immortel selon *1 Timothée 6.16* ! Les anges sont des créatures de Dieu qui tiennent leur vie éternelle de leur relation étroite avec leur créateur. Les anges déchus comme les hommes rebelles à Dieu sont promis à la damnation : il n'y a pas de salut possible pour eux, leur séparation de Dieu est totale et sera éternelle.

Le déluge était un jugement que Dieu avait envoyé sur la terre à cause du péché. Il ne s'agissait pas des péchés des anges, mais de la *«méchanceté »* des *« hommes puissants »* qui sont appelés **«** *héros qui furent fameux dans l'antiquité* **»** aux *versets 4-5*. La colère, ou l'indignation, de Dieu manifestée à travers le déluge n'était pas dirigée contre des anges

---

146 Luc 20.35-36

ni contre des enfants moitié-anges moitié-hommes. Dieu a simplement décidé de « *rayer*» les hommes de la surface de la terre, selon *Genèse 6.7,* parce qu'ils étaient coupables. Le texte de Genèse et l'enseignement de Jésus ignorent l'union entre des êtres divins et des êtres humains, et l'existence d'une descendance hybride qui aurait été la principale cause du déluge.

Une deuxième interprétation de l'expression « *les fils de Dieu* » veut qu'ils aient été des hommes « puissants », voire des « dirigeants » (Targum Onkelos du IIème siècle) pour qui « *les filles des hommes étaient belles* » et ont été prises dans leurs harems. Les chercheurs rabbiniques préfèrent cette interprétation aux spéculations précédentes. L'idée selon laquelle les êtres divins peuvent venir sur terre copuler avec des humaines reflétait trop la pensée païenne pour que les rabbins de l'antiquité la jugent recevable. Les dirigeants, les juges suprêmes de l'ancienne ère, sont de façon métaphorique appelés des « *dieux* » dans le *Psaume 82.* Ils jouissent d'un grand pouvoir auprès de leurs citoyens, en qualité de membres de la plus haute cour d'appel. Ils peuvent être considérés comme « *les fils du Très-Haut* » dans le *Psaume 82.6*. On faisait souvent référence aux rois

Davidiques en les nommant fils de Dieu[147], mais ils n'étaient certainement pas des dieux ou des êtres divins. Alors qu'ils étaient en position d'autorité, ils ont été inculpés pour avoir jugé *« avec injustice »* et *« favorisé les méchants »* dans le *Psaumes 82.2*. Ils ont été réprimandés pour n'avoir pas *« fait droit au faible et à l'orphelin»* et *« rendu justice au malheureux et à l'indigent »* au *Psaumes 82.3*. Par ailleurs, ils ont été avertis que s'ils n'écoutaient pas ces conseils, ils « mourraient comme les humains »au *Psaumes 82.7*. Mais nulle part dans le texte de la Genèse *« les fils de Dieu »* ne sont considérés comme des dirigeants, dieux ou êtres angéliques, ayant obligé *« les filles des hommes »* à les épouser ou à faire partie de leur harem. Comprendre le *Psaumes 82* dans le contexte d'avant le Déluge de notre texte *(6.2)* nous en donne une interprétation un peu trop recherchée.

La troisième interprétation, la plus probable, de l'expression *« les fils de Dieu »* est qu'ils étaient des descendants de Seth, inclus dans la généalogie dressée en *Genèse 5*. En effet, le chapitre 6 avec le récit du déluge se situe après les deux généalogies opposées des descendants d'Adam : celle de Caïn,

---

[147] *2 Samuel 7.14* ; *Psaumes 2.6, 7, 12*

qui a choisi de vivre loin de Dieu selon *Genèse 4.16*, et celle de Seth qui, avec Hénoch, a commencé à adorer l'Éternel dans *Genèse 4.26*. Au moment du déluge, ces deux descendances cohabitent mais ne se ressemblent pas. La lignée de Caïn représente les hommes sans Dieu qui vivent dans la méchanceté et le mal, en *Genèse 6.5*. Les descendants de Seth qui honorent Dieu, sont reconnus comme ses fils en *Genèse 6.2*. Il semble que ces hommes aient été justes et pieux, étant issus de la lignée d'Hénoch, qui leur avait laissé un exemple de fidélité en marchant avec Dieu selon *Genèse 5.24*. Dans les deux Testaments, le peuple de Dieu est appelé « *les fils de Dieu* ». Ceci s'applique à « *Adam* » en *Luc 3.38*, à « *Israël* »[148], et aux chrétiens en *Galates 3.26 ; 4.5*.

    Malheureusement comme Adam, « *le fils de Dieu* » qui a péché parce le fruit interdit avait l'air « *bon* », « *joli* » ou « *désirable* » en hébreu *tov* dans *Genèse 3.6*, plusieurs de ses descendants ont succombé à la même tentation. « *Les fils de Dieu* », descendants de Seth, ont péché gravement, étant attirés par « *les filles des hommes* ». Il se pourrait que ces « *filles* » aient été les descendantes de Caïn. « *Les fils de Dieu* » les ont trouvées «*belles* », *tov*, « *bonnes*

---

148 *Exode 4.22, 23 ; Ésaïe 1.2, 4 ; Jérémie 3.14, 22 ; Osée 11.1*

» ou « désirables », et ils les ont prises comme épouses, autant qu'ils en voulaient. Le problème n'était pas que ces femmes soient belles, mais que la beauté semble avoir été leur seul attrait. Elles manquaient de connaissance spirituelle, n'étant que des femmes mondaines et matérialistes, telles celles décrites en *Ésaïe 3.16-4.1 ; Amos 4.1-4*. De même *« les fils de Dieu »* étaient clairement les premiers hommes à se marier pour de mauvaises raisons. Ils ne se souciaient pas de la spiritualité d'une femme ni de son caractère. Au contraire, ce qui prévalait selon eux était la beauté extérieure des femmes et le prestige, le pouvoir et la réputation qu'ils espéraient obtenir en épousant des femmes attrayantes *(6.4)*. C'est tout cela qui les a entraînés à rejeter la monogamie, plan originel de Dieu, à faire plus que Lémec et ses deux femmes, en prenant officiellement, plusieurs *« femmes parmi toutes celles qu'ils choisirent »*.

Verset 3. Ce verset présente également un nombre de défis pour lesquels diverses solutions ont été avancées. Cependant, la portée de cette étude ne permet de faire que quelques commentaires. Au début du verset, Dieu déclare **« Mon esprit ne restera pas à toujours dans l'homme, car l'homme**

n'est que chair, et ses jours seront de cent vingt ans ». Que signifie « *Mon Esprit* » ? Le fait que « *Esprit* » *rouah,* soit en lettre majuscule dans certaines versions [149] suggère qu'il s'agit de la présence personnelle de Dieu comme c'est le cas dans *Genèse 1.2*, où l'« *Esprit de Dieu* » se mouvait au-dessus des eaux. Étant donné qu'en hébreu il n'existe pas de lettre majuscule, d'autres traductions (TOB, Segond 1910) rendent le mot *rouah* par « *esprit »,* sans lettre majuscule, pour désigner le souffle vivifiant de Dieu. Le terme *rouah* apparaît encore dans les passages de *Genèse 6.17 ; 7.15*, où certaines versions traduisent « *souffle de vie* ». Ce souffle divin est essentiel pour toute vie, qu'elle soit humaine ou animale. Le contexte dans lequel est écrit chacun des trois passages est celui du déluge. Par conséquent, le retrait de l'« *Esprit* » est probablement équivalent au retrait par Dieu de son souffle de vie ou de son «*esprit* ». Ainsi la vie serait ôtée à chaque homme dans le monde sauf à ceux qui étaient dans l'arche.

Le problème suivant est lié à la traduction du terme hébreu *yadon* par « *restera avec* ». Ce terme intervient une seule fois dans l'Ancien Testament et

---

149 *Bible Français Courant ; Nouvelle Bible Segond ; Colombe ; Parole de Vie*

son étymologie est incertaine. La Bible en Français Courant donne un sens similaire par son emploi du terme *« laisser »*. L'idée de rester avec ou de laisser suggère que Dieu était constamment en pourparlers avec l'homme, s'efforçant de le convaincre de renoncer au péché et de retourner vers son maître. C'est ainsi qu'il a agi envers Caïn et ses descendants en *Genèse 4.1-24.* Alors que cette interprétation de *yadon* est possible, le verbe *« demeurer en »* est considéré comme une alternative à sa traduction.

Par ailleurs, lorsque Dieu a parlé de l'« *homme »* '*adam*, il ne faisait pas allusion aux individus qui viendraient au monde au cours des innombrables générations à venir. Il parlait de toute l'humanité, femmes y compris, qui vivaient à cette époque-là. La raison pour laquelle le souffle de vie de Dieu ne restera pas dans l'homme *« toujours »* est qu'« il est aussi *fait de chair*». Le terme hébreu pour *« chair » bassar*, peut revêtir plusieurs sens distincts et doit s'interpréter en fonction du contexte. À cet égard, ce terme hébreu *bassar* est semblable à son homologue grec *sarx* dans le Nouveau Testament. Il est traduit par *« êtres mortels »* dans la Bible Français Courant. La logique de cette traduction est pourtant douteuse. En effet, comment la mortalité d'un homme serait-elle la raison pour laquelle l'esprit de

Dieu cesse de demeurer en lui ? Car ce sont bien l'infidélité spirituelle et morale des contemporains de Noé qui suscite le mécontentement divin (ch 2 et 3). Aussi certaines traductions proposent-elles « *corruption* » comme traduction alternative au terme *bassar*, ce qui donne un meilleur rendu que le terme « mortel ».

Tous ces événements se sont au contraire produits parce que le genre humain est moralement et spirituellement « *faible* » ainsi que « *pécheur* », et enclin au péché, comme l'apôtre Paul l'affirmera : « *Dans ma chair (ou ma faiblesse humaine), je suis esclave du péché* » ou bien « *Ceux qui sont sous l'emprise de la chair (leur nature humaine) ne peuvent pas plaire à Dieu*[150] ». Tel est probablement le sens de *bassar*, dans le contexte du présent passage de *Genèse 6.5* : « *...la méchanceté de l'homme était grande sur la terre...* ».

Dans le reste du verset 3, il est écrit : **« *et ses jours seront de cent vingt ans.* »**. Pour certains, Dieu a réduit la durée de vie de l'homme parce que celui-ci était enclin au péché et à la méchanceté. Dieu a-t-il décidé qu'après le déluge, il limiterait la longévité de l'homme à environ 120 ans au lieu des 900 ans

---

150 Romains 7.25 ; Romains 8.8

qu'elle atteignait à l'ère antédiluvienne au chapitre 5 ? Ce point de vue est plausible dans le contexte immédiat du texte aux *versets 5-7* et de la destruction du monde. Peut-être Dieu n'admettait pas que des individus mauvais dans leurs moindres pensées et leurs moindres actes demeurent en vie et continuent à contaminer le monde aussi longtemps d'après *Genèse 6.5.*

Ce point de vue est plus facile à étayer parce qu'il correspond mieux au contexte global de la durée de vie des hommes après le déluge. D'autres ont vécu plus longtemps que la limite de 120 ans. Noé par exemple, avait 600 ans lorsque le déluge s'est abattu sur la terre selon *Genèse 7.6* et il a vécu jusqu'à 950 ans d'après *Genèse 9.29.* Abraham, Isaac et Jacob ont vécu respectivement 175 ans, 180 ans et 147 ans[151]. Joseph a vécu 110 ans selon *Genèse 50.26*, Moïse était encore solide lorsqu'il est mort à 120 ans, en *Deutéronome 34.7* et Josué est mort à l'âge de 110 ans dans *Josué 24.29.* Dans le dernier groupe, seul Aaron a vécu plus de 120 ans selon *Nombres 33.39*, s'éteignant à l'âge de 123 ans. Ceci ne veut pas dire que la longévité maximale ordinaire a été de 120 ans après Noé. Mais cette disposition ne

---

[151] *Genèse 25.7 ; Genèse 35.28 ; Genèse 47.28*

sera appliquée que progressivement, à quelques exceptions près.

Une deuxième thèse est que les 120 ans représenteraient une période de grâce précédant le déluge pendant laquelle Noé : « *prédicateur de la justice* » d'après *2 Pierre 2.5*, aurait le temps de prévenir l'humanité du jugement imminent de Dieu, l'objectif étant de l'amener à la repentance d'après *1 Pierre 3.19-20*. Un écrit juif ancien interprète cette déclaration comme une période de probation : « Je leur laisserai un délai [ou une période] de 120 ans, afin qu'ils se repentent » (Targum de Onkelos). En outre, ce délai était nécessaire pour que la famille de Noé ait le temps de bâtir l'arche dont les dimensions devaient être colossales, en *Genèse 7.6-7*.

Verset 4. Les Nephilim, qui étaient sur la terre à l'époque, posent un autre problème d'interprétation. Un grand nombre de traductions, de la BFC à la Segond 21 en passant par la Bible à la Colombe et la TOB, rendent le terme hébreu *nefilim* par « *géants* ». L'explication s'en trouve dans la Septante, dans laquelle il est écrit « géants », ici et dans *Nombres 13.33*, le seul autre passage où se trouve le terme *nefilim*. Le mot hébreu a une origine incertaine ; mais il est peut-être lié au verbe *nafal*, qui signifie « *tomber* ». Dans ce cas, il pourrait signifier littéralement « *les déchus* » et non les « *géants* ». Pourquoi les Nephilim sont-ils souvent considérés comme des géants de nos jours ? Ce rapport vient de la description que font les Israélites des habitants de Canaan en Nombres 13.32-33. Ces termes dénotent certainement une exagération car il est écrit que « *toutes les personnes* » qu'ils virent dans le territoire étaient de « *grande taille* ». Les dix espions, effrayés et incrédules, ont apparemment exagéré la différence de taille entre les habitants de Canaan et eux-mêmes. « *Nous y avons vu les géants, enfants d'Anak, de la race des géants : nous étions à nos yeux et aux leurs comme des sauterelles* » ḥagabim ; c'est une figure de style, qui consiste à diminuer les dimensions d'une chose pour exagérer la taille ou l'importance d'une autre. Si la description des Cananéens par les Israélites était peut-être exagérée, ceci ne contredit pas qu'il y ait un lien entre le terme « Nephilim » et « une grande taille ». *Nombres 13.33* établit le lien entre « *les Anaquites* » et « *les Nephilim* »[152]. D'autres passages[153] indiquent

---

[152] *Le terme hébreu 'anaq signifiait à l'origine « cou » ou « collier » et progressivement Anaquites est devenu le nom d'une tribu, signifiant peut-être «long cou (=géant) »*
153 *Deutéronome 1.28 ; 2.10-11, 20-21 ; 9.2*

que les Anaquites, de même que les Réphaïm, étaient de grande taille. Au moment de la conquête, le roi Og était le dernier des Réphaïm à Basham ; il était connu pour son grand lit en fer, en *Deutéronome 3.11.* Les Anaquites ont vécu à proximité de Hébron, à plus de trente kilomètres de Jérusalem. Ils ont été soumis par Caleb et la tribu de Juda[154].

Plus tard, à l'époque de la monarchie israélite, David s'est confronté à un géant philistin nommé Goliath, en *1 Samuel 17.4-7, 41.* Quelques autres géants apparaissent également au fil du récit des années suivantes[155]. Si les Nephilim étaient peut-être des géants au sens physique du terme, le texte précise un détail plus important, d'ordre spirituel : ils étaient, comme l'ensemble de cette génération, atrocement empreints de péché. Comme leur nom l'indiquait, ils se comportaient à la manière des « *anges déchus*» ; c'étaient des dégénérés dont la pratique du péché gangrenait l'existence. La mention des Nephilim sert apparemment à désigner une période bien connue. C'est à ce moment-là que les fils de Dieu se sont approchés des filles des

---

154 *Josué 14.13-15 ; 15.13-14 ; Juges 1.20*
155 *2 Samuel 21.16, 18, 20, 22 ; 1 Chroniques 20.4, 6, 8.*

hommes et ont eu des enfants selon *Genèse 6.2,4*. Selon la plupart des versions[156], le verset 4 fait des Nephilim la descendance de ces unions.

Dans le verset 4, **« *les géants étaient sur la terre en ces temps-là, après que les fils de Dieu furent venus vers les filles des hommes, et qu'elles leur eurent donné des enfants* » :** le segment de phrase *«en ces temps-là »* peut s'interpréter de deux manières. Il pourrait signifier que les Nephilim ont existé une longue période durant, peut-être même jusqu'à ce que Dieu envoie le déluge sur la terre.
Une autre interprétation veut que ce segment de phrase indique l'existence des Nephilim non seulement avant le déluge mais également après, dans *Nombres 13.33.* Si ce dernier point de vue est plausible, il serait inapproprié de conclure que les Nephilim postdiluviens descendaient des Nephilim antédiluviens, car à l'exception de la famille de Noé, tous les habitants de la planète avaient péri dans le déluge.

Le verset 4 conclut par : ce sont là **«** *ces héros qui furent fameux dans l'antiquité.* **».** À qui la tournure **«** *étaient sur la terre en ces temps-là* **»** fait-

---

156 Fabre d'Olivet, Chouraqui, Zadoc Kahn, PDV, Bible à la Colombe, etc.

elle allusion ? Les possibilités sont au nombre de trois : les *« géants »*, *« les fils de Dieu »* et *« les enfants ».* Il est plus probable que la description portait sur les Nephilim au début du verset. Le terme *« ces héros qui furent fameux »*, *guiborim,* est spécifiquement employé en français pour évoquer des guerriers, en tant qu'*« hommes puissants »*[157]. Les *« héros »* du verset 4 étaient très différents des guerriers qui ont combattu pour David et son royaume, car ceux dont il est question ici semblent faire allusion aux héros d'autrefois d'un lointain très éloigné, connus comme *« fameux »*, littéralement *« hommes de nom »* *'aneshy hashem.* C'étaient des hommes forts, très réputés pour leurs exploits surhumains. Ces « héros » remarquables par leur taille, bénéficiaient peut-être de la stature élevée que leurs pères, *« les fils de Dieu »*, avaient acquise par une vie en relation avec Dieu. Le texte suggérerait ainsi que les bénédictions reçues de Dieu par les pères ont des effets prolongés sur les enfants, malgré leur séparation d'avec Dieu, mais elles disparaîtraient avec l'augmentation de la méchanceté. Ou bien cette allusion aux héros de l'antiquité mettrait l'accent sur l'importance que les hommes accordent

---

157 2 Samuel 10.7 ; 16.6 ; 20.7 ; 23.8-39

à l'apparence physique et aux exploits glorieux, qui sont toujours objets d'admiration et même d'idolâtrie, lorsque Dieu est oublié ou ignoré .

La méchanceté de l'homme et le jugement de Dieu (6.5-7)

5 L'Éternel vit que la méchanceté des hommes était grande sur la terre, et que toutes les pensées de leur cœur se portaient chaque jour uniquement vers le mal. 6 L'Éternel se repentit d'avoir fait l'homme sur la terre, et il fut affligé en son cœur. 7 Et l'Éternel dit : J'exterminerai de la face de la terre l'homme que j'ai créé, depuis l'homme jusqu'au bétail, aux reptiles, et aux oiseaux du ciel ; car je me repens de les avoir faits.

Verset 5. Les expressions telles que **« L'Éternel vit »** se retrouvent dans divers passages afin de révéler l'intérêt de Dieu et son intervention dans les affaires humaines[158]. Ces termes rappellent la déclaration de l'Éternel en *Genèse 1.31* : « Dieu vit tout ce qu'il avait fait et voici : c'était très bon». Cependant, le contraste ne pouvait pas être plus grand. Au lieu de jeter un regard approbateur, il constatait alors **« que**

---

158 Genèse 29.31 ; Exode 2.25 ; 3.4 ; 4.31

la méchanceté des hommes était grande sur la terre».

Ce comportement n'était pas une aberration soudaine ou momentanée de la part de l'homme. Il s'agissait d'une pratique de longue haleine et continue, comme l'indique l'auteur dans ses propos suivants *« que toutes les pensées de leur cœur se portaient chaque jour uniquement vers le mal »*. Un tel péché était planifié, délibéré et habituel. Dès son réveil, l'homme médite le mal dans son cœur, jusqu'à ce qu'il le consume et l'emporte avec lui. L'auteur a établi un lien entre la cause du déluge et l'histoire de la chute de l'homme dans Genèse 3. Dans le jardin d'Éden, Adam et Ève désiraient la connaissance *« du bien et du mal »* selon Genèse 3.5, 22. Leur nouvelle connaissance ne s'est pas avérée être une bénédiction mais une tragédie tant pour eux que pour leur postérité. La propension de l'homme à concevoir de nouvelles méthodes de faire le mal a presque détruit son désir de faire le bien.

Verset 6. La réaction divine à la méchanceté généralisée suit : *« L'Éternel se repentit d'avoir fait l'homme sur la terre, et il fut affligé en son cœur »*. Ce verset a troublé certains à cause de la traduction retenue dans la plupart des versions, « et l'Éternel se *repentit »*. Bien sûr, dans d'autres passages, la Bible déclare qu'il est impossible pour Dieu de pécher et de mentir. Par conséquent, il n'a nul besoin de repentance. Dans la même lancée, nous lisons dans *Nombres 23.19,* dans la version Ostervald : *« Dieu n'est point homme pour mentir, ni fils d'homme pour se repentir »* en *1 Samuel 15.29.* Le verbe hébreu na<u>h</u>am, qui apparaît dans notre verset, a donc, lorsqu'il est employé en parlant de Dieu, un sens différent de *« se repentir »*. En outre, il est vrai que Dieu *«était affecté »* (BFC), c'est-à-dire qu'il *« se sentait mal »* ou *« éprouvait des regrets »* et était indigné devant ce qui se passait. Dieu ne change pas d'attitude vis-à-vis de l'homme ni n'altère ses *« projets de bonheur pour lui »* dans *Jérémie 29.11,* mais en fonction de la réaction de l'homme à sa volonté, Il les accomplit ou Il laisse l'homme subir les conséquences de ses mauvais choix de vie, tout en s'en affligeant profondément.

Au commencement, le désir de Dieu était de bénir l'humanité, ce qu'il a fait en *Genèse 1.27-28.* Tout ce qu'il a fait était *« bon »* ou *« très bon»*[159]. Lorsqu'Adam et Ève, ayant écouté le serpent, ont péché, les malheurs ont commencé à se déverser,

---

159 Genèse 1.4, 12, 18, 21, 25 ; Genèse 1.31.

mais aussi les bénédictions continuelles de Dieu[160]. Une longue période après, l'humanité est devenue si méchante que tous ses actes et ses pensées n'étaient plus que maléfiques. Par conséquent, le cœur de Dieu fut affligé ; c'est-à-dire, que tout ce mal a engendré en l'Éternel une vive réaction d'indignation. Pour cette raison, Il s'est résolu à laisser le monde antédiluvien subir les conséquences inévitables de sa dépravation arrivée à son comble, à un point de non-retour, comme ce sera prophétisé plus tard à Abraham pour les Amoréens[161].

Le mot hébreu *'atsab,* traduit « affligé », peut être compris comme un synonyme de *naham* dans la première partie du *verset 6*. Il peut désigner la « douleur physique comme la peine émotionnelle » ; c'est le cas de l'affliction éprouvée par Dieu. Une forme nominale du même mot hébraïque *'itsabon* est utilisée en *Genèse 3.16-17* pour désigner le dur labeur auquel Adam et Ève, ainsi que leurs descendants selon *Genèse 5.29*, allaient devoir se livrer, en conséquence de leur péché.

La réaction de « remords »de Dieu à l'endroit de l'humanité n'est pas due au fait d'avoir commis

---

160 *Genèse 2.17* ; *3.14-19, 21-24*
161 *Genèse 15.16*

« l'erreur » de la Création. Elle puise sa source dans la perversion et le péché de l'homme, qui a dénaturé l'image de Dieu en lui. La création de l'homme n'était pas une erreur. L'erreur a été pour l'homme d'utiliser son libre arbitre à mauvais escient, ce qui a fait de lui un barbare violent. Dieu, étant un Dieu personnel, éprouve de la douleur lorsque ses bien-aimés le trahissent, le déshonorent et abusent de leurs semblables, selon *Osée 11.1-8.* Telle est la cause de cette douleur et de cette affliction inexprimables dans le cœur de Dieu.

N'oublions pas non plus que tout ce passage utilise des expressions anthropomorphiques pour parler des sentiments et des décisions de Dieu, qui seraient autrement inaccessibles à la perception de l'homme pécheur.

Verset 7. Et l'Éternel dit : J'exterminerai de la face de la terre l'homme que j'ai créé, depuis l'homme jusqu'au bétail, aux reptiles, et aux oiseaux du ciel ; car je me repens de les avoir faits.

L'expression en hébreu **« *j'exterminerai* »** peut être traduite également par « j'effacerai » *mahah,* et peut évoquer une purification à venir ou le raclage de l'encre des lettres d'un rouleau antique. Ce mot hébraïque signifie en fait « nettoyer », dans un sens positif ; *mahah* est également employé pour représenter l'acte de Dieu d'ôter ou de pardonner le péché[162]. C'est le même terme que Moïse a employé lorsqu'il a intercédé pour les Israélites après qu'ils se sont livrés à l'adoration du veau d'or. Il a plaidé en *Exode 32.32* afin que Dieu pardonne leur péché, ajoutant : *« Sinon, je t'en prie, efface-moi de ton livre que tu as écrit ».* Lorsque Dieu a mis son jugement en application contre Juda et la fille de Jérusalem à cause de la méchanceté des personnes, il a « nettoyé » la ville : *« J'étendrai sur Jérusalem le cordeau de Samarie et le niveau de la maison d'Achab ; et je nettoierai Jérusalem comme un plat qu'on nettoie, et qu'on renverse sens dessus dessous après l'avoir nettoyé. »* selon *2 Rois 21.13*.

La tristesse de Dieu par rapport au péché de l'homme est par la suite exprimée dans la déclaration selon laquelle sa destruction s'étendrait aux animaux, aux créatures rampantes et aux oiseaux du ciel. L'ordre de la création du monde était si déformé et —tellement éloigné de l'intention originelle de Dieu, qu'il était irréparable. Lorsque le premier homme et la première femme ont péché,

---

162 *Psaumes 51.1, 9 ; Ésaïe 43.25 ; 44.22*

l'humanité tout entière a été sous le coup de la conséquence ultime du péché : la mort.

Voici donc ce qui s'est passé : la terre était devenue si corrompue par la méchanceté de l'homme, que les animaux, les reptiles et les oiseaux allaient subir malgré eux le déluge qui devait purifier le monde des péchés de l'homme. Ne peut-on pas faire un parallèle avec la situation actuelle du monde à la fin des temps[163], où les hommes provoquent eux-mêmes la destruction de leur écosystème, par la surexploitation des ressources naturelles et la violence généralisée ?

Après la description de l'humanité plutôt décourageante en *Genèse 6.5-7*, une lueur d'espoir apparaît. La constatation que *«les pensées de leur cœur se portaient chaque jour uniquement vers le mal.» (6.5)* ne s'appliquait pas à tous les hommes sur terre ; Noé faisait figure d'exception.

---

163 2 Timothée 3.1-5 ; 2 Pierre 3.3-6

Noé, un homme juste dans un monde corrompu (6.8-12)

8 Mais Noé trouva grâce aux yeux de l'Éternel. 9 Voici la postérité de Noé. Noé était un homme juste et intègre dans son temps; Noé marchait avec Dieu. 10 Noé engendra trois fils: Sem, Cham et Japhet. 11 La terre était corrompue devant Dieu, la terre était pleine de violence. 12 Dieu regarda la terre, et voici, elle était corrompue; car toute chair avait corrompu sa voie sur la terre.

Verset 8. Ce verset commence par « *mais* » ; ce qui indique que Dieu avait perçu, en Noé, une personnalité très différente de celle que le monde corrompu affichait. « ***Noé trouva grâce aux yeux de l'Éternel***. ». D'autres traduisent le texte ainsi :
« *Noé obtint la faveur de l'Éternel* », parce qu'il était visiblement **« *juste* »** et **« *intègre* »** d'après *Genèse 6.9*. Cette traduction semble impliquer que Noé méritait la faveur de Dieu parce qu'il était juste, mais cette lecture est erronée. Dieu ne s'est jamais trouvé dans l'obligation d'accorder sa faveur à un homme, sous prétexte qu'il était juste. Aucun être humain

n'est parfaitement juste, intègre ou sans péché[164]. Le salut est toujours fondé sur la grâce divine[165].

Le terme traduit par « faveur » est en hébreu *ḥen*. Il peut également être traduit par « *grâce* » qui est donnée gratuitement. En d'autres mots, elle ne peut jamais être gagnée ni méritée. Le texte affirme que **« *Noé trouva grâce aux yeux de l'Éternel* »**. Noé a reçu cette grâce à la manière d'un présent, et non pas parce qu'il l'avait méritée ou gagnée par ses propres efforts. Cependant, à cause de sa propre foi, il était bien placé pour recevoir la grâce divine et la laisser transformer sa vie pour marcher dans la justice.

Verset 9. Cette section s'ouvre avec le récit exhaustif de l'aventure de Noé, au cœur de la première partie de ce livre, *Genèse 1-11*. Le terme hébraïque *toledoth*, tel que nous l'avons vu en *Genèse 2.4*, signifie **« *postérité* »** : « récit » ou « histoire de » ; mais la NBS emploie ici deux termes pour exprimer le sens de ce mot hébreu : « récit et postérité ». Les deux termes apparaissent dans le texte qui suit, car *Genèse 6.9-11.32* retrace, avec la chronique historique du déluge, la généalogie des descendants

---

164 Psaumes 14.1-3 ; 130.3 ; Proverbes 20.9 ; Romains 3.23
165 Romains 4.1-5 ; Ephésiens 2.8-10.

de Noé jusqu'à l'époque d'Abraham. Dans ce contexte, Noé se distingue de la méchanceté de ses contemporains en se montrant « *juste* ». Selon Amos, être juste signifiait qu'il traitait les gens de manière juste. En *Amos 5.24* le prophète a utilisé le terme comme synonyme « d'équité »: « *Mais que l'équité coule comme de l'eau, et la justice comme un torrent intarissable* ». Cette déclaration a été publiée à la manière d'un acte d'accusation à l'encontre de ceux qui abusaient des pauvres, les opprimaient et profitaient d'eux, en *Amos 5.11-12*. Le prophète Michée affirme en *Michée 6.8* que le Seigneur désire des hommes qu'ils « *pratiquent la justice, aiment la miséricorde, et marchent humblement avec leur Dieu* ». C'est une autre façon de dire que la justice nécessite des attitudes et des actes de droiture envers Dieu et les hommes, qui sont bien illustrées dans la vie de Noé. Certainement, Noé a fait preuve de « justice » et a marché humblement avec Dieu. Le souvenir de la juste piété de Noé est évoqué plus tard en compliment en *Ézéchiel 14.14, 20* et le Nouveau Testament le nomme « *prédicateur de la justice* » en *2 Pierre 2.5*. Noé est aussi qualifié **« *d'homme juste et intègre dans son temps; Noé marchait avec Dieu.* »**.

Le terme hébraïque *tamim = intègre* ne signifie pas qu'il était exempt de péché ni qu'il était moral à tous points de vue ; mais il signifie être *« parfait »* ou *« sincère »* au regard de son engagement vis-à-vis des personnes et des exigences requises par Dieu. Dans l'ensemble, ces phrases descriptives indiquent que Noé était un homme de grande droiture morale. Il a été fidèle à Dieu et droit dans ses rapports avec ses semblables. Il a marché avec Dieu en montrant une attitude et un mode de vie qui pouvaient glorifier son Créateur, à la différence de la méchanceté qui s'était propagée à travers le monde.

Verset 10. Ce verset énonce que **« Noé engendra trois fils : Sem, Cham et Japhet »**[166]. Le fait que leurs noms aient été cités dans cette phrase a plusieurs explications possibles.

(1) L'auteur entendait peut-être identifier les trois fils avant de passer à la description de la méchanceté de l'espèce humaine, afin de souligner le fait qu'ils étaient différents du reste de l'humanité. Ainsi, le lecteur allait saisir pourquoi ils avaient été épargnés du déluge.

---

[166] *voir également Genèse 5.32*

(2) L'auteur a peut-être voulu effectuer un rapprochement avec Adam et Térah, le père d'Abraham, en *Genèse 11.27,* qui avaient chacun trois fils et ont vécu à des tournants importants de l'histoire.

(3) La référence à Sem, Cham et Japhet permet de donner un support au récit du déluge : Les fils de Noé qui sont entrés dans l'arche, en *Genèse 7.13,* ont échappé au Déluge et ont donné naissance à la nouvelle humanité postdiluvienne [167]. De toute évidence, ces hommes craignaient Dieu, mais c'est Noé qui s'est démarqué dans l'histoire.

Versets 11-12. Le texte déclare que « *La terre était corrompue devant Dieu* ». La « *terre* » est mentionnée à six reprises dans les *versets 11-13*. Le verbe hébraïque *shahath* est traduit à trois reprises par «*être perverti(e)* » et par le verbe « *détruire* » une fois dans ces mêmes versets. « *Shahath* » possède un certain nombre de significations dans différents contextes, tels que « *être manqué* », « *être abîmé* » ou « *être gâché* » [168]. Toutes les traductions modernes présentent la décision de Dieu de «*détruire* » *shahath*, l'espèce humaine « *avec la terre*

---

[167] *Genèse 9.18*
[168] *Jérémie 13.7 ; 18.4 ; NBS*

» dans le *verset 13*, parce que les gens l'avaient remplie **«*de violence* »**. Ce même mot « *shahath* » est utilisé pour décrire l'état de la terre - à cause de l'action des hommes – et la décision de Dieu devant cet état. Cette répétition indique que le plan de Dieu était de laisser s'accomplir jusqu'au bout l'autodestruction en cours par la faute de l'homme.

Attention à ne pas manquer l'ironie de la citation qui apparaît dans cet élément : « *la terre était pleine de violence* ». À l'origine, Dieu souhaitait que les animaux et les hommes « *se multiplient et remplissent la terre* » en *Genèse 1.22, 28*. Au lieu d'être une bénédiction pour le monde en le remplissant d'hommes par sa procréation, l'humanité avait rempli la terre de « *violence* », elle l'avait détruite massivement, *shahath*, plongeant toute vie dans un malheur tragique que les habitants de la terre durent endurer. Le terme « *violence* », en hébreu *hamas* au *verset 11*, est souvent utilisé pour désigner une destruction acharnée, un déversement de sang, un meurtre, un viol, une oppression, et d'autres types de crimes qui polluent la terre et conduisent les pécheurs à la mort[169]. Un tel mode de

---

169 *Genèse 6.11, 13* ; *49.5* ; *Juges 9.24* ; *Lévitique 18.29* ; *20.11-18* ; *Jérémie 13.22*

vie va à l'encontre de la justice et de la droiture pratiquées par Noé, et envisagées par Dieu pour les hommes, et qu'il désire toujours pour son peuple[170]. Dans le *Psaume 11.5*, l'auteur dépeint la violence comme l'opposé de la nature divine. Le Seigneur hait cette façon de vivre. En sauvant Noé et sa famille, il veut les en préserver, et donner à l'humanité une occasion nouvelle de vivre autrement.

Dieu annonce le déluge et donne ses instructions pour la construction de l'arche *(6.13-22)*

13 Alors Dieu dit à Noé: La fin de toute chair est arrêtée par devers moi; car ils ont rempli la terre de violence; voici, je vais les détruire avec la terre. 14 Fais-toi une arche de bois de gopher; tu disposeras cette arche en cellules, et tu l'enduiras de poix en dedans et en dehors. 15 Voici comment tu la feras: l'arche aura trois cents coudées de longueur, cinquante coudées de largeur et trente coudées de hauteur. 16 Tu feras à l'arche une fenêtre, que tu réduiras à une coudée en haut; tu établiras une porte sur le côté de l'arche; et tu construiras un étage inférieur, un second et un

---

170 Jérémie 22.3 ; Ézéchiel 45.9

troisième. 17 Et moi, je vais faire venir le déluge d'eaux sur la terre, pour détruire toute chair ayant souffle de vie sous le ciel; tout ce qui est sur la terre périra. 18 Mais j'établis mon alliance avec toi; tu entreras dans l'arche, toi et tes fils, ta femme et les femmes de tes fils avec toi. 19 De tout ce qui vit, de toute chair, tu feras entrer dans l'arche deux de chaque espèce, pour les conserver en vie avec toi: il y aura un mâle et une femelle. 20 Des oiseaux selon leur espèce, du bétail selon son espèce, et de tous les reptiles de la terre selon leur espèce, deux de chaque espèce viendront vers toi, pour que tu leur conserves la vie. 21 Et toi, prends de tous les aliments que l'on mange, et fais-en une provision auprès de toi, afin qu'ils te servent de nourriture ainsi qu'à eux. 22 C'est ce que fit Noé: il exécuta tout ce que Dieu lui avait ordonné.

Dans le récit du Déluge, le premier des quatre discours de Dieu à Noé est contenu dans les versets *6.13-21*. Les autres apparaissent dans *Genèse 7.1-4 ; 8.15-17 ; 9.1-17*.

Verset 13. « *Dieu* » s'est adressé à « *Noé* » en invoquant la violence ininterrompue sur « *terre* » comme justification morale de sa décision. Il était déterminé à détruire l'espèce humaine pervertie et tous les hommes sur la terre. Le jugement de Dieu était imminent à cause du penchant destructeur de l'humanité. Tout comme au commencement [171] la nature et le royaume animal ont été touchés par la chute, ils devaient maintenant souffrir à cause du péché de l'homme. Le récit biblique du déluge est à l'opposé des histoires corrompues de déluges, qui ont survécu de la Mésopotamie antique. Dans l'un de ces mythes, Atrahasis est averti par le dieu Enki qu'un déluge imminent va survenir et recouvrir la terre. Le déluge est envoyé, non pas en tant que châtiment à l'encontre du péché, mais parce que les hommes font tant de bruit que les dieux n'arrivent pas à dormir !

Verset 14. Dieu a accompagné l'annonce de son jugement d'un plan de sauvetage pour une poignée de personnes qui seraient épargnées du cataclysme imminent. Noé a reçu les instructions nécessaires pour construire un type de vaisseau permettant à des individus d'être à l'abri des inondations qui allaient recouvrir la terre. La Bible à la Colombe traduit le terme *tevah* par **« arche »**. L'origine du mot est incertaine. Il se pourrait qu'il s'agisse d'un

---

171 Genèse 3.17-19 ; Romains 8.20, 21

terme emprunté à l'égyptien et signifiant «caisse» ou «cercueil». Il apparaît à trente-six reprises en *Genèse 6-9* pour faire référence à un bateau gigantesque où Noé et sa famille, ainsi que les animaux, ont vécu plus d'une année durant, tandis que les eaux recouvraient la terre. Un autre emploi de ce mot apparaît en *Exode 2.3, 5*, en référence à l'embarcation minuscule dans laquelle Moïse a été placé par sa mère. Mis à flot dans ce coffret parmi les roseaux de la rivière du Nil, Moïse a échappé au décret de Pharaon qui prescrivait la mort de tous les bébés hébreux de sexe masculin, dès leur naissance.

    L'arche de Noé devait être construite en bois de résineux, *gopher*, ce qui n'est pas la traduction mais une translittération du terme hébraïque. Ce terme n'apparaît qu'à cet endroit dans l'Ancien Testament. Il se peut qu'il soit lié au mot grec *kuparissos*, qui signifie «cyprès» (« bois de cyprès », NFC), terme provenant du nom de l'île de Chypre. Résistant à l'eau, ce type de résineux a été utilisé dans l'ancien Proche-Orient pour la construction en général, la construction navale, la fabrication de cercueils, de meubles, d'instruments de musique, et d'autres éléments. Il aurait apparemment fourni des qualités de très grande résistance pour la construction de l'arche. L'arche a dû être séparée en cellules, en hébreu *qinnim*, «compartiments» (Version NFC) ou « en plusieurs parties » (Parole de Vie). Partout ailleurs où ce terme est utilisé dans l'Ancien Testament, il se réfère à des «nids» d'oiseaux, aux abris qu'ils confectionnent pour leurs petits. Par conséquent, *qinnim* devrait être compris comme des pièces ou des compartiments destinés à la famille de Noé et aux animaux, mais il peut également avoir un sens plus littéral, se rapprochant du «nid» des oiseaux qui allaient être hébergés dans l'arche. **« *Tu l'enduiras* » :** il fallait également rendre l'arche étanche et hermétique grâce à un enduit, en hébreu *kofer*, ou «bitume». Ce verset comporte de toute évidence un jeu de mot entre *gofer* et *kofer* : le premier fait allusion au type de bois utilisé, tandis que le second désigne la substance à appliquer pour le rendre étanche.

Verset 15. **« *L'arche* »** devait être construite selon les dimensions suivantes : trois cents coudées de longueur, cinquante coudées de largeur et trente coudées de hauteur. La coudée, en hébreu *'ammah*, n'était pas une unité de longueur de référence dans le monde antique ; sa longueur était déterminée en mesurant la longueur entre le coude et le bout du majeur ; ce qui variait d'une personne à l'autre, et particulièrement en fonction des époques et des lieux. Généralement, une coudée fait environ 45 centimètres. Dans ce cas, l'arche devait mesurer environ 137 mètres de longueur, 21 mètres de largeur et 14 mètres de hauteur. Visiblement, le vaisseau devait être de forme rectangulaire, à fond plat et rectangle à chaque extrémité. Ce type de péniche était tout simplement conçu pour se poser sur l'eau et survivre aux eaux du déluge. Même si ce vaisseau devait avoir des dimensions extrêmement importantes pour le monde antédiluvien, son volume aurait été cinq fois inférieur à celui du bateau irréaliste décrit dans le mythe de l'épopée de Gilgamesh connu dans la Babylone antique. Les spécialistes de la construction navale conviennent que l'arche de Noé aurait été parfaitement en état de naviguer, alors que le vaisseau de Babylone qui, dit-on, a été construit comme un cube, de 54 mètres dans les trois dimensions n'aurait probablement pas survécu aux précipitations diluviennes, selon L'Épopée de Gilgamesh 11.30, 57-58.

Verset 16. La première partie de ce verset est difficile à comprendre car le terme *tsohar,* ayant le sens de « *fenêtre* », « hublot », n'est pas attesté ailleurs dans la version hébraïque. Ce mot est traduit par «lucarne» (Chouraqui), «toit» (TOB), «ouverture» (Colombe), ou « tu ménageras un jour » (Semeur). Si le sens toit devait être retenu cependant, « une ouverture pour la lumière » du jour pourrait être la bonne traduction car selon Chouraqui, le mot a sans doute un rapport avec *tsoharaîm,* la pleine lumière du midi. Le sens pourrait être à la fois «lumière» et «lucarne». Cependant, si « tsohar » signifie «hublot», pourquoi le terme hébraïque courant *ẖallone* n'a-t-il pas été utilisé ici comme dans *Genèse 8.6*, alors qu'il se réfère clairement à une *« fenêtre »* que Noé a ouverte ? Une « ouverture » est un mot plus général et approprié ici, puisqu'elle se situe en haut du bateau, alors que « hublot » désigne une ouverture ronde dans le flanc d'un navire.

Une objection semblable pourrait être faite concernant la traduction de *tsohar* pour le «toit». Pourquoi l'auteur biblique aurait-il évité d'employer le mot courant désignant le «toit» *gag,* pour insérer un terme qui complique la compréhension ?

Il est possible que le terme *tsohar* ait été familier pour les contemporains de l'auteur de la Genèse. Son absence dans le reste des Écritures peut simplement signifier qu'il a été remplacé quand le mot *gag* est devenu plus populaire dans la langue hébraïque courante. Aucune explication certaine de ce texte ne peut être fournie, mais si *tsohar* est correctement traduit par «une ouverture», il s'agissait d'un espace **« *d'une coudée* »** de hauteur environ. Certains commentateurs y ont vu « une ouverture » s'étendant sur toute la longueur de l'arche et interrompue par les poutres qui soutenaient le toit. Rien ne dit que cette ouverture s'étendît sur toute la longueur du bateau, car on voit mal comment elle aurait été fermée, puis ouverte par Noé en *Genèse 8.6*. Alors qu'une ouverture carrée de 50 cm environ de côté semble plus maniable et plausible, bien que très insuffisante pour donner de l'air et de la lumière à tous dans l'arche ! C'est sans doute pour cela que la Bible du Semeur a traduit, *« A cinquante centimètres du haut tu ménageras un jour. »*

En note elle suppose une série d'ouvertures tout autour de l'arche. Mais le texte hébreu ne le dit pas explicitement. Faut-il y voir un enseignement plus spirituel : dans une situation précaire et sombre, la seule lumière à attendre vient d'en haut, du Seigneur qui seul connaît l'avenir ?

Le texte mentionne également **« *une porte sur le côté de l'arche* »**, aux dimensions suffisamment importantes pour laisser entrer tous les habitants dans le vaisseau avant les inondations de *Genèse*

7.13-16 et les laisser sortir et quitter leur refuge, selon *Genèse 8.13- 19*, une fois la terre asséchée. Le texte hébreu ne mentionne pas explicitement l'existence de trois ponts dans l'arche, mais l'auteur fait référence à trois «étages» indirectement. Une traduction littérale pourrait être du type : le «pont inférieur», le «deuxième» et le «troisième». Cette description est très différente de celle de l'équivalent babylonien dont le héros était Uta-Napishtim, dont il a été dit que le bateau contenait «sept ponts et neuf compartiments à chaque niveau».

Verset 17. La proclamation de l'imminence des flots est précédée par l'expression *« et moi»*, qui attire l'attention des lecteurs sur ce que le Seigneur allait faire. Il avait prévu de *« faire venir le déluge d'eaux sur la terre »*. Ce mot désignant le «Déluge» mabboul, n'est utilisé qu'en *Genèse 6-9*, dans le cadre du déluge de l'époque de Noé et dans le *Psaume 29.10*. *«L'Éternel siégeait lors du déluge, l'Éternel siège en roi pour toujours»,* il indique la toute-puissance de Dieu sur la nature et toute la création. Le Dieu qui a créé le monde et toute créature vivante avait le droit souverain de *« détruire toute chair »* car toute l'humanité *«s'était* *pervertie sur la terre»* selon *Genèse 6.12.* Quelques versets plus tôt dans ce chapitre, la proposition *«ils ont rempli la terre »* en *Genèse 6.12-13,* désignait «toute l'humanité» ; mais ici, il inclut également tous les animaux[172] qui avaient ***«le souffle de vie»,*** en hébreu *rouah hayyim.* **« Sous le ciel »** est peut-être une alternative poétique à l'expression ***«sur la terre»***, soulignant que **« *tout*»** sur la terre allait bientôt périr.

Le déluge serait le revers de la création. À présent, Dieu se comporterait comme l'ennemi de la terre et de toute créature qui y vit. Bien entendu, ce n'est pas la fin de tout, car Dieu détruirait la création pour la renouveler et lui donner un nouveau départ. On a du mal à concevoir que ce soit le même Dieu d'amour du Nouveau Testament qui veuille détruire son œuvre ! Mais Il faut penser qu'à l'époque de l'auteur de la Genèse, comme on croyait à un Dieu Unique, on le rendait responsable du bien et du mal qui arrivait aux hommes. La responsabilité des hommes dans leur vie n'était pas perçue aussi nettement que Jésus la leur fera comprendre. Aujourd'hui avec les dérèglements climatiques dus à l'activité humaine on peut mieux saisir ce qui s'est

---

172 Genèse 7.21 ; 9.11, 15-17

passé au Déluge : la violence et les crimes des hommes antédiluviens frappaient tous les domaines de leur vie et la nature elle-même.

On peut toutefois comprendre que le Dieu d'amour est aussi un Dieu juste. Il ne peut pas laisser le mal régner indéfiniment. Ce qu'il a fait ici au moment du Déluge sert d'avertissement pour tous les pécheurs qui refusent encore de se repentir. Ce nouveau départ était en même temps une nouvelle chance pour l'humanité... Devant ce gâchis de sa création, et devant l'endurcissement des hommes dans le mal, Dieu sauve ceux qui lui sont fidèles et acceptent son salut. Il laisse les autres subir les conséquences de leurs crimes, il les livre à ces conséquences, et ne retient plus les eaux qu'Il avait séparées à la Création. Nous pouvons voir une situation semblable dans la prophétie de *Apocalypse 7.1-3*, où Dieu retient les vents destructeurs de la terre, jusqu'à ce que ses serviteurs fidèles soient scellés pour son Royaume. Ici Noé et sa famille vont être scellés dans l'arche, mis à l'abri des cataractes du Déluge.

Verset 18. En dehors de ce que Dieu avait l'intention de faire à «tous», il établit son ***« alliance avec »*** Noé. C'est la première fois qu'il est fait référence à une *«alliance», berith,* dans l'Ancien Testament. La première des bénédictions allait être la délivrance de Noé, de sa femme, de leurs fils et des épouses de leurs fils. Ils allaient tous entrer dans l'arche pour échapper aux eaux torrentielles qui recouvriraient la terre, en *Genèse 7.7.* Il faut probablement interpréter cette déclaration comme une anticipation de l'inauguration réelle de l'alliance conclue après le Déluge au chapitre *9.1-17*.

Versets 19-20. Non seulement Dieu désire la survie de l'humanité à travers Noé et sa famille, mais en plus, il se met en souci du règne animal. Toutes les sortes d'êtres vivants allaient être préservées. Le Seigneur demanda à Noé de faire entrer dans l'arche deux de chaque espèce, parmi les oiseaux, le bétail et toutes les bestioles qui fourmillent sur la terre. Toutes ces créatures viendraient vers lui pour rester en vie. Noé n'a pas eu à attraper ni à poursuivre toutes ces créatures. Dieu a engendré dans ces formes de vie inférieures une sorte de stimulus ou d'instinct afin de les inciter à quitter leurs habitats et à entrer dans l'arche en toute sécurité. Dieu a voulu sauver un couple de toutes les créatures, humaines et animales, toutes ces créatures qu'il avait qualifiées de *«très bonnes»* au commencement de la création en *Genèse 1.31.* La référence au **« mâle et une femelle »** de *Genèse 1.22, 27-28* indique que Dieu offre à nouveau aux êtres humains et aux animaux – ainsi qu'il l'avait fait jadis – la possibilité de procréer. ***«De tout ce qui vit, de toute chair»*** ceux qui représentaient l'espoir du monde à venir monteraient ensemble dans l'arche, y vivraient pendant plus d'un an, en prévision de la nouvelle création que Dieu offrirait après le déluge. Bien entendu, les créatures vivant dans le monde marin font figure d'exception, puisqu'elles n'ont pas besoin d'entrer dans l'arche pour être en sécurité.

Verset 21. Dieu a ordonné à Noé de **« *prendre de tous les aliments que l'on mange* »** et de l'emporter dans l'arche : **« *fais-en une provision auprès de toi, afin qu'ils te servent de nourriture ainsi qu'à eux* »**. Cette nourriture permettrait à Noé de nourrir sa famille et les autres créatures pendant le déluge. On ne sait pas si Noé et sa famille, ou les animaux carnivores, ont mangé de la viande dans l'arche. Selon certains, si sept couples d'animaux purs ont été emmenés dans l'arche, en *Genèse 7.2,* contre deux couples de créatures impures, c'était pour la raison suivante : certains, purs c'est-à-dire comestibles et propres aux sacrifices[173], pourraient être mangés par la famille de Noé et les animaux carnivores, pendant qu'ils attendraient la décrue.

On a également déduit que, quand Dieu a revêtu Adam et Ève de peaux, en *Genèse 3.21* après le péché originel, le premier couple a probablement mangé la viande des animaux abattus plutôt que de la laisser pourrir sur le sol. Depuis qu'Abel a offert les premiers-nés de son troupeau, quelque temps après que ses parents furent chassés du jardin d'Éden, selon *Genèse 4.2-4*, il se peut que les hommes aient même mangé des portions issues des premiers animaux sacrificiels. Telle serait la pratique, plus tard, sous la loi de Moïse, à l'exception du sacrifice pour le péché, dont une partie allait au prêtre, mais aucune à l'adorateur, et des holocaustes, ces derniers étant consacrés à l'Éternel et consumés intégralement sur l'autel. Si toutes ces suggestions sont plausibles, elles restent de simples hypothèses, car nous n'avons aucune certitude quant à ces détails, au-delà de ce que le texte révèle. Les humains n'ont reçu d'autorisation de compléter leur

---

173 Plus tard, la viande des sacrifices du culte était mangée par les prêtres

régime alimentaire par de la viande qu'après le Déluge en *Genèse 9.2- 3*.

Verset 22. Au moyen de répétitions, l'auteur met l'accent sur l'obéissance de **« Noé »**. Il affirme que Noé fit exactement ce que Dieu **« lui avait ordonné »**. Ainsi fit-il en *Genèse 7.5*. L'auteur de la lettre aux Hébreux, en *Hébreux 11.7,* souligne également l'engagement sans réserve de Noé envers Dieu : *«C'est par la foi que Noé, divinement averti de ce qu'on ne voyait pas encore et animé par sa piété, bâtit une arche pour le salut de sa maison...».* Le récit biblique révèle la charge que Dieu avait confiée à Noé ; mais il ne dit rien du temps, des efforts et des dépenses considérables qu'il avait fallu consacrer pour abattre suffisamment d'arbres, les transporter vers le site de construction, couper d'énormes planches, puis les monter et les assembler afin de construire l'arche. Le récit n'indique pas comment Noé et sa famille ont pu acquérir une telle force physique et rassembler les ressources financières pour accomplir une telle prouesse.

Comment ont-ils pu se procurer une telle quantité d'enduit, de bitume, pour réaliser l'étanchéité de tous les joints sur le vaisseau ? Comment ont-ils pu réunir les vivres nécessaires à la survie de tant d'animaux et de personnes sur mer toute une année durant ? Selon *Genèse 7.11 ; 8.14*, les occupants de l'arche sont restés dans le vaisseau pendant une année et dix jours.

La tâche était énorme et il a dû falloir plusieurs années, peut-être les 120 ans du *verset 3,* à Noé et à sa famille pour mener à bien leur travail. Durant tout ce travail et ce labeur nécessaires afin de préparer l'arche et les provisions, Noé pensait aux gens autour de lui. En évoquant Noé, Pierre le nomme *«prédicateur de la justice» dans 2 Pierre 2.5.* En travaillant, Noé a évidemment supplié les passants de se repentir de leur méchanceté et de se tourner vers Dieu, de peur qu'ils ne périssent dans le cataclysme planétaire imminent. Personne n'ayant jamais, bien entendu, été témoin d'une inondation telle que celle prédite par Noé, ses contemporains se sont moqués de lui et ont persisté dans la désobéissance *«jusqu'à ce que le déluge vienne et les emporte tous» d'après Matthieu 24.39.* Néanmoins, Noé était fidèle et sa foi a rendu cette catastrophe impensable si réelle à ses yeux qu'il a pu réagir en conséquence. L'auteur de la Genèse a écrit un résumé, plutôt approprié, des préparatifs auxquels ce patriarche antédiluvien s'est livré, face à l'imminence du déluge. Noé fit exactement ce que Dieu lui avait ordonné.

L'ARRIVÉE DU DÉLUGE
(Genèse 7)

Le chapitre de *Genèse 6* se termine sur une note positive, celle de l'obéissance de Noé qui *«agit en tout point comme Dieu le lui avait ordonné»*, en *Genèse 6.22*. Une fois l'arche achevée, Noé a reçu de Dieu instruction d'y entrer afin d'échapper au déluge imminent. Les eaux du déluge ont recouvert la terre et éliminé toutes les créatures vivantes de sa surface ; seuls ceux qui avaient trouvé refuge à l'intérieur de l'arche ont survécu[174].

L'entrée dans l'arche *(7.1-10)*

1 L'Éternel dit à Noé: Entre dans l'arche, toi et toute ta maison; car je t'ai vu juste devant moi parmi cette génération. 2 Tu prendras auprès de toi sept couples de tous les animaux purs, le mâle et sa femelle; une paire des animaux qui ne sont pas purs, le mâle et sa femelle; 3 sept couples aussi des oiseaux du ciel, mâle et femelle, afin de conserver

---

[174] *Genèse 7.1-24*

leur race en vie sur la face de toute la terre. 4 Car, encore sept jours, et je ferai pleuvoir sur la terre quarante jours et quarante nuits, et j'exterminerai de la face de la terre tous les êtres que j'ai faits. 5 Noé exécuta tout ce que l'Éternel lui avait ordonné. 6 Noé avait six cents ans, lorsque le déluge d'eaux fut sur la terre. 7 Et Noé entra dans l'arche avec ses fils, sa femme et les femmes de ses fils, pour échapper aux eaux du déluge. 8 D'entre les animaux purs et les animaux qui ne sont pas purs, les oiseaux et tout ce qui se meut sur la terre, 9 il entra dans l'arche auprès de Noé, deux à deux, un mâle et une femelle, comme Dieu l'avait ordonné à Noé. 10 Sept jours après, les eaux du déluge furent sur la terre.

Verset 1. Bien des années *(*120 ans ? au *v.3)* après avoir ordonné à Noé de construire l'arche, Dieu a dit à Noé : **«** *entre dans l'arche, toi et toute ta maison* **»**, parce qu'il avait été jugé juste. Cette expression contraste avec la méchanceté que l'Éternel *«vit»* en *Genèse 6.5* ; elle est également en contradiction avec l'affirmation selon laquelle l'humanité est *«corrompue»* et dépravée dans *Genèse 6.11*. Une fois de plus, Dieu déclarait avoir *«vu»* que Noé était *«juste»*. L'idée exprimée ici est semblable à celle exprimée dans *Genèse 6.9*. Ce n'est pas en obéissant à l'ordre de construire l'arche que Noé a acquis le statut d'homme *«juste»* aux yeux du Seigneur, mais en marchant avec Lui, c'est-à-dire en ayant foi en ses promesses selon Hébreux 11.7.

Versets 2-3. Dieu dit à Noé : *«Prends avec toi sept couples de chaque sorte d'animaux purs... Pour les oiseaux, prends aussi sept couples de chaque sorte...».* L'hébreu, littéralement, dit que Dieu a donné l'ordre à Noé de faire entrer *«sept sept»* de tous les animaux *«purs»* et de tous les oiseaux dans l'arche. La question qui se pose est celle de savoir si cette expression signifiait sept ou quatorze créatures pures de chaque espèce. La traduction de David Martin (1744) semble premièrement indiquer un chiffre total de sept animaux et oiseaux de chaque espèce, mais elle indique ensuite *«le mâle et sa femelle»*. La Bible d'Ostervald dit *«sept paires»* de tous les animaux et oiseaux purs ; et la Segond Révisée dit *«sept couples»*. C'est vraisemblablement cette dernière traduction qui est la bonne, puisque l'affirmation *«sept par sept»* (Darby, Chouraqui) est suivie *«d'un mâle et de sa femelle»*, ce qui suggère sept paires de chacune des espèces.

Dieu a également dit à Noé de prendre dans l'arche les animaux qui étaient impurs. Une *«paire»*

[175] ou un *«couple»*[176] de chacune des espèces devait être préservée : **« un mâle et sa femelle »** selon *Genèse 6.19*. En suivant ces instructions, Noé devait garder toutes les diverses espèces **« en vie »** après l'inondation. Longtemps avant que la Loi de Moïse ne soit donnée, Dieu a fait une distinction entre animaux et oiseaux purs et impurs. Cette distinction désignait les animaux et les oiseaux susceptibles d'être offerts en sacrifice, donc comestibles ou purs, et ceux ne convenant pas pour cet usage, qualifiés d'impurs ou non comestibles. Ces mêmes règles ont été insérées dans la Loi de Moïse[177] et sont restées valables jusqu'à ce que le système sacrificiel soit pleinement accompli et délaissé pour toujours au profit du sacrifice de Jésus à la croix[178], même si du point de vue de la diététique elles gardent toute leur valeur. Il est à remarquer que le nombre des animaux purs était sept fois plus grand que celui des animaux impurs : Dieu prenait soin de l'alimentation future des hommes après la destruction du déluge ; en la consacrant aux sacrifices du culte, il lui accordait une place spéciale et importante ! Derrière la vie physique que la viande de ces sacrifices entretenait,

---

175 Segond ; Ostervald ; Olivétan
176 BFC ; PDV ; TOB
177 Lévitique 11.1-47 ; Deutéronome 14.3-20
178 Hébreux 7.27 ; 9.12, 28 ; 10.10.

Dieu ne signifiait-il pas qu'ils symbolisaient prophétiquement la Vie éternelle promise par le sacrifice de Christ ?

Verset 4. La Bible n'indique pas combien de temps Dieu a ensuite attendu avant d'annoncer le déclenchement du déluge, mais ce délai dura probablement un bon nombre d'années, le temps que Noé construise l'arche. Dans ce verset, le Seigneur a exprimé qu'il fallait agir car le temps de sa longanimité pour la génération antédiluvienne touchait à sa fin. Sans plus de délai – sous *« **sept jours** »* – Dieu allait *« **faire venir la pluie sur la terre** »*. Cette pluie allait durer *« **quarante jours et quarante nuits** »*. Dès *Genèse 4.4* : *«quarante»* devient un nombre important dans la Bible [179]. « L'Écriture recourt volontiers au chiffre 40 quand commence une nouvelle étape de l'histoire du salut : l'alliance avec Noé, le salut hors d'Égypte, le Messie au désert…On peut même voir dans ce chiffre 40, un 42 arrondi (= 7x6), chiffre produit par la rencontre

---

[179] Voir Exode 16.35 ; 24.18 ; 34.28 ; Nombres 13.25 ; 32.13 ; Juges 3.11 ; 5.31 ; 8.28 ; 2 Samuel 5.4 ; 1 Rois 11.42 ; 19.8 ; Matthieu 4.2 ; Actes 1.3 ; 7.23, 30, 36 ; 13.21

entre la plénitude du dessein de Dieu (=7) et l'homme (=6)»[180].

Cette précipitation de pluie serait si dévastatrice que tous les êtres que Dieu avait *« faits »* seraient exterminés *« de la face de la terre»*. Le sort des êtres vivant sur terre est lié à celui de l'homme qui en avait reçu la responsabilité !

Verset 5. *« Noé exécuta tout ce que l'Éternel lui avait ordonné. »* L'auteur s'exclame une nouvelle fois en disant que Noé agit en tout point comme l'Éternel le lui avait ordonné. Cette répétition mot-pour-mot de *Genèse 6.22* illustre qu'à plusieurs reprises, Noé a obéi aux commandements de Dieu. Cette affirmation revêt une grande importance pour les Israélites (et plus tard pour les chrétiens) qui avaient besoin d'apprendre que l'obéissance, dans la foi et la mise en pratique de la Parole de Dieu, permet de saisir les bénédictions que Dieu a en réserve pour chacun.

Versets 6-7. Noé et ses fils ainsi que sa femme et les épouses de ses fils sont entrés dans l'arche – *«huit en tout»* selon *1 Pierre 3.20 ; BFC.* Selon le *verset 6*, **« Noé »** était déjà âgé de **«** *six cents ans* **»** quand **«** *le*

---

180 Vocabulaire biblique, Ed Delachaux et Niestlé, 1956, article Nombre de J-J von Allmen, p 209

Déluge » a commencé. Ces informations, associées à l'affirmation quant à l'âge de Noé en 5.32, montrent clairement qu'au moins l'un de ses fils avait environ cent ans au moment du déluge. Le texte ne précise pas s'il a eu d'autres enfants après le déluge, bien que Noé ait vécu *«encore 350 ans après le Déluge»* d'après *Genèse 9.28.* Le nombre restreint des personnes entrées dans l'arche, bien que Noé ait prêché la voie juste pendant toute sa construction, selon *2 Pierre 2.5,* prouve combien il est difficile aux cœurs endurcis et rebelles d'écouter Dieu, d'accepter de changer de conduite et de saisir le salut offert.

Versets 8-9. Ces versets nous informent que **« *Noé* »** a fait tout ce que **« *Dieu* »** avait ordonné en *(7.2-3)*, et pris avec lui **« *dans l'arche* »** les bêtes **« *pures* »** et les impures, de même que **« *les oiseaux et tout ce qui se meut sur la terre* »**. Les animaux sont entrés par couples **« *deux à deux, un mâle et une femelle* »**, selon le commandement de l'Éternel. Certains commentateurs affirment qu'il y a une divergence entre les *versets 7.2-3* et *7.8-9*, due à l'emploi de différentes sources par l'auteur de la Genèse. Cependant, aucune contradiction n'existe entre ces versets. Le premier stipule que sept couples d'animaux purs et un couple d'animaux impurs devaient être préservés de l'inondation, tandis que le dernier verset déclare que les animaux purs et impurs sont entrés dans l'arche par couples. L'auteur n'avait aucune raison de mentionner spécifiquement les sept couples d'animaux purs une seconde fois en *7.8-9.* L'extraordinaire, c'est l'ordre qui a semblé régner dans cette entrée des animaux dans l'arche : comment ont-ils été sélectionnés, comment ont-ils su qu'il fallait aller vers l'arche ? Comment y ont-ils été tous logés, sans se manger les uns les autres ? Le texte ne le dit pas, mais laisse supposer que Dieu lui-même dirigeait les choses pour que s'accomplisse au mieux sa volonté de salut !

Verset 10. Les **«** *sept jours* **»** étant écoulés, le déluge commença exactement comme le Seigneur l'avait prédit. Beaucoup de spéculations ont eu cours quant à la manière dont Noé et sa famille, enfermés dans l'arche par l'Éternel selon le *verset 16*, ont passé la dernière semaine avant que le **«** *Déluge* **»** ne s'abatte. Certains ont prétendu que Noé a continué à prêcher aux incrédules de sa société. Cela semble improbable, puisque la porte étant fermée par Dieu, plus personne ne pouvait y entrer, donc la prédication était inutile.

Peut-être sa famille et lui-même ont-ils persévéré dans la prière et le deuil pour leur génération perdue. Une proposition différente avancée par certains veut qu'ils aient simplement vécu dans leurs cellules à l'intérieur de l'arche une semaine durant, se préparant pour le long séjour qu'ils y feraient bientôt. Si l'une ou l'autre des deux premières thèses semble plausible, si même elles le sont toutes les deux, la dernière pourrait être éliminée si d'après les *versets 12-13*, le début des pluies a eu lieu le jour où Noé et sa famille sont entrés dans l'arche. Ceci dit, le récit ne suit pas un ordre chronologique : il y a répétition des *versets 7-9* dans les *versets 13-16,* mais ces derniers ajoutent cependant plus d'information.

La forme hébraïque du verbe traduit par «entrèrent», au *verset 13,* en hébreu *ba',* indique que les membres de la famille auraient fait leur entrée dans l'arche le jour où la pluie a commencé. Mais il semble plutôt que, à cause du *verset 10 « sept jours après l'entrée des animaux et de la famille de Noé, les eaux vinrent sur la terre »*, et du *verset 16* : *« l'Éternel ferma la porte sur lui »*, il y ait eu une semaine d'attente de la pluie pour ceux qui étaient dans l'arche. Véritable épreuve de leur foi : étaient-ils enfermés pour rien ? Dieu s'occupait-il d'eux ? Remplirait-il sa promesse ? Qu'allait-il arriver ? Ceux qui étaient restés dehors devaient bien se moquer d'eux ! La prophétie de Pierre[181] pour les derniers temps s'appuie sur l'exemple du Déluge ! La situation n'a guère changé pour ceux qui attendent l'avènement du Seigneur !

Matthieu 24.37-39 décrit les activités ordinaires des gens insouciants de l'essentiel dans la période précédant l'entrée de Noé et de sa famille dans l'arche. Il n'est rien dit de précis concernant leurs agissements pendant la première semaine précédant le déluge. Probablement, après avoir fait entrer tous les animaux, oiseaux et bêtes rampantes dans leurs compartiments et niches respectifs, et avoir chargé à bord les dernières denrées nécessaires pour les alimenter durant plus d'une année, la famille de Noé s'est occupée de tous ceux dont elle avait la responsabilité dans l'arche, et a placé sa confiance dans son Seigneur.

Le début du Déluge *(7.11-16)*

11 L'an six cent de la vie de Noé, le second mois, le dix-septième jour du mois, en ce jour-là toutes les sources du grand abîme jaillirent, et les écluses des cieux s'ouvrirent. 12 La pluie tomba sur la terre quarante jours et quarante nuits. 13 Ce même jour entrèrent dans l'arche Noé, Sem, Cham et Japhet,

---

181 2 Pierre 3.3-6

fils de Noé, la femme de Noé et les trois femmes de ses fils avec eux: 14 eux, et tous les animaux selon leur espèce, tout le bétail selon son espèce, tous les reptiles qui rampent sur la terre selon leur espèce, tous les oiseaux selon leur espèce, tous les petits oiseaux, tout ce qui a des ailes. 15 Ils entrèrent dans l'arche auprès de Noé, deux à deux, de toute chair ayant souffle de vie. 16 Il en entra, mâle et femelle, de toute chair, comme Dieu l'avait ordonné à Noé. Puis l'Éternel ferma la porte sur lui.

Verset 11. Les événements importants du Déluge sont datés de manière précise comme suit : le Déluge a commencé en **« L'an six cent de la vie de Noé, le second mois, le dix-septième jour du mois »** L'utilisation de ces dates exactes pour relater les événements du Déluge établit l'historicité du récit. À l'inverse, les récits mésopotamiens du Déluge ne fournissent aucun cadre historique à leurs mythes. Mais même avec ces informations précises, la datation au ***«second mois»*** est incertaine du fait que deux calendriers distincts ont été employés par le peuple juif au cours de son histoire. Selon le calendrier civil (ou agricole), le premier mois était en automne[182]. Selon le calendrier religieux, le premier

---

182 Exode 23.16 ; 34.22

mois avait lieu au printemps de l'année [183]. La référence au temps des *«semailles»* en *Genèse 8.22*, jointe au fait que Noé *«se mit à cultiver le sol et planta une vigne»* après avoir quitté l'arche d'après *Genèse 9.20*, laisse à penser que c'est en automne que sa famille et lui sont entrés dans l'arche et qu'ils en sont sortis un an et dix jours plus tard, selon *Genèse 8.14-19*. Si la durée d'une année dans ce texte est calquée sur le calendrier lunaire de 354 jours, alors la période passée par Noé dans l'arche, une année et onze jours, est équivalente à une année solaire de 365 jours.

«*Le dix-septième jour du mois* », une inversion de la création originelle s'est mise en route avec une nouvelle réunion des eaux au-dessus de la terre avec celles situées au-dessous dans *Genèse 1.7*. Dans cette dé-création du monde, **« *les sources du grand abîme jaillirent»*.** D'une manière évidente, les eaux souterraines concouraient à ce processus (fleuves souterrains et sources) comme probablement les eaux géothermiques existant sous la croûte terrestre. En outre, ***«les écluses des cieux s'ouvrirent»***. Le terme pour ***«écluses»*** dérive de l'hébreu *'aroubbah*, qui signifie littéralement une

---

183 Exode 12.2, 18 ; Deutéronome 16.1, 6

«fenêtre». Ce terme viendrait de la conception du monde qu'avaient les hommes à l'époque de Moïse, selon laquelle le «dôme solide» du ciel soutenait les eaux d'en haut, jusqu'à ce qu'elles se déchaînent à travers des «fenêtres»[184]. Il s'agit d'une description imagée du déluge torrentiel, des pluies dévastatrices déversées du ciel afin de détruire l'ancien monde. Les récits bibliques postérieurs affirment que Dieu est celui qui ouvre ces mêmes «fenêtres» ou « écluses » du ciel pour déverser de grandes bénédictions sur son peuple[185].

Verset 12. « *La pluie tomba sur la terre quarante jours et quarante nuits.* » Ce verset démontre que la promesse du Seigneur, prononcée en *Genèse 7.4*, s'accomplissait. La durée des précipitations – largement au-dessus d'un mois – montre la magnitude du déluge.

Verset 13. La mention de *« Noé »* et de ses fils, *« Sem, Cham, et Japhet »*, avant celle de *« la femme de Noé et les trois femmes de ses fils avec eux »*

---

[184] *Selon Pierre Berthoud, cette conception résulte d'une reconstruction hypothétique moderne à partir de textes qui utilisent des images et des métaphores. Elle ne rend pas compte du contenu de sens du texte biblique.*
[185] *2 Rois 7.2, 19 ; Malachie 3.10.*

souligne le caractère patriarcal du récit. Il est toujours fait référence à Noé et à ses fils avant la mention de la femme de Noé et des épouses de ses fils[186]. Aucune des femmes de ce récit n'est appelée par son nom, ni la femme de Noé, ni leurs belles-filles. Comme la femme de Job, en *Job 2.9-10*, la femme de Noé ne nous est connue qu'au travers de sa relation à son mari. Bien que nous sachions fort peu quant aux femmes qui jouent un rôle dans le récit du Déluge, nous en savons suffisamment : elles n'ont pas pris part au déclin moral entamé avec Lémec en *Genèse 4.19*, et qui s'est poursuivi jusqu'au Déluge de *Genèse 6.5*. Toutes les quatre avaient contracté un mariage monogamique. La famille de Noé consistait en un total de huit personnes selon *1 Pierre 3.20*, et la première mention claire d'un descendant pieux de la lignée de Seth marié à plus d'une femme, n'apparaît pas avant l'histoire d'Abraham.

Versets 14-15. L'auteur reprend et enrichit ce qu'il avait déjà relaté en *Genèse 7.6-10* : l'entrée de Noé et de sa famille, accompagnés de la grande variété d'*« animaux »*, de *« bétail »*, de *« reptiles »* et d'*« oiseaux »*, à l'intérieur de l'arche. L'affirmation

---

186 Genèse 6.18 ; 7.7, 13 ; 8.18

selon laquelle « ***Ils entrèrent dans l'arche auprès de Noé, deux à deux*** » fait référence à des passages antérieurs, non seulement *Genèse 7.9,* mais aussi *Genèse 6.19-20.* Noé n'a pas eu besoin de chercher ces animaux ; c'est Dieu qui les lui amena. La scène évoque le rassemblement par Dieu des créatures animales en Éden devant Adam afin qu'il les nommât, en *Genèse 2.19.* Dans le cas présent, ils sont venus à Noé par couples **«*de toute chair ayant souffle de vie* »**. Ces mêmes termes sont répétés en *Genèse 6.17,* où *«tout ce qui était animé d'un souffle de vie»* est employé pour décrire ce qui périrait. À l'inverse, les créatures entrées dans le refuge de l'arche allaient en réchapper.

Verset 16. L'un des objectifs de ce verset est de fournir au lecteur des informations supplémentaires et peut-être aussi de donner toute la mesure de l'acte de foi déterminant qu'effectuèrent ces huit âmes pieuses en entrant dans l'arche sans hésiter, ni regimber lorsque « *l'Éternel ferma la porte* » sur Noé et sa famille. L'arche allait-elle les porter et les délivrer de la tempête faisant rage à l'extérieur, ou n'était-elle rien de plus qu'un tombeau dont ils ne pourraient s'échapper, puisque l'Éternel les y avait enfermés ? D'un point de vue humain, il n'y avait aucune garantie de succès ; Noé et sa famille ne pouvaient s'en tenir qu'à la promesse de l'Éternel. Puisqu'il s'agissait véritablement d'un espace maritime inexploré où nul marin n'avait vogué précédemment, il fallait à Noé et à sa famille une grande foi pour s'en remettre entièrement à Dieu au moment d'entrer dans l'arche et d'entendre la porte se refermer sur eux, selon *Hébreux 11.7*. L'installation avait certainement pris du temps, mais une fois réalisée, Dieu a fermé la porte, empêchant quiconque d'entrer ou de sortir. Il assurait ainsi la protection de ceux qui avaient accepté d'être sauvés, mais il signifiait aux autres que leur refus était irrémédiable. Jésus dans la parabole des dix vierges de *Matthieu 25.1-13*, préviendra ses disciples qu'il en serait de même à la fin du monde. Il viendra un temps où la porte du salut sera fermée pour les négligents et les rebelles, mais où les « scellés » de l'Esprit seront à l'abri des vents de la terre[187].

La montée et le gonflement des eaux *(7.17-24)*

17 Le déluge fut quarante jours sur la terre. Les eaux crûrent et soulevèrent l'arche, et elle s'éleva au-dessus de la terre. 18 Les eaux grossirent et s'accrurent beaucoup sur la terre, et l'arche flotta

---

187 *Éphésiens 4.30* ; *Apocalypse 7.1-3*.

sur la surface des eaux. 19 Les eaux grossirent de plus en plus, et toutes les hautes montagnes qui sont sous le ciel entier furent couvertes. 20 Les eaux s'élevèrent de quinze coudées au-dessus des montagnes, qui furent couvertes. 21 Tout ce qui se mouvait sur la terre périt, tant les oiseaux que le bétail et les animaux, tout ce qui rampait sur la terre, et tous les hommes. 22 Tout ce qui avait respiration, souffle de vie dans ses narines, et qui était sur la terre sèche, mourut. 23 Tous les êtres qui étaient sur la face de la terre furent exterminés, depuis l'homme jusqu'au bétail, aux reptiles et aux oiseaux du ciel: ils furent exterminés de la terre. Il ne resta que Noé, et ce qui était avec lui dans l'arche. 24 Les eaux furent grosses sur la terre pendant cent cinquante jours.

Verset 17. L'affirmation selon laquelle **« *le Déluge fut quarante jours sur la terre* »** fait écho au *verset 7.12*, qui affirme qu'il a plu pendant quarante jours et quarante nuits. L'abondance de pluie a fait que **«** *les eaux crûrent et soulevèrent l'arche* **»**, si bien que l'arche **«** *s'éleva au-dessus de la terre* **»**. En 40 jours et nuits de pluie, le niveau des eaux a inévitablement augmenté et les flots ont continué à enfler, peut-être grossis par des eaux souterraines et la fusion des glaciers.

Versets 18-20. Par ailleurs, le texte affirme que les eaux enflèrent en trois étapes.

1- « Les *eaux grossirent et s'accrurent* beaucoup sur la terre, et l'arche flotta sur la surface des eaux, » en *7.18.*

2- Elles sont devenues de plus en plus grosses, et le résultat fut que *toutes les hautes montagnes qui sont sous le ciel furent couvertes,* en *7.19.*

3- *Elles les dépassèrent d'une hauteur de quinze coudées et les couvrirent* en *7.20.*

Le terme traduit par *«grossirent»* au *verset 18*, *gabar*, signifie *«être fort»*. Il s'emploie souvent pour évoquer les puissants guerriers qui entraient dans une lutte à mort contre leurs ennemis, comme les *«hommes puissants»* de David, auteurs d'actes de bravoure [188]. Dans la pensée hébraïque, Yahweh « l'Éternel » était le véritable *«Seigneur des Seigneurs»* selon *Daniel 2.47*, acclamé comme un grand roi guerrier lorsqu'il a vaincu l'armée de Pharaon à la Mer Rouge d'après *Exode 15.1-18*. De cette manière, l'Éternel a démontré sa *«puissance»*

---

188 2 Samuel 23.8-39 ; 1 Chroniques 11.26-47

en créant une nation rachetée, Israël[189]. Ses plus grands actes de puissance, en hébreu *gabar,* ont été manifestés dans sa majestueuse création et dans son autorité plénière sur l'univers ainsi que sur toutes les formes de vie qui l'habitent[190]. La Genèse révèle que Dieu, à la création, a séparé les eaux qui couvraient *«l'abîme»* en plaçant une *«étendue»* ou firmament afin que la terre ferme apparaisse et que la vie sur terre commence, en *Genèse 1.2-9.* Pendant le déluge, les eaux qui étaient au-dessus ont de nouveau fusionné avec celles du dessous, comme de vaillants guerriers échappés de leur prison afin de livrer bataille à toute créature vivant sur terre. L'acte puissant de Dieu a renversé le processus de création, causant la mort de toute l'humanité, tous les oiseaux et les reptiles, à l'exception de ceux qui avaient trouvé refuge à l'intérieur de l'arche.

Versets 21-24. La terminologie du déluge montre clairement son universalité dans ce récit : *«toutes les hautes montagnes qui sont sous le ciel entier furent couvertes.»* selon *7.19,* et **« *tout ce qui se mouvait sur la terre périt* »,** ainsi que tous les êtres humains.

---

189 Psaumes 106.8 ; 145.4, 11-12
190 Psaumes 65.5-13 ; 89.9-13

Cela comprenait « *tout ce qui avait respiration, souffle de vie dans ses narines* ». Le déluge effaça tous les êtres qui étaient à la surface de la terre. Le texte confirme qu' « *Il ne resta que Noé, et ceux qui étaient avec lui dans l'arche.* ». Le chapitre se conclut par ces mots : « *Les eaux furent grosses sur la terre pendant cent cinquante jours.* »[191]. Pris dans leur sens littéral, ces versets conduisent à reconnaître qu'un Déluge universel (à l'échelle mondiale) a couvert toutes les montagnes et détruit la vie de toutes les créatures terrestres, sauf celles qui étaient dans l'arche, et cependant beaucoup s'accordent à dire que le Déluge n'a été que régional et limité au périmètre de l'antique Mésopotamie. Ils affirment que les connaissances géologiques et archéologiques ne permettent pas d'étayer la thèse d'un événement aussi catastrophique à l'échelle planétaire.

Des arguments semblables ont été avancés dans la communauté scientifique pour réfuter la création du monde, des animaux et de l'homme lui-même. Pourtant certains géologues affirment qu'un déluge même universel mais de courte durée (un an)

---

[191] *Genèse 7.21-24*

pouvait très bien ne pas laisser de traces. Le débat portant sur ce qui peut ou non se prouver scientifiquement échappe à la portée du présent commentaire, mais il est important de se rappeler que la science n'a qu'une aptitude limitée à vérifier et à réfuter l'historicité d'événements antiques. Il est notable que des fossiles de coquillages se trouvent sur les hautes montagnes partout dans le monde, ce qui n'a rien de surprenant dès lors qu'on sait qu'il y a eu un Déluge mondial, mais qui s'explique aussi par le soulèvement des fonds marins pour former les montagnes. Il faut laisser au texte le soin de s'exprimer lui-même. Il peut être utile de présenter les arguments bibliques principaux avancés par ceux qui soutiennent la thèse d'un déluge universel et par ceux qui la réfutent. Concernant le dernier point de vue, le terme hébreu se rapportant au monde dans son ensemble « *tevel* » dans *Job 34.13* (en parallèle avec 'erets d'ailleurs), n'apparaît pas dans ce récit. Le passage renferme le terme 'erets, traduit par «terre». S'il est vrai que 'erets peut signifier une portion de terrain relativement étroite telle que la «terre» de Canaan, comme c'est le cas huit fois en *Genèse12.1-10* ou d'autres secteurs localisés[192], il est

---

192 *Genèse 2.11-13 ; 4.16 ; 10.10 ; 11.2*

également employé pour désigner la planète entière comme en *Genèse 1.1-2 ; 2.4.* Puisque le mot se trouve dans le récit de la création, il est logiquement interprété de la même manière dans le récit qui parle de l'engloutissement de la création de Dieu par le Déluge.

Un autre argument tiré du texte a trait à l'utilisation du mot hébreu *kol*, qui se traduit par **«tout»**, **« tous »** ou *«partout»* huit fois dans cette section du récit de l'inondation dans *Genèse 7.19-23*. Parfois ce terme ne possède pas de connotation universelle, du fait qu'il est employé par un auteur sous une perspective localisée [193]. Le Nouveau Testament utilise le mot grec πας, *pass*, *«chaque»* d'une manière semblable[194]. Cependant, ce genre de raisonnement n'est pas irréfutable. La connotation universelle de l'hébreu *kol* est indispensable dans le récit de la création en *Genèse 1.21, 26* et il semble revêtir la même signification dans cette relation de la destruction du monde créé dans *Genèse 7.19-23*. En s'en tenant strictement au point de vue du texte biblique, la thèse d'un déluge universel a plus de probabilité d'être la bonne, d'autant plus que cet

---

193 Genèse 41.57 ; Deutéronome 2.25.
194 Actes 2.5 ; Colossiens 1.23

événement se retrouve dans les traditions de toutes les civilisations antiques de la terre, proches ou éloignées du Moyen-Orient.

UN NOUVEAU COMMENCEMENT
(Genèse 8)

La Bible ne précise aucunement de quelle manière les passagers de l'arche ont mangé et dormi ni à quoi ils se sont occupés. Elle ne précise nullement ce que la famille de Noé a pu voir, entendre ou ressentir des mois durant, tandis que Dieu nettoyait le monde de sa population pécheresse. Les huit passagers demeurant dans l'arche avec les animaux que Dieu préservait se sont peut-être demandé si Dieu les avait oubliés. Le chapitre 8 nous dit que Dieu *«se souvint»* de la famille de Noé et de toutes les créatures vivant dans l'arche. Il a fait que les eaux diluviennes refluent, en *Genèse 8.1-5* et que la surface de la Terre s'assèche, en *8.6-14*. Au commandement divin, la famille de Noé et tous les animaux ont quitté l'arche d'après *8.15-19*. Le chapitre se conclut par un sacrifice d'offrande et la promesse faite par Dieu de ne jamais détruire toutes les créatures vivantes tant que la terre demeurerait, selon *Genèse 8.20-22*.

Le reflux des eaux *(8.1-5)*

1 Dieu se souvint de Noé, de tous les animaux et de tout le bétail qui étaient avec lui dans l'arche; et Dieu fit passer un vent sur la terre, et les eaux s'apaisèrent. 2 Les sources de l'abîme et les écluses des cieux furent fermées, et la pluie ne tomba plus du ciel. 3 Les eaux se retirèrent de dessus la terre, s'en allant et s'éloignant, et les eaux diminuèrent au bout de cent cinquante jours. 4 Le septième mois, le dix-septième jour du mois, l'arche s'arrêta sur les montagnes d'Ararat. 5 Les eaux allèrent en diminuant jusqu'au dixième mois. Le dixième mois, le premier jour du mois, apparurent les sommets des montagnes.

Verset 1. Après avoir dit en *Genèse 7.24*, que les eaux étaient montées et s'étaient enflées, 150 jours durant, le narrateur déclare ensuite que Dieu **«*se souvint de Noé, de tous les animaux et de tout le bétail qui étaient avec lui dans l'arche*»**. L'expression ***«Dieu se souvint»*** n'implique pas que le Seigneur ait oublié les occupants de l'embarcation ni son engagement envers eux. Loin de suggérer une espèce de retour en arrière intellectuel de la part de Dieu, l'expression *«se souvint»,* en hébreu le verbe *zakar,* souligne la prodigalité divine qui a fait agir l'Éternel au bénéfice de *«Noé »* et de *« **tout le bétail**»,* lesquels étaient depuis de longs mois emprisonnés dans l'arche. Ce verbe « se souvenir » démontre souvent que Dieu est fidèle à ses promesses d'alliance [195]. Dieu a commencé son activité en faveur de ceux qui étaient dans l'arche en faisant souffler *« **un vent sur la terre** »,* ce qui a eu pour résultat que *« **les eaux s'apaisèrent** ».* Le terme pour *«vent»,* en hébreu *rouah,* est employé en *Genèse 1.2* pour désigner l'*«Esprit»* de Dieu qui se mouvait *«au-dessus des eaux»* lors de la création. De fait, plusieurs termes en *Genèse 8* sont tirés de *Genèse 1.* Cette répétition suggère que Dieu a entamé une nouvelle création. Cependant, dans ce contexte, *rouah* se rapporte clairement à un vent, au sens premier du terme, que Dieu a envoyé pour assécher les eaux du Déluge. D'une manière semblable, pendant l'Exode, Dieu a envoyé le vent pour séparer les eaux de la Mer Rouge et pour

---

195 Genèse 9.14-16 ; 19.29 ; 30.22 ; Exode 2.24 ; 6.5 ; 32.13 ; Lévitique 26.42, 45 ; Nombres 10.9

assécher la Terre afin qu'Israël puisse y passer : *«il mit la mer à sec», en Exode 14.21-22.*

Verset 2. En plus d'envoyer le vent, Dieu a fermé *« les sources de l'abîme »*, si bien que toutes les eaux souterraines cessèrent de jaillir. Par son action, *« les écluses »* des cieux se sont fermées afin que *« la pluie »* cesse. Les formes verbales traduites par *«furent fermées»* et *«cessa de tomber»* sont toutes les deux passives, ce qui indique que le reflux des eaux ne s'est pas produit naturellement ou par hasard. Ces termes reflètent le rôle joué par Dieu dans la fermeture des diverses sources d'eaux supplémentaires. Le verset indique une inversion de l'œuvre de Dieu de *Genèse 7.11-12.*

Verset 3. L'affirmation selon laquelle *« les eaux se retirèrent de la terre, s'en allant et s'éloignant»* et *« diminuèrent »* est également une inversion de l'événement rapporté en *Genèse 7.17-24,* où il est dit que les eaux *«grossirent»* et *«montèrent énormément»* sur la terre. C'est ce type de description qui se présente lorsque la Mer Rouge retrouve son rivage ordinaire après la traversée à pied sec des Israélites sortis d'Égypte, en *Exode 14.26-28*. Quelque chose de semblable s'est aussi produit lorsque les Israélites ont traversé le Jourdain, selon *Josué 4.18*.

La décrue des eaux survient à la fin **« *de cent cinquante jours* »**. Le langage est semblable à celui de *Genèse 7.24*, qui indique que *«les eaux grossirent sur la terre pendant cent cinquante jours»*. Ceux qui tentent de reconstruire la chronologie du Déluge sont en désaccord quant aux rapports entre *Genèse 7.24 et 8.3*. Selon certains, les 150 jours de *Genèse 7.24,* se rapportent à la montée du Déluge et les 150 jours de *8.3* au reflux consécutif des eaux, pour un total de 300 jours. Si cela est exact, *Genèse 8.3* est un récapitulatif apparaissant avant les événements de cette période dont il est ici question en *8.4-12.* D'autres estiment que c'est de la même période de 150 jours qu'il est question à la fois en *Genèse 7.4* et en *8.3-4.* À la fin de cette période, les eaux du déluge ont commencé à décroître, permettant que l'arche se pose plus tard sur la terre ferme. Ces précisions de durée pourraient peut-être signifier que Dieu maîtrisait parfaitement les événements naturels qui se déclenchaient à son heure !

Verset 4. « *Le septième mois, le dix-septième jour du mois* », exactement cinq mois après le début du déluge de *Genèse 7.11*, **« *l'arche* »** s'arrêta sur **« *les***

montagnes d'Ararat ». Le terme hébreu *nouah* traduit par « s'arrêta » sonne comme le nom hébreu de Noé *Noah*. L'expression *«les montagnes d'Ararat»* ne fait pas référence à un sommet en particulier, mais à une région montagneuse portant ce nom. *«Ararat»* est un nom qui équivaut à «Urartu», le nom assyrien d'un royaume au nord de la vallée de la Mésopotamie (Irak moderne) dans ce qui est aujourd'hui la Turquie orientale et l'Arménie occidentale. Les rois assyriens ont fait la guerre à Urartu (Ararat) lors du premier millénaire avant Jésus-Christ, et cette région est mentionnée plusieurs fois dans l'Ancien Testament[196].

Un certain nombre d'équipes d'archéologues se sont livrées à des fouilles afin d'identifier l'emplacement exact où l'arche est venue se poser. Entre le onzième et le douzième siècle après Jésus-Christ, une tradition s'est développée, selon laquelle une montagne aujourd'hui appelée le *«Mont Ararat»*, un sommet de près de 5 200 mètres de hauteur, est l'emplacement où s'est posée l'arche de Noé.

Le temps passant, ces affirmations sont devenues de plus en plus déroutantes du fait que

---

196 2 Rois 19.37 ; Ésaïe 37.38 ; Jérémie 51.27

d'autres chercheurs d'arche ont fait des affirmations contradictoires. De nombreux groupes ont identifié d'autres sites sur le «Mont Ararat», de même que d'autres sommets de montagnes, dont ils disent qu'ils contiennent les vestiges de l'embarcation qui survécut au déluge. Des individus zélés ont rapporté des morceaux de bois censés provenir de l'arche. Lorsqu'on a soumis ces restes à la datation au Carbone 14, tous ces morceaux se sont révélés décevants pour les explorateurs, révélant des dates remontant au cinquième siècle après Jésus-Christ (ou plus tardives encore), c'est-à-dire des milliers d'années trop récentes pour qu'ils aient été contemporains de Noé. Par ailleurs, aucune entreprise de fouilles archéologiques à caractère scientifique n'a actuellement lieu sur aucun des sites proposés, et aucune datation scientifique n'a confirmé la moindre de ces affirmations. Les biblistes doivent prudemment s'abstenir de se fonder sur des histoires qui ne s'appuient pas sur des preuves solides ; on peut parfaitement croire au récit biblique du déluge sans ajouter foi aux récits non vérifiables d'explorateurs affirmant avoir trouvé l'arche.

Verset 5. « Les eaux allèrent en diminuant jusqu'au dixième mois », puis ***« Le dixième mois, le premier jour du mois, apparurent les sommets des montagnes »***. Y a-t-il une contradiction entre le *verset 4*, qui dit que *«l'arche»* s'arrêta sur *«les montagnes d'Ararat»* et le *verset 5*, qui affirme que *«les sommets des montagnes»* n'ont pas été visibles avant un ou deux mois plus tard ? Il n'existe aucune contradiction. Le *verset 4* ne dit pas qu'aucune parcelle de terre ferme n'était visible au moment où l'arche s'est posée sur la montagne. Ce n'était pas nécessaire parce que l'arche était encore en partie immergée quand elle a touché terre. Les habitants de l'arche ont-ils entendu et ressenti le bruit et la secousse survenus lorsque l'arche est venue se poser tout doucement avec la décrue très lente des eaux, sur quelque chose de solide ? C'est pendant cette période, comme les eaux continuaient à décroître, qu'ils ont compris qu'ils étaient perchés sur le sommet d'une montagne. Bien qu'ils fussent sur la terre ferme, plus de deux mois se sont écoulés avant que les sommets d'autres montagnes soient visibles dans la contrée. Ces derniers sont identifiés comme *«les montagnes d'Ararat»*.

L'apparition de la terre ferme *(8.6-14)*

6 Au bout de quarante jours, Noé ouvrit la fenêtre qu'il avait faite à l'arche. 7 Il lâcha le corbeau, qui sortit, partant et revenant, jusqu'à ce que les eaux eussent séché sur la terre. 8 Il lâcha aussi la colombe, pour voir si les eaux avaient diminué à la surface de la terre. 9 Mais la colombe ne trouva aucun lieu pour poser la plante de son pied, et elle revint à lui dans l'arche, car il y avait des eaux à la surface de toute la terre. Il avança la main, la prit, et la fit rentrer auprès de lui dans l'arche. 10 Il attendit encore sept autres jours, et il lâcha de nouveau la colombe hors de l'arche. 11 La colombe revint à lui sur le soir; et voici, une feuille d'olivier arrachée était dans son bec. Noé connut ainsi que les eaux avaient diminué sur la terre. 12 Il attendit encore sept autres jours; et il lâcha la colombe. Mais elle ne revint plus à lui. 13 L'an six cent un, le premier mois, le premier jour du mois, les eaux avaient séché sur la terre. Noé ôta la couverture de l'arche: il regarda, et voici, la surface de la terre avait séché. 14 Le second mois, le vingt-septième jour du mois, la terre fut sèche.

Verset 6. Après les **« *quarante jours* »** qui s'étaient écoulés avant que «*les sommets des montagnes*» apparaissent, selon *Genèse 8.5*, **« Noé »** a ouvert la **« *fenêtre* »,** en hébreu ḥ*allone,* de **« *l'arche* »**. Un terme différent, *'aroubbah*, est utilisé pour les *«écluses [fenêtres] du ciel»* en *Genèse 7.11 ; 8.2.* Une lecture directe suggère que Noé a hésité à quitter l'arche jusqu'à ce qu'il soit certain que c'était le bon moment viable. Il voulait certainement être sûr qu'il n'y avait aucun risque avant que les passagers débarquent—non seulement les humains, mais aussi les autres créatures à l'intérieur de l'embarcation. La *«fenêtre»* que *«Noé a ouverte»* était orientée vers le haut, puisqu'elle ne lui permettait pas de voir le reflux des eaux, non plus que la terre au-dessous de lui. Cela pourrait expliquer pourquoi il a dû envoyer des oiseaux pour voir s'il y avait de la terre ferme à proximité. Spirituellement n'y aurait-il pas une invitation à porter nos regards vers le haut, vers Dieu, dans les situations difficiles et incertaines que nous traversons ?

Verset 7. Depuis les premières révélations de Dieu concernant la méchanceté de l'homme, la nécessité de construire une arche, le choix des animaux à faire entrer à bord et la venue de l'intempérie, l'Éternel n'était apparemment pas entré en contact avec Noé. Selon le texte *(8.15)*, Dieu ne lui a pas parlé avant. Ce silence de Dieu fut sûrement une épreuve pour la foi de Noé ! Mais cela ne l'a pas empêché d'agir avec les moyens du bord pour apprendre, par l'envoi d'oiseaux, si la terre était assez sèche pour être habitable. Le premier oiseau que Noé a envoyé était un **« *corbeau* »**, un oiseau plus fort que la colombe qu'il envoya par la suite. Le corbeau étant un charognard, donc impur[197], pourrait se nourrir des carcasses d'animaux morts qui gisaient sur la terre. Tant qu'il ne trouva pas de quoi se nourrir, il sortit et revint à plusieurs reprises, jusqu'à ce que les eaux aient séché sur la terre.

Versets 8-9. Ensuite, Noé envoya une colombe pour voir si les eaux avaient baissé sur la surface du sol. La colombe était considérée comme un oiseau pur[198] et son alimentation était végétale. Puisque ce type d'oiseau nichait dans les vallées, une colombe a été relâchée afin de déterminer où se situaient les zones habitables en basse altitude. La colombe appartient à la famille du pigeon. Certains avancent l'hypothèse selon laquelle Noé avait des pigeons voyageurs à bord de l'arche. Que la colombe ait été un pigeon voyageur ou non, elle est bel et bien retournée à

---

197 *Lévitique 11.13, 15* ; *Deutéronome 14.12, 14*
198 *Genèse 15.9* ; *Lévitique 12.6*

Noé. Il y avait toujours trop d'eau à la surface de toute la terre et elle ne trouva pas de *« perchoir », ou de « lieu de repos »*, (le mot hébreu *manoah* se rapproche du nom de Noé, *Noah),* ni de nourriture pour elle. L'accueil réservé par Noé à la colombe est décrit d'une manière pittoresque : *« **Il avança la main, la prit, et la fit rentrer auprès de lui dans l'arche.** »*.

Verset 10. Noé *« attendit »* une semaine et laissa la *« colombe »* de nouveau partir. Ce qui est sous-entendu c'est qu'il avait attendu sept jours depuis le moment où il avait envoyé le corbeau jusqu'au premier envoi de la colombe *(8.8)*. Et sept jours après, il a laissé la colombe sortir une deuxième fois.

Verset 11. La colombe *« revint »* le soir ; elle tenait dans son bec une jeune feuille d'olivier. Cette feuille avait poussé tout récemment, montrant ainsi que la terre, qui s'était asséchée, recommençait à se couvrir de végétation, comme au troisième jour de la Création de *Genèse 1.11-12, 30*. Noé sut que le niveau de l'eau avait baissé sur la terre, puisque les oliviers ne poussent pas très haut.

Verset 12. Par la suite, il attendit encore une semaine, laissa partir la colombe une troisième fois et, cette fois-ci *« elle ne revint pas vers lui »*. Après cet envol, l'oiseau avait de manière évidente trouvé un environnement propice à sa survie ; aussi, un nouveau retour vers l'arche n'était-il pas nécessaire. L'envoi par trois fois de la colombe met en lumière la persévérance de l'espérance de Noé ! Il ne baisse pas les bras et patiente jusqu'au bout. Quelle exhortation pour nous de ne jamais nous lasser dans la prière !

Verset 13. Une attention particulière est donnée au facteur temps dans le récit du déluge. Il nous est dit que c'est l'année où Noé eut *« six cent un ans »*, le premier jour de cette année, que les eaux qui étaient sur terre se sont asséchées. Noé savait que le moment venait où sa famille et lui-même allaient quitter l'arche, avec toutes les autres créatures ayant souffle de vie ; aussi il ôta le toit de l'arche et constata que toute *« la surface de la terre avait séché »*. Quel soulagement et quelle joie il dut éprouver devant l'exaucement de ses vœux !

Verset 14. Enfin, *« le second mois, le vingt-septième jour du mois »*, Noé vit que la terre était tout à fait sèche. Puisque les événements décrits en *8.14,* ont eu lieu près de deux mois après ceux de *8.13,* cette dernière affirmation pourrait paraître déroutante pour le lecteur français. L'auteur a en fait utilisé deux expressions hébraïques différentes pour décrire l'assèchement du sol. Au *verset 13*, le verbe hébraïque *ẖarev* signifie que «les eaux ont commencé à sécher sur la terre», mais celle-ci était encore boueuse. Au *verset 14*, le mot hébreu *yavesh* révèle que, après deux mois supplémentaires d'assèchement, le sol, devenu entièrement sec, était à présent à même de soutenir les pas des humains, voire ceux des animaux les plus pesants. Le verbe *yavesh* et son dérivé le nom *yaveshah* sont employés au sujet du sol sec que les Israélites ont foulé tandis qu'ils traversaient la Mer Rouge et le Jourdain[199]. Le terme *yaveshah* apparaît aussi pour évoquer la *«partie sèche»* (le sec, la terre) dans le récit de la création, en *Genèse 1.9-10*.

L'ordre de quitter l'arche *(8.15-19)*

15 Alors Dieu parla à Noé, en disant: 16 Sors de l'arche, toi et ta femme, tes fils et les femmes de tes fils avec toi. 17 Fais sortir avec toi tous les animaux de toute chair qui sont avec toi, tant les oiseaux que le bétail et tous les reptiles qui rampent sur la terre: qu'ils se répandent sur la terre, qu'ils soient féconds

---

199 Exode 14.16, 22, 29 ; 15.19 ; Josué 2.10 ; 4.22-23 ; 5.1.

et multiplient sur la terre. 18 Et Noé sortit, avec ses fils, sa femme, et les femmes de ses fils. 19Tous les animaux, tous les reptiles, tous les oiseaux, tout ce qui se meut sur la terre, selon leurs espèces, sortirent de l'arche.

Versets 15-17. Noé savait déjà que la terre, s'étant asséchée, pouvait supporter le poids des animaux comme des humains, mais il n'a pas jugé bon d'agir en conséquence avant de recevoir un message de l'Éternel. Comme il a été noté plus haut, le texte ne dit nulle part que l'Éternel avait adressé la parole à Noé après lui avoir fait signe d'entrer dans l'arche, en *Genèse 7.1-4*. Le fidèle patriarche a patiemment attendu les recommandations de Dieu ...et l'ouverture de la porte avant de débarquer! Quand le moment fut venu, Dieu a dit à Noé de sortir de l'arche, **« toi et ta femme, tes fils et les femmes de tes fils avec toi... Fais sortir avec toi tous les animaux de toute chair qui sont avec toi »**. Ils devaient sortir peupler un nouveau monde que le jugement divin avait purifié de la méchanceté de ses habitants. Dieu leur avait donné un nouveau commencement avec la délivrance spectaculaire au moyen de l'arche. En un sens, Noé était un nouvel Adam. Sa famille et lui-même devaient prendre un nouveau départ dans une nouvelle création. Il en allait de même pour les animaux. L'objectif était qu'ils se répandent sur la terre et qu'ils s'y multiplient à nouveau. N'est-ce pas une préfiguration de l'entrée dans la vie éternelle sur la nouvelle terre, au renouvellement de toutes choses promis par Jésus[200] ?

Versets 18-19. Ces versets constituent la conclusion spirituelle des événements du déluge, qui avaient démarré en *Genèse 6.13-22 ; 7.1-5.* Vient en premier lieu une parole divine en *8.15-17*, puis une observation selon laquelle Noé a obéi aux commandements de Dieu, en *8.18-19.* Observant fidèlement les commandements divins, **« Et Noé sortit, avec ses fils, sa femme, et les femmes de ses fils. Tous les animaux, tous les reptiles, tous les oiseaux, tout ce qui se meut sur la terre, selon leurs espèces »**. Toutes les créatures qui ont habité l'arche sont sorties selon leurs genres. Le terme hébreu employé ici, *mishpaḥah,* est souvent utilisé pour désigner une sous-branche d'un groupe plus étendu, comme un clan ou une tribu. Chez les humains, la *mishpaḥah* peut consister en un certain nombre de

---

200 Matthieu 19.28 ; Apocalypse 21.5

familles liées entre elles ou de clans qui ont fini par s'associer en une tribu, comme les fils de Jacob ont grandi en familles et en clans et ont donné enfin douze tribus, la nation d'Israël. Cependant, la famille de Noé était alors très réduite, se limitant à son épouse, à leurs trois fils, et aux épouses de ces derniers. L'élément essentiel de cette déclaration sur les « genres » d'animaux est que tous les membres du règne animal sont sortis de l'arche. Au lieu de traduire par ***«selon leurs espèces»***, comme dans le récit de la Création, d'autres versions indiquent que les animaux ont quitté l'arche *«famille par famille»* (NBS) ou *«par familles»* (BFC, TOB) voire même *«pour leurs clans»* (Chouraqui).

La promesse de Dieu : Plus de Déluge ! *(8.20-22)*

20 Noé bâtit un autel à l'Éternel; il prit de toutes les bêtes pures et de tous les oiseaux purs, et il offrit des holocaustes sur l'autel. 21 L'Éternel sentit une odeur agréable, et l'Éternel dit en son cœur : Je ne maudirai plus la terre, à cause de l'homme, parce que les pensées du cœur de l'homme sont mauvaises dès sa jeunesse; et je ne frapperai plus tout ce qui est vivant, comme je l'ai fait. 22 Tant que la terre subsistera, les semailles et la moisson,

le froid et la chaleur, l'été et l'hiver, le jour et la nuit ne cesseront point.

Verset 20. Étant donnée la préservation de Noé et de sa famille des eaux du Déluge, opérée par Dieu, la réaction naturelle et juste à adopter venant de l'homme était l'adoration. « ***Noé*** » lui a montré une grande gratitude manifestée par la construction d' « ***un autel à l'Éternel*** » et par l'offrande des sacrifices « ***de toutes les bêtes pures et de tous les oiseaux purs*** ». C'est la première fois dans les Écritures qu'il est fait référence à une construction d'autel, bien qu'une telle construction soit sous-entendue dans l'histoire de Caïn et d'Abel de *Genèse 4.3-5.* Le terme hébreu pour holocaustes est *'oloth,* ce qui peut se traduire par *«sacrifice entièrement consumé par le feu» (*Bible du Semeur*).* C'est peut-être là le type de sacrifices le plus ancien dans l'Ancien Testament, après celui d'Abel. En vertu de la loi de Moïse, ils étaient faits joyeusement en tant qu'offrandes volontaires [201] et comme offrandes pour l'expiation des péchés en hébreu *qorban*[202]. Ils accompagnaient parfois des prières pour que Dieu

---

201 Lévitique 22.17-25 ; Nombres 15.1-13
202 Lévitique 1.2-4 ; 16.24.

intervienne en période de détresse [203]. Contrairement à ce qui se faisait pour d'autres types de sacrifices antiques, l'adorateur ne recevait à manger aucune partie de cette offrande. Au lieu de cela, l'animal entier était consumé sur l'autel, ce qui signifiait la dévotion complète et la consécration de l'individu au Seigneur. Noé non seulement manifestait sa reconnaissance, mais aussi se consacrait au Seigneur, remettait de nouveau sa vie entre ses mains.

Verset 21. Après que Noé eut fait ses offrandes, l'Éternel sentit une odeur agréable. *«L'Éternel sentit»* est une expression anthropomorphique, une manière de parler de Dieu comme s'il avait des caractéristiques humaines. La Bible parle souvent de Dieu comme s'il avait des yeux, des oreilles, des pieds, bien qu'il n'ait pas de corps physique comme un homme en possède, selon *Jean 4.24*. L'affirmation selon laquelle Dieu a trouvé l'*«odeur»* des sacrifices *«agréable»*, du fait qu'ils avaient été totalement consumés sur l'autel par le feu, indique qu'il approuvait et agréait aussi bien l'adorateur que les offrandes. L'expression *«odeur agréable»*

---

203 Juges 21.1-4 ; Jérémie 14.12

apparaît de nombreuses fois en *Exode, Lévitique, Nombres et Ézéchiel* au sujet de certaines pratiques qui plaisaient à Dieu. Les sacrifices de Noé à Dieu lui étaient agréables en tant que symboles d'une vie entièrement dévouée à lui. Dans le Nouveau Testament, Paul a utilisé un langage imagé comparable en se référant aux offrandes sacrificielles plaisantes et agréables à Dieu[204].

Cette scène présente un contraste frappant avec la réaction des dieux babyloniens dépeints dans L'Épopée de Gilgamesh. Le mythe dit que les dieux avaient jeûné sept jours durant, tandis que le déluge était sur la terre, et qu'ils avaient extrêmement faim. Lorsqu'Utnapishtim, le Noé babylonien, est sorti du navire et a offert des sacrifices : «les dieux sentirent leur bonne odeur» et «s'attroupèrent comme des mouches, autour du sacrificateur» (L'Épopée de Gilgamesh 11.160-161). Tel est l'étrange comportement des dieux, qui montre que les peuples antiques percevaient leurs divinités comme dépendantes pour leur alimentation du rescapé du déluge.

Dans son approbation du sacrifice de Noé, **« *l'Éternel dit en son cœur : Je ne maudirai plus la***

---

204 *Éphésiens 5.2* ; *Philippiens 4.18*

terre, à cause de l'homme ». Si, pour certains, ces paroles signifient que Dieu abrogeait la malédiction prononcée par lui sur le sol en *Genèse 3.17* lorsqu'Adam avait péché, cet événement n'était pas envisagé à la fin du Déluge. L'affirmation de *8.21* est en lien avec *Genèse 6.5-7 et 11-13*, non avec la malédiction prononcée en Éden. Le serment de Dieu a été fait en référence à la destruction survenue sur la Terre lors du déluge. Ce qui le prouve de manière indiscutable, c'est qu'après le déluge, la malédiction prononcée sur le sol s'est poursuivie de même que les combats et travaux pénibles auxquels il fallait que les hommes se livrent pour faire produire au sol les récoltes nécessaires pour leur survie. S'il allait toujours falloir de durs labeurs aux hommes, Dieu avait donné sa promesse de ne plus jamais détruire le monde au moyen d'un déluge aquatique.

Dieu a juré ***«Je ne maudirai plus la terre»*** et ***« je ne frapperai plus tout ce qui est vivant, comme je l'ai fait, parce que les pensées du cœur de l'homme sont mauvaises dès sa jeunesse »***. Cela veut dire que l'homme est tenu responsable de ses actes pécheurs dès qu'il apprend à discerner entre le bien et le mal, dès un très jeune âge.

«Parce que» peut se traduire de deux manières différentes : La conjonction hébraïque *ki,* peut être rendue dans un sens causal : *«car»* ou *«parce que»*, ce qui signifierait que la destruction de la terre au moyen de l'eau, avait eu lieu parce que le cœur de l'homme était mauvais, selon *Genèse 6.5*. Mais après le déluge, Dieu aurait promis de ne plus jamais prononcer ce genre de malédiction due au péché de l'homme.

Ki est aussi utilisée en hébreu comme conjonction concessive, et signifie dans ce cas *«bien que»* ou *«en dépit du fait que»*[205]. Interprétée sous cet angle, cette affirmation met l'accent sur la miséricorde divine de l'Éternel de la manière qui suit : bien que chaque personne ait péché dès sa jeunesse, Dieu accorde une grâce imméritée. En d'autres termes, même si quiconque sur terre était coupable de mauvaises intentions et par conséquent digne de jugement et de mort, Dieu garderait sa promesse de préserver l'humanité de tout déluge mondial à venir.

Verset 22. Dieu persévérait dans sa détermination à bénir son univers. Au lieu de faire s'abattre de nouvelles précipitations diluviennes pour dévaster la terre, il a promis d'envoyer des pluies régulières pour

---

205 Voir TOB «Certes..., mais...» ; BFC «C'est vrai... Mais... »

rendre la planète habitable. Il a garanti un rythme régulier pour que *«les semailles et la moisson, le froid et la chaleur, l'été et l'hiver, le jour et la nuit ne cessent point.* » Aussi imprévisible et instable que fût le cœur de l'homme en *8.21*, il demeurera toujours une certaine mesure de fiabilité et de stabilité dans les cycles du monde renouvelé par Dieu. L'auteur inspiré a mis l'accent sur la décision par Dieu de rétablir le cycle des saisons agricoles *«les semailles et la moisson»* comme en *Genèse 1.14*. Celui-ci était nécessaire au maintien de la vie et servait de preuve que le monde était toujours pleinement entre les mains du Créateur et sous sa bénédiction[206].

La promesse de Dieu de maintenir cet ordre est nuancée par l'expression *« tant que la terre subsistera »*. Ce langage implique qu'un moment viendra où le monde cessera d'exister. C'est ce qui est dit explicitement dans le Nouveau Testament, qui enseigne que de manière définitive le monde actuel sera détruit après le retour de Christ et le règne de mille ans. Au lieu d'être détruit par l'eau, comme aux temps de Noé, il sera consumé par le feu d'après *2*

---

206 *Matthieu 5.45* ; *Colossiens 1.17* ; *Hébreux 1.3*.

Pierre 3.6, 7, 10, 12. Par conséquent, le peuple de Dieu se prépare à la création d'un monde nouveau : *«Mais nous attendons, selon sa promesse, de nouveaux cieux et une nouvelle terre, où la justice habitera. »* selon *2 Pierre 3.13.*

Voici le cours des choses concernant le Déluge tel que le rédacteur nous le transmet :

- Longtemps à l'avance, Dieu ordonne à Noé de bâtir l'arche, en *Genèse* 6.9-22*)*.

-Dans les sept jours qui précèdent le Déluge, Noé, sur l'ordre de Dieu, entre dans l'arche, en *Genèse* 7.1-9.

-Le dix-septième jour du second mois le Déluge commence, en *Genèse* 7.10-16.

-Pendant les quarante jours de pluie, l'arche commence à flotter puis la pluie cesse, l'accroissement ultérieur de l'inondation entraine le soulèvement du niveau de la mer, en *Genèse* 7.17-19.

-Cent cinquante jours (cinq mois) après le commencement du déluge, le dix-septième jour du septième mois, l'inondation atteint son apogée; l'eau commence à baisser, l'arche s'arrête aux montagnes d'Ararat, en *Genèse* 7.20-8.4.

-Le premier jour du dixième mois, les sommets des montagnes paraissent, en *Genèse* 8.5.

-Quarante jours après, soit le dixième jour du onzième mois, Noé lâche le corbeau; sept jours après, la colombe, qui revient; encore sept jours après, la colombe, qui revient à nouveau; enfin sept jours après, soit le premier jour du douzième mois, la colombe, qui ne revient plus, en *Genèse* 8.6-12.
-Le premier jour du premier mois de la seconde année, les eaux ont disparu, en *Genèse* 8.13.
-Le vingt-septième jour du deuxième mois, Noé sort de l'arche. en *Genèse* 8.14-19.

LE RENOUVELLEMENT DE L'ALLIANCE
(Genèse 9)

En un certain sens, Noé est un second Adam. Lui et sa famille sont sortis de l'arche pour prendre possession d'un nouveau monde purifié de la méchanceté des hommes d'avant le déluge. Dieu par sa grâce permet à l'humanité de prendre un nouveau départ. Il ne révoque pas les malédictions qu'il a prononcées contre le sol et le serpent dans le jardin d'Éden à cause du péché d'Adam et d'Ève, mais il renouvelle ses bénédictions originelles sur la création et ajoute devant les ancêtres de la nouvelle humanité des bénédictions supplémentaires.

L'alliance avec Noé *(9.1-11)*

1 Dieu bénit Noé et ses fils, et leur dit: Soyez féconds, multipliez, et remplissez la terre. 2 Vous serez un sujet de crainte et d'effroi pour tout animal de la terre, pour tout oiseau du ciel, pour tout ce qui se meut sur la terre, et pour tous les poissons de la mer: ils sont livrés entre vos mains. 3 Tout ce qui se meut et qui a vie vous servira de nourriture: je vous donne tout cela comme l'herbe verte. 4 Seulement, vous ne mangerez point de chair avec son âme, avec son sang. 5 Sachez-le aussi, je redemanderai le sang de vos âmes, je le redemanderai à tout animal; et je redemanderai l'âme de l'homme à l'homme, à l'homme qui est son frère. 6 Si quelqu'un verse le sang de l'homme, par l'homme son sang sera versé; car Dieu a fait l'homme à son image. 7 Et vous, soyez féconds et multipliez, répandez-vous sur la terre et multipliez sur elle. 8 Dieu parla encore à Noé et à ses fils avec lui, en disant: 9 Voici, j'établis mon alliance avec vous et avec votre postérité après vous; 10 avec tous les êtres vivants qui sont avec vous, tant les oiseaux que le bétail et tous les animaux de la terre, soit avec tous ceux qui sont sortis de l'arche, soit avec tous les animaux de la terre. 11 J'établis mon alliance avec vous: aucune chair ne sera plus exterminée par les eaux du déluge, et il n'y aura plus de déluge pour détruire la terre.

Versets 1-7 : Le premier commandement et la bénédiction donnés le sixième jour de la création à l'Humain, en *Genèse 1.28,* sont répétés deux fois pour la famille de Noé, en *9.1, 7*. L'homme est réinstallé comme gérant et responsable de la nature **« *Soyez féconds, multipliez, et remplissez la terre* »**, mais à des conditions nouvelles motivées par les circonstances. **« Vous serez un sujet de crainte et d'effroi, »** l'homme ayant désormais le droit de tuer les animaux pour s'en nourrir, **« tout ce qui se meut et qui a vie vous servira de nourriture »**, il devient pour eux un objet de crainte. Dieu autorise expressément l'alimentation animale, sans doute parce que la nourriture végétale n'avait pas eu le temps de repousser et ne répondait plus suffisamment aux besoins de l'homme. Mais Dieu ajoute à cette permission deux restrictions importantes qui doivent en prévenir les abus : l'homme ne doit pas manger avec la chair le sang des animaux, et il ne doit pas verser le sang de son semblable : «**Seulement, vous ne mangerez point de chair avec son âme, avec son sang... Si quelqu'un verse le sang de l'homme »**. Cette première défense avait un motif beaucoup plus élevé que celui de l'hygiène. Elle est motivée selon *Lévitique 17.11,* par le fait que le sang est le véhicule et le symbole de la vie, ce qui ne permet pas de le rabaisser à un emploi alimentaire. Peut-être était-ce aussi pour éviter à l'homme de croire trouver sa force dans le sang de l'animal tué, comme ce fut malheureusement le cas dans les cultes païens.

La seconde défense est motivée par le fait que **« Dieu a fait l'homme à son image »**. Une pareille vie est sacrée, et cela non seulement pour les autres hommes, mais pour les animaux eux-mêmes. Ce sont d'un côté les violences commises avant le Déluge comme dans le chant de Lémec de *Genèse 4.18-24*, et de l'autre l'autorisation de tuer les animaux, qui motivent cette défense expresse. **« *Je redemanderai le sang de vos âmes* »** à cause de la dignité de la vie humaine qui est symbolisée par le sang. J'en demanderai compte à tout animal, sans doute par la main de l'homme. La loi ordonnait en *Exode 21.28* de tuer un animal qui avait causé la mort d'un homme, pour bien indiquer que l'homme est plus précieux aux yeux de Dieu que l'animal.

« *Si quelqu'un verse le sang de l'homme, par l'homme son sang sera versé* ». Dieu institue par ces mots la répression sociale du crime. Jusqu'alors les violences déchaînées sur la terre, en *Genèse 6.5,* n'avaient pas rencontré la barrière de la justice humaine et n'avaient pu être punies que sous la forme de la vengeance. Maintenant l'homme est établi par Dieu pour exercer la justice et pour punir le meurtrier en versant son sang comme il a versé celui de son frère, selon *Romains 13.4*. C'est l'institution de la peine de mort en cas de meurtre qui détruit l'image de Dieu et qui est une offense à Dieu lui-même. Cette peine était destinée à montrer aux hommes la valeur de leur vie aux yeux de Dieu. *Zacharie 2.12,* en effet, rapporte la parole de l'Éternel aux exilés à Babylone : « *Celui qui vous touche, touche la prunelle de mon œil !* » L'homme qui ôte la vie à son semblable de façon délibérée met la sienne en gage entre les mains de la société et de sa justice. À ces conditions, la vie sociale pourra prospérer de nouveau sur la terre, et la bénédiction du *verset 1* se réaliser.

Versets 8-11 Après avoir indiqué dans les versets précédents quelles seront les obligations de l'homme dans l'économie nouvelle, **« *Dieu parla encore* »** ; cette reprise fait ressortir la solennité particulière des paroles qui vont suivre et annonce ce que Dieu fera de son côté «***Voici, j'établis mon alliance avec vous*** ». Ce verset et le suivant indiquent quels seront les participants de l'alliance : ce n'est pas seulement la famille qui est sortie de l'arche, mais toute l'humanité qui descendra d'elle, et même tous les animaux. Cette alliance est ici un engagement que Dieu prend librement, au *verset 11* de ne plus laisser la terre et l'humanité être détruites par les eaux comme cela était arrivé : ***«il n'y aura plus de Déluge pour détruire la terre »***.

Le signe qui accompagne l'alliance est celui que Dieu donne pour attester de son engagement envers *« tous ceux qui sont sortis de l'arche »*. Cette parole du *verset 10* résume la liste des alliés de Dieu, qui précède ; ce ne sont pas seulement les hommes et les animaux sortis de l'arche qui ont part à la bénédiction, mais encore tous ceux qui descendront d'eux. Si les animaux sont participants de l'alliance, c'est qu'il existe un lien de solidarité intime entre eux et l'humanité. De même qu'ils ont été anéantis à cause des péchés de l'homme, en *Genèse 6.7*, de même ils auront part à la conservation promise et aux bénédictions nouvelles.

Le signe de l'Alliance *(9.12-17)*

12 Et Dieu dit: C'est ici le signe de l'alliance que j'établis entre moi et vous, et tous les êtres vivants qui sont avec vous, pour les générations à toujours: 13 j'ai placé mon arc dans la nue, et il servira de signe d'alliance entre moi et la terre. 14 Quand j'aurai rassemblé des nuages au-dessus de la terre, l'arc paraîtra dans la nue; 15 et je me souviendrai de mon alliance entre moi et vous, et tous les êtres vivants, de toute chair, et les eaux ne deviendront plus un déluge pour détruire toute chair. 16 L'arc sera dans la nue; et je le regarderai, pour me souvenir de l'alliance perpétuelle entre Dieu et tous les êtres vivants, de toute chair qui est sur la terre. 17 Et Dieu dit à Noé: Tel est le signe de l'alliance que j'établis entre moi et toute chair qui est sur la terre.

Versets 12-17 « *Et Dieu dit* ». Nouvelle reprise : Dieu fait un pas de plus dans sa promesse de grâce. « *C'est ici le signe de l'alliance* ». À chaque alliance de Dieu avec son peuple correspond un signe extérieur. Dans les relations entre hommes, ce signe servirait à rappeler à chaque partie contractante son engagement ; dans les relations entre Dieu et l'homme, il doit servir à donner à ce dernier la garantie de la fidélité de Dieu. Comme cette alliance est universelle, le signe en est un signe céleste, visible par tous et dans toutes « *les générations à toujours* ». Cette alliance ne sera pas passagère, mais permanente et irrévocable comme celle qui sera traitée plus tard avec Abraham et le peuple d'Israël.

Du mot « *j'ai placé* » on ne peut conclure que l'arc-en-ciel et par conséquent la pluie n'avaient pas existé avant le déluge. Ce qui est nouveau, ce n'est pas le phénomène, mais la signification qui lui est donnée : « *Et je me souviendrai* », en *Genèse 8.1*. À chaque fois qu'après une longue série de pluies l'arc-en-ciel apparaîtra, ce sera pour les hommes la garantie certaine que la pluie ne tombera pas jusqu'à devenir un déluge. On comprend cette répétition si l'on se représente la terreur qu'avait dû laisser dans le cœur de Noé et des siens la catastrophe dont ils venaient d'être les témoins. Ce verset « ***Tel est le signe de l'alliance que j'établis entre moi et toute chair qui est sur la terre*** » est comme l'amen final apposé à cette grande promesse. L'histoire montre qu'elle a été fidèlement tenue. Le phénomène de l'arc-en-ciel a tout naturellement sollicité l'imagination des peuples anciens. Les Hindous y voyaient l'arc avec lequel le dieu Indra avait vaincu les démons soustracteurs de l'eau et des pluies du ciel. Chez les Grecs on le divinisa, et il devint, sous le nom d'Iris, la messagère brillante et rapide des dieux. D'autres peuples le considéraient comme le pont lumineux jeté entre le ciel et la terre. Combien la signification que Dieu donne à ce phénomène naturel est plus sainte et plus belle que toutes celles que les hommes ont imaginées! Comparez *Apocalypse 4.3* où l'arc-en-ciel environne le trône de Dieu comme symbole de la grâce.

La prophétie de Noé sur ses descendants *(9.18-29)*

18 Les fils de Noé, qui sortirent de l'arche, étaient Sem, Cham et Japhet. Cham fut le père de Canaan. 19 Ce sont là les trois fils de Noé, et c'est leur postérité qui peupla toute la terre. 20 Noé commença à cultiver la terre, et planta de la vigne. 21 Il but du vin, s'enivra, et se découvrit au milieu de sa tente. 22 Cham, père de Canaan, vit la nudité de son père, et il le rapporta dehors à ses deux frères. 23 Alors Sem et Japhet prirent le manteau, le mirent sur leurs épaules, marchèrent à reculons, et couvrirent la nudité de leur père ; comme leur visage était détourné, ils ne virent point la nudité de leur père. 24 Lorsque Noé se réveilla de son vin, il apprit ce que lui avait fait son fils cadet.

Ces versets sont bien tristes à lire ! Si seulement Moïse avait mis un point final après le récit de l'alliance de Dieu ! Si le récit du Déluge était un conte de fée, il se terminerait comme toutes les belles histoires : « Puis Noé et sa famille vécurent heureux et eurent beaucoup d'enfants ». D'ailleurs, dans le faux récit mythologique du Moyen Orient qui se rapproche le plus du texte biblique, Utnapishtim, le héros, jouit de l'immortalité après le Déluge. Mais la vie réelle est plus compliquée, et la Bible la raconte telle qu'elle est. Elle est un livre honnête et ne dissimule pas les défauts ni les imperfections de ses héros même les plus saints.

Ce trait, le seul qui soit rapporté des trois siècles et demi durant lesquels Noé a survécu au déluge, fait la transition entre l'histoire de ce cataclysme et celle de l'extension de l'humanité. Cette extension est motivée par une scène de famille qui donne à chacun des trois frères l'occasion de manifester son caractère.

Versets 18-24 : Le premier verset introduit les personnages qui joueront un rôle dans cette scène *« Les fils de Noé...étaient Sem, Cham et Japhet »*. Si Canaan est expressément mentionné comme fils de Cham : *« Cham fut le père de Canaan »*, c'est parce que, dans la malédiction qui suivra, il sera nommé à la place de son père. *« C'est leur postérité qui peupla toute la terre. »* L'auteur entend donc bien que toute l'ancienne humanité, à l'exception de Noé et de ses fils, avait péri. Ces deux *versets 18-19* sont à la fois la clôture de l'histoire du déluge et l'introduction du morceau suivant. *« Noé commença à cultiver la terre, et planta de la vigne. »*

D'autres ont traduit : ***«Et Noé, qui était cultivateur, commença à planter de la vigne »*** (Bible annotée) ; « *laboureur de la terre* » (Bible Martin) ; la géographie botanique constate que l'Arménie a été la patrie primitive de la vigne. Chez les païens, cette invention, comme toutes les autres, est attribuée à un dieu : Bacchus chez les Grecs, Osiris chez les Égyptiens. La Genèse souligne qu'elle est la conséquence de l'activité de l'homme. *« Il but du vin, s'enivra ».* Noé est sans doute excusable, puisqu'il ne connaissait pas encore l'effet du vin ; il n'en reste pas moins vrai qu'il y a là une chute que l'Écriture ne cache pas plus qu'elle ne déguise celles des autres hommes de Dieu. On est frappé encore une fois du contraste entre cet esprit de vérité et l'apothéose de Hasisatra, le héros du déluge dans les récits chaldéens. *« Cham, père de Canaan » (v 22).* Pourquoi cette insistance à répéter que Cham était le père de Canaan? Plusieurs commentateurs, se conformant à une ancienne tradition juive, ont supposé que c'était Canaan qui avait vu le premier la nudité de Noé; il l'aurait rapporté à Cham, qui, à son tour, serait allé le dire à ses frères, au *verset 25*. Mais le texte implique plutôt que l'action de Cham aura des conséquences négatives pour les générations suivantes. *« Il le rapporta »* à ses frères dans un sentiment de mépris et de moquerie. Certains traduisent *« Alors **Sem** et Japhet »,* par *«Alors Sem* *avec Japhet »*. D'après cette traduction, c'est Sem qui a pris l'initiative. « **Le manteau** » était le vêtement de dessus servant de couverture pour la nuit[207], dont leur père se couvrait ordinairement.

« *Lorsque Noé se réveilla de son vin, il apprit ce que lui avait fait son fils cadet* ». L'ordre dans lequel les fils de Noé sont ordinairement indiqués est : « *Sem, Cham et Japhet* »[208]. Il semble donc d'après ces passages que Japhet, et non Cham, soit le cadet. Quelques interprètes qui comprennent la chose ainsi ont essayé de prendre le mot hébreu *katan*, petit, dans le sens de petit-fils et l'ont appliqué à Canaan. Mais *katan* n'a jamais ce sens. D'autres, maintenant le sens de « cadet », y voient l'idée de cadet par rapport seulement à Sem, qui joue le rôle principal dans le *verset 23*. Mais il est plus naturel d'admettre que la série « **Sem, Cham et Japhet** » n'est pas chronologique et que, si Cham a été placé entre Sem et Japhet, c'est parce que, dès les temps les plus anciens, les Israélites ont eu comme voisins les plus rapprochés des Chamites.

Reste la question de savoir lequel était l'aîné, de Sem ou de Japhet ? Cela dépend de

---

207 Exode 22.6; Deutéronome 24.13
208 Genèse 5.32; 6.10; 9.18; 10.1

l'interprétation de *Genèse 10.21,* qui peut être traduit : *« Sem, frère de Japhet l'aîné »*, ou : *« Sem, frère aîné de Japhet »*. En faveur de la première interprétation, on cite l'ordre des trois généalogies de *Genèse 10* : *« Japhet, Cham et Sem »*. Mais, comme nous avons fait remarquer déjà, la généalogie de la race élue est énoncée toujours en dernier dans la Genèse aux *chapitres 10 et 11,* de sorte qu'on ne peut pas considérer cet ordre comme chronologique. Du reste, la première construction dont nous parlons ici n'est pas conforme à l'usage de la langue hébraïque. La seconde interprétation nous paraît donc préférable. En effet, le but de cette remarque nous semble être d'éviter qu'on ne s'imagine en lisant *Genèse 10* que Sem, étant le dernier en liste, était le cadet. La série réelle des fils de Noé est donc selon nous : *« Sem, Japhet et Cham »*.

Une autre raison de mettre Sem en premier tient peut-être au fait que Sem est, quel que soit son rang dans la fratrie, l'ancêtre du peuple choisi par Dieu pour lui appartenir en propre, en hébreu *am segoulah*, littéralement « peuple trésor » dans *Deutéronome 7.6,* pour porter son nom parmi les nations en observant ses commandements et obtenir ainsi de Dieu « la prééminence sur les nations, en gloire, en renom et en magnificence » selon *Deutéronome 26.19*.

La prophétie de Noé *(9.25-29)*

25 Et il dit: Maudit soit Canaan! Qu'il soit l'esclave des esclaves de ses frères! 26 Il dit encore: Béni soit l'Éternel, Dieu de Sem, et que Canaan soit leur esclave 27 Que Dieu étende les possessions de Japhet, qu'il habite dans les tentes de Sem, et que Canaan soit leur esclave! 28 Noé vécut, après le déluge, trois cent cinquante ans. 29 Tous les jours de Noé furent de neuf cent cinquante ans; puis il mourut.

Versets 9.25-27 : Noé, animé de l'esprit prophétique, voit dans les dispositions actuelles de chacun de ses trois fils les traits caractéristiques des trois races qui sortiront d'eux. C'est pourquoi il peut prononcer ces trois sentences d'une portée générale. L'Écriture est d'accord avec la science pour reconnaître la loi de l'hérédité, mais sans porter atteinte au fait de la liberté, car les descendants ne sont responsables de la disposition transmise que dans la mesure où ils la sanctionnent en y acquiesçant volontairement.

C'est un sentiment d'indignation contre Cham et Canaan qui domine dans le cœur de Noé empli peut-être d'une profonde tristesse devant le sort de son fils ; il y donne libre cours dans les premiers mots et il y revient après chacune des deux promesses suivantes adressées à ses fils aînés.

« Et il dit : Maudit soit Canaan ! » Cette malédiction de Canaan au lieu de Cham a fait supposer à plusieurs interprètes que ce récit n'était qu'un mythe destiné à justifier après coup la destruction du peuple cananéen par les Israélites. Mais dans ce cas-là, on ne comprendrait pas qu'aucune part ne soit attribuée à Cham dans la faute commise et qu'elle soit mise tout entière à la charge de Canaan. Et comment Japhet serait-il désigné avec Sem comme l'instrument du jugement divin sur Canaan? Aucun peuple issu de Japhet n'a coopéré à la destruction des Cananéens par Israël. La malédiction de Canaan n'a donc pas l'intention qu'on lui attribue en y voyant un mythe inventé après coup.

D'autres ont supposé que si c'était sur Canaan que portait la malédiction c'était parce qu'il était le fils cadet de Cham et que celui-ci, fils cadet de Noé, devait être puni dans la personne du cadet de ses fils. Nous constaterons sans doute souvent l'exactitude avec laquelle la punition de Dieu est appropriée à la faute (voir l'histoire de Jacob), mais cette rétribution ne s'attache pourtant qu'aux coupables.

Nous sommes ainsi amenés à l'une ou l'autre de ces suppositions : ou bien Canaan avait pris à la faute de son père une part qui n'est pas indiquée dans le récit, ou bien Noé savait que les défauts inhérents au caractère de Cham et de ses fils atteindraient leur point culminant chez le plus jeune de ceux-ci. Une autre explication possible est que la tendance vers le mal qui se cache et se manifeste chez Cham (un peu comme Caïn) fut encore plus marquée chez Canaan. La malédiction fut donc une déclaration prophétique à la fois de sa conduite immorale et de ses conséquences.

Une autre explication encore est que Canaan lui-même commit un acte de vulgarité contre son grand-père et que Noé s'en rendit compte plus tard. **« Lorsque Noé se réveilla de son vin, il apprit ce que lui avait fait son fils cadet »**. Il se peut que le *verset 24* s'applique à Canaan en tant que « petit-fils cadet » de Noé plutôt qu'à Cham en tant que « fils cadet ». En effet, dans la Bible « fils » signifie souvent « petit-fils » ou désigne un autre descendant. Dans ce cas, Canaan fut maudit, non à cause du péché de son père, mais à cause de son propre péché. Enfin dans sa grâce Dieu permit peut-être à Noé de maudire seulement une petite partie de la descendance de Cham plutôt qu'un tiers de la population du monde.

Une interprétation différente de ce texte peut s'entrevoir à cause de la mauvaise traduction de l'interjection *« **Maudit soit** ! »* : au lieu d'être une malédiction lancée contre quelqu'un, on peut la comprendre comme une exclamation de chagrin du père qui entrevoit le malheur engendré par l'irrespect de son fils et de sa descendance envers leur père et grand-père : « Malheureux sera Canaan !... il sera l'esclave de ses frères ! ». En se moquant de la faiblesse de leur créateur terrestre, Cham et Canaan manifestaient leur manque de respect envers le Dieu Créateur qui leur avait donné à tous la vie ! La nudité de Noé n'était mauvaise à voir que parce qu'elle révélait l'état d'inconscience et de déchéance dans laquelle l'ivresse de Noé l'avait plongé. Dieu au lieu de se détourner de nous lorsque nous tombons dans le péché, vient comme Sem et Japhet l'ont fait, nous « couvrir du manteau de la justice » de Christ, selon *Ésaïe 61.10*, si nous nous tournons vers lui au réveil de notre conscience !

Au lieu de bénir Sem directement, Noé bénit l'Éternel qui le bénira. *« **Il dit encore: Béni soit l'Éternel, Dieu de Sem** »*. Noé a le sentiment que, dans ce moment déjà, Sem est vis-à-vis de l'Éternel dans une relation particulière. C'est à la famille de ce patriarche que Dieu continuera à se révéler, et c'est en elle que son culte se perpétuera, même quand l'idolâtrie aura envahi le monde; c'est d'elle que sortira le peuple dont il sera le Dieu. Les mots suivants : « ***et que Canaan soit son esclave*** », sont comme une espèce de refrain qui revient encore une fois tel quel après la bénédiction de Japhet. On pourrait traduire aussi « ***leur*** » serviteur, ce qui signifierait serviteur de Cham et de Japhet; mais non de Sem pris au sens collectif, c'est-à-dire des Sémites, comme on l'a entendu souvent. Soulignons qu'elle ne frappe pas toute la lignée de Cham.[209]

Il est regrettable au plus haut point que ce passage ait été appliqué à tous les Noirs d'Afrique. De nombreux chrétiens réformés hollandais et américains propagèrent autrefois l'idée que les Noirs sont des êtres inférieurs, moins intelligents, juste bons à être les esclaves de l'homme blanc. Ce fut la justification théologique du commerce des esclaves et plus tard de la politique d'apartheid en Afrique du Sud. Cette interprétation abominable montre combien on peut faire dire n'importe quoi à la Bible

---

[209] *Pierre Berthoud : « On pourrait cependant dire que nous sommes devant une parole prophétique qui éclaire les relations futures entre Israël et les cananéens. Cf. la conquête et les conflits qui jalonnent toute l'histoire biblique »*

et que la prudence et la sagesse s'imposent dans l'interprétation de l'Écriture. Avec quelle facilité la culture, les préjugés et la pensée dominante du monde peuvent teinter notre façon de penser et comprendre la Bible !

*« **Que Dieu étende les possessions de Japhet** »* Que Dieu donne de l'espace. Ces mots ne sont autre chose que la paraphrase du nom de Japhet, dont le sens est : « ***qu'il étende*** ». *Genèse 10* nous montrera comment cette bénédiction s'est réalisée par l'immense extension qu'a prise sur le globe la postérité de Japhet.

Remarquons que le mot Dieu, *'Elohim,* est employé ici, tandis que pour Sem l'auteur a employé le mot *Yahweh, « l'Éternel, Dieu de Sem »*. Ce changement sous la plume du même auteur, doit être intentionnel. *'Elohim* est le Dieu de la nature, celui par conséquent qui bénit dans le domaine temporel. Mais cette bénédiction ne sera pas la seule, comme le montrent les mots suivants.

*« **Qu'il habite dans les tentes de Sem** »*. Le sujet de cette phrase est Japhet, et non pas Dieu. En effet le *verset 27* renferme la bénédiction de Japhet, comme le *verset 26* celle de Sem. Puis si c'était Dieu qui habitait dans les tentes de Sem, l'auteur aurait employé comme au *verset 26* le nom de *Yahweh* au

lieu de celui d'*'Elohim* ; du reste l'Éternel n'est jamais désigné comme habitant les tentes du peuple; son habitation au milieu d'Israël est la Tente du Témoignage ou de la Rencontre.

Sem et Japhet s'étaient unis dans un même sentiment de respect filial; aussi sont-ils réunis sous une bénédiction commune; mais comme c'est de Sem qu'était partie l'initiative dans leur conduite filiale, c'est aussi lui qui communiquera à Japhet la bénédiction dont il aura été le premier l'objet. Il est impossible d'entendre l'expression «***qu'il habite dans les tentes de Sem***» au sens littéral; ainsi comprise, cette promesse serait matériellement incompatible avec la précédente. On a voulu y voir l'annonce d'une conquête des territoires sémitiques par les Japhétites. Mais cette idée est contraire au texte lui-même, qui parle d'une cohabitation paisible, d'une hospitalité exercée par Sem. Il n'y a donc qu'un sens possible : Sem ayant été désigné comme celui des fils de Noé avec lequel Dieu continuera à communiquer, « habiter dans ses tentes » signifie « participer » à cette communication divine accordée à Sem. Japhet et sa descendance trouveront dans la descendance de Sem l'abri spirituel proposé par Dieu[210].

On a tenté d'échapper à cette interprétation toute spirituelle en donnant ici au mot hébreu **Shem,** véritable prononciation de **Sem,** le sens de « **nom** », qu'il a habituellement comme nom commun. On arrive ainsi à traduire : *« Que Japhet habite dans les tentes de nom »*, c'est-à-dire « des tentes illustres ». Mais l'auteur avait pour désigner la gloire d'autres mots que ce nom de **Shem** qui, dans ce contexte, prêtait nécessairement à équivoque. Il est impossible d'ailleurs de trouver dans toute l'Écriture une locution pareille.

« Que Canaan soit leur esclave ! ». Nous avons observé déjà que ces mots empêchent d'appliquer la menace faite à Canaan aux peuples cananéens spécialement, car ils n'ont jamais eu à faire avec les Japhétites avant la prise de Tyr par Alexandre le Grand et les guerres des Romains contre les Carthaginois. **« Il s'ensuit que nous ne voyons pas (avec plusieurs exégètes) quelle application il faut donner à cette parole prophétique »**[211].

---

[210] *Psaume 91.1 ; 31.21 ; 119.114 ; Joël 4.16*

[211] *Selon Pierre Berthoud*

On pourrait nous objecter sans doute la grandeur de l'Égypte et de la Phénicie. Mais ces peuples eux-mêmes ont fini par céder à la puissance des deux autres lignées, et l'état actuel des tribus chamitiques qui, comme nous le verrons dans *Genèse 10*, se sont surtout étendues en Afrique, ne justifie que trop clairement la parole prophétique de Noé.

Si l'on cherche dans l'histoire la réalisation de cette vaste prophétie, on la trouvera donc :
1- dans le fait que c'est dans la famille de Sem que s'est conservée la vraie relation à Dieu.
2- dans l'immense révolution spirituelle par laquelle les peuples européens ou japhétiques ont été incorporés au royaume de Dieu, sorti de la famille de Sem.
3- dans le caractère « primaire »[212] ou traditionnel des lignées chamitiques par rapport aux peuples sortis des deux autres lignées, ne pourrait-on pas voir l'illustration d'une leçon spirituelle sur l'homme qui, selon l'apôtre Paul, est constitué d'un esprit, faculté d'entrer en contact avec Dieu symbolisée par Sem, d'une âme, faculté comprenant l'intellect,

---

212 Nous entendons par ce mot « primaire », l'état de ces peuples que l'instinct naturel a dominés et a empêchés de se développer dans les domaines de l'industrie comme Japhet, ou de la spiritualité comme Sem.

l'affectif, la volonté, symbolisée par Japhet, et d'un corps[213], faculté de communiquer à l'extérieur et d'agir concrètement symbolisée par Cham ? Tant que ces trois constituants sont unis dans le respect du Créateur, l'harmonie règne entre eux ; mais lorsque l'être intérieur oublie le Créateur, se laisse dominer par le plaisir enivrant comme Noé, ou se laisse aller à ses pulsions naturelles comme Cham et Canaan, la disharmonie et la souffrance apparaissent, et les rapports de force règlent les comportements, amenant chacun à réprimer sévèrement ses instincts naturels au profit de la spiritualité ou de l'intellect, dans un déséquilibre constant, que seule la présence de Dieu dans le cœur pourra faire disparaître.

Cet exposé suffit pour prouver que ce n'est pas ici une parole soi-disant prophétique composée après les événements auxquels elle se rapporte, mais une véritable et grandiose prophétie embrassant la totalité de l'histoire de l'humanité. Il serait d'ailleurs impossible de trouver dans l'histoire israélite un moment où un auteur quelconque aurait pu mettre ces mots dans la bouche de Noé. Après la conquête de Canaan, personne n'aurait associé les Japhétites

---

213 1 Thessaloniciens 5.23

à cet exploit; et au temps de la grandeur des Phéniciens, descendants de Canaan, personne à la vue de ce peuple riche et puissant n'aurait parlé des Cananéens comme Noé en parle ici. Enfin, quel Israélite aurait jamais inventé le fait honteux qui est l'occasion de toute cette scène? Nous concluons donc à la pleine réalité de la prophétie mise dans la bouche de Noé et à la vue vraiment surnaturelle dont elle est l'expression.

Nous devons remarquer aussi que la malédiction prononcée contre la lignée de Cham a un caractère purement temporel et que rien n'empêche d'admettre que cette malédiction une fois enlevée par la rédemption, les Chamites ne puissent avoir part au salut accordé à leurs frères. Alors se réalisera pleinement cette parole : « **Dieu bénit Noé et ses fils en disant : ...J'établis mon alliance avec vous et avec votre postérité après vous.** » voir *Genèse* 9.1, 9.

« *Noé vécut, après le déluge, trois cent cinquante ans.* **Tous les jours de Noé furent de neuf cent cinquante ans; puis il mourut** ». Avec ces versets, l'auteur revient sur des dates de vie. Elles complètent *Genèse 5,* en donnant les dernières indications sur l'âge de Noé.

LES DESCENDANTS DE NOÉ
(Genèse 10)

Quelques remarques générales

Les informations contenues au chapitre 10 sont communément dénommées «la Table des Nations»[214]. Cette liste est en réalité une généalogie qui nous renseigne sur ce qui est arrivé aux fils de Noé *«après le déluge»,* dans *10.1, 32.* L'auteur a présenté un arbre généalogique constitué de trois branches principales avec à la tête de chacune d'elles respectivement Sem, Cham et Japhet. Cet ordre, qui apparaît de manière répétée dans le texte[215] est inversé lorsque les embranchements généalogiques sont présentés : Japhet *(10.2-5)*, Cham *(10.6-20)*, et Sem *(10.21-31).*

L'ordre des fils de Noé a plus trait à des motifs théologiques qu'à leur ordre de naissance. Pour

---

[214] *Voir : Kenneth A. Mathiews, Genesis 1-11.26, the New American Commentary, vol1A (Nashville : Broadman & Holman Publishers, 1996, 434 ; Daniel I.Block : Table of Nations, in The International Standard Bible Encyclopedia, rev.ed., ed Geoffrey W. Romiley (Grand Rapids, Mich. : Wm. B. Eerdmans Publishing Co., 1988, 4:708.*
[215] *Genèse 5.32 ; 6.10 ; 7.13 ; 9.18 ; 10.1*

l'auteur, Japhet et ses descendants étaient les moins importants, puisque c'est avec eux que les Israélites ont eu le moins de contacts aux temps anciens. Leur lignée, traitée de la manière la plus succincte, n'est suivie que sur trois générations.

Ensuite, les Chamites sont retracés sur quatre générations du fait qu'ils sont appelés à jouer un rôle de premier ordre dans l'histoire biblique, en tant que nations contre lesquelles Israël allait devoir lutter. En premier lieu, il y avait les Cananéens, les Égyptiens et les Babyloniens.

La postérité de Sem est citée en dernier – non parce qu'il était le plus jeune fils de Noé, en *Genèse 9.24* c'est Cham qui occupait cette position, mais parce qu'il était le fils le plus important du patriarche. Ses descendants sont retracés sur six générations, puisqu'Abraham devait finalement provenir de cette lignée ; et de lui naîtrait la nation d'Israël !

La Table des Nations n'est pas exhaustive mais plutôt sélective. La liste rapporte soixante-dix noms (7x10), ce qui symbolise la totalité, la complétude et l'entièreté. Le nombre *«soixante-dix»* apparaît dans plusieurs contextes importants : soixante-dix membres de la famille de Jacob sont descendus en Égypte, selon *Genèse 46.27*. Dans le désert, Israël avait soixante-dix anciens, en *Exode 24.1*. Les Juifs ont été emmenés en captivité à Babylone pendant soixante-dix ans dans *Jérémie 25.11-12 ; 29.10* et Jésus a envoyé soixante-dix disciples pour une mission limitée en *Luc 10.1-17.* De même, le Sanhédrin juif à Jérusalem était constitué de soixante-dix membres (Mishnah Sanhedrin 1.6). Ce nombre suggère que la bénédiction de Dieu accordée à Noé et à ses fils s'était étendue au monde entier connu, d'après *Genèse 9.1, 19*. Une autre indication que l'auteur a opéré une sélection pour arriver au nombre symbolique « 70 », a trait aux deux fils d'Héber : Péleg et Yoqtân. Bien qu'il ait énuméré treize fils de Yoqtân, en *Genèse 10.25-29*, il n'a mentionné le nom des descendants de Péleg qu'au prochain chapitre, où il n'a retenu que la lignée qui aboutit à la période abrahamique dans *Genèse 11.18-26.*

Sans aucun équivalent dans toute la littérature des temps anciens, la Table des Nations est unique dans le monde antique. De nombreux récits citent les fondateurs des villes et les noms des souverains, dont il est dit qu'ils ont vécu des milliers, voire des dizaines de milliers d'années. Néanmoins, la plupart d'origine historique lointaine, ont pris une dimension légendaire dans les générations ultérieures de manière à légitimer leur prétention à gouverner la Mésopotamie et à créer un passé glorieux pour leur civilisation.

La Table est également remarquable de par l'étendue de la zone géographique qu'elle couvre. Elle s'étend au nord jusqu'aux Monts du Caucase et au sud jusqu'à la péninsule arabique. Elle s'étend à l'est jusqu'au plateau iranien et à l'ouest la Grèce et peut-être même jusqu'à l'Espagne, si c'est là que la ville antique de Tarsis se situait.

La composition de la Table pose quelques difficultés pour le lecteur contemporain. Il n'est pas facile de discerner l'intention sous-jacente à la divulgation de ces informations du fait que la Table est plus qu'une liste d'individus et leurs descendants. En plus des noms propres, elle contient les noms de peuples, de tribus, de villes, de nations et de lieux où certains groupes ont vécu ; chaque nom peut être soit le nom d'un individu soit celui d'une entité géopolitique.

Cette liste inclut des groupes de gens, utilisant les noms de tribus comme *«Madaï»*, qui renvoie aux Mèdes de *Genèse 10.2*. Bon nombre des nations énumérées portent la terminaison hébraïque masculine plurielle distinctive *–im* : *«Kittim»*, *«Loudim»*, *«Kaphtorim»*, etc. en *Genèse 10.4, 13-14*. D'autres noms de peuples sont identifiés en hébreu par une terminaison indiquant la nationalité, *–i*, correspondant à la terminaison française en *«iens»* ou *«éens»*, notamment dans *«Yébousiens»*, *«Amoréens»*, *«Héviens»* et *«Cananéens»* dans *Genèse 10.16-18*. Les toponymes sont aussi inclus : *«Babel»* (Babylone), *«Ninive»* et d'autres, en *Genèse 10.10-12*.

Comme dans le cas des généalogies mentionnées dans *Genèse 5*, lorsque l'auteur fait référence aux *«fils de »*, ou utilise l'expression *«engendra»*, ces expressions ne font pas nécessairement référence à une relation directe père/fils. Elles signifient qu'un individu prééminent était le «père» ou ancêtre, des peuples, tribus ou nations, lesquels étaient appelés ses *«fils»* du fait qu'ils appartenaient à sa lignée, s'étalant sur une longue période. Plusieurs exemples pourraient être cités, toutefois, deux suffiront. *«Madaï»* les Mèdes, *(10.2)*, descendent de Japhet et ont vécu dans le nord-est de la vallée de la grande Mésopotamie. De même : *«Mitsraïm»* est un terme qui revêt une double signification en hébreu : c'est le nom que portait l'un des fils de Cham *(10.6)*, mais il signifiait aussi «Égypte», ce pays étant parfois surnommé le *«pays de Cham»* au *Psaume 105.23, 27*. Il renvoie aux deux parties constitutives dans lesquelles les

Égyptiens habitaient : La «Haute-Égypte» (l'Égypte du Sud) et la «Basse Égypte» (la zone du Delta).

D'autres caractéristiques de la Table peuvent prêter à confusion. Les descendants de Japhet ont vécu principalement au nord et à l'ouest du pays de Canaan, plus tard Israël et la Palestine, devenant ainsi les habitants de l'Europe, tandis que ceux qui descendaient de Cham se sont installés au sud de Canaan en Arabie et Afrique, et les rejetons de Sem ont occupé l'est de Canaan, en Mésopotamie. Néanmoins, il existe des recoupements dans la liste, car Havila *(10.7, 29)*, Seba *(10.7, 28)*, et Loud ou les Loudim *(10.13, 22)* sont tous énumérés aussi bien sous Cham que sous Sem. Une explication probable est que les descendants d'un fils ont antérieurement occupé une partie d'une certaine région, et que plus tard, ces derniers furent chassés par les descendants de l'autre fils. Comme c'est clairement le cas dans d'autres généalogies, il se pourrait que certains descendants de Cham et de Sem aient eu les mêmes noms ; et que des hommes portant des noms identiques aient vécu dans la même région pendant une certaine période. Ces individus n'étaient pas nécessairement contemporains. Des groupes différents ont peut-être vécu et prospéré à diverses époques.

Dans la Table des Nations, l'accent est mis sur des zones géographiques de peuplement. Après avoir quitté l'arche, les fils de Noé et leur famille ont commencé à peupler la terre selon le plan divin de *Genèse 9.1*, effectuant des migrations dans l'ensemble de l'hémisphère est[216].

L'arbre généalogique de Noé *(10.1)*

1 Voici la postérité des fils de Noé, Sem, Cham et Japhet. Il leur naquit des fils après le déluge.

Verset 1. Comme nous l'avons vu auparavant **« *Voici la postérité* »**, l'auteur a commencé le récit, en hébreu *toledoth,* de la généalogie de **« *Noé* »** par une affirmation concernant ses **« *fils* »** et la postérité qui leur est née **« *après le déluge* »**. Non seulement le récit inverse l'ordre habituel d'apparition de **« *Sem, Cham et Japhet* »** *de Genèse 10.2, 6, 21*, mais il sépare aussi les deux récapitulations de la généalogie de Sem[217] en plaçant l'incident de la Tour de Babel entre eux, dans *Genèse 11.1-9.* Cela indique que la postérité de Sem, de même que les descendants de Cham et de Japhet, faisait partie des peuples dispersés qui

---

216 Pour une liste généalogique semblable voir 1Chroniques 1.4-23
217 Genèse 10.21-31 ; 11.10-26

avaient échoué dans leur tentative de construire une tour *«une tour dont le sommet touche au ciel»* selon *Genèse 11.4*.

Les fils de Japhet *(10.2-5)*

2 Les fils de Japhet furent: Gomer, Magog, Madaï, Javan, Tubal, Méschec et Tiras. 3Les fils de Gomer: Ashkenaz, Riphath et Togarma. 4 Les fils de Javan: Élisha, Tarsis, Kittim et Dodanim. 5C'est par eux qu'ont été peuplées les îles des nations selon leurs terres, selon la langue de chacun, selon leurs familles, selon leurs nations.

Verset 2. L'énumération des membres de la famille de Noé commence par les descendants de « *Japhet* », dont l'ordre de naissance fait l'objet d'un débat. Très certainement, la maison de Japhet s'est élargie, conformément à la bénédiction prononcée en *Genèse 9.27*.

Comme il a été noté dans le commentaire de *Genèse 5*, le chiffre «7» et ses multiples étaient significatifs pour les auteurs de Genèse, de même que pour d'autres auteurs bibliques, dans la présentation des données généalogiques. C'est avéré dans la Table des Nations qui comporte un total de soixante-dix noms (7x10). L'auteur dresse premièrement la liste de sept fils de Japhet mais, de toutes les ramifications de cet arbre généalogique, il n'inclut que trois petits-fils de Gomer et quatre petits-fils de Yavân. Aucun des enfants et petits-enfants des autres fils de Japhet n'est mentionné ; par conséquent, le nombre de descendants inclus dans la Table est limité à quatorze (7 fils+7 petits-fils=14). Comme nous l'avons vu dans les données généalogiques de *Genèse 5*, les généalogies étaient souvent sélectives. Les écrivains choisissent souvent uniquement de dresser la liste des personnes les plus importantes et réduisent souvent le nombre de noms à «7» ou aux multiples de «7».

Le premier fils de Japhet s'appelle « ***Gomer*** ». Il est cité en *Ézéchiel 38.6*, probablement pour identifier le peuple que les Assyriens appelaient Gimirraya, les Cimmériens. Il s'agissait d'un peuple puissant, d'extraction indo-européenne. Ils se sont répandus à travers les Monts du Caucase au huitième siècle avant Jésus-Christ, constituant une menace pour les Assyriens, qui à l'époque s'étendaient vers l'ouest depuis la Mésopotamie. Ils se sont finalement établis vers l'est de l'Asie Mineure en Cappadoce[218].

« Magog » ne peut être identifié avec certitude ; mais ce nom est également cité, aux côtés de «Méchek» et «Tubal», comme faisant partie des ennemis d'Israël résidant au nord du pays selon *Ézéchiel 38.1-6 ; 39.1-6*. Leurs armées sont liées à «Beth-Togarma» en *Ézéchiel 38.6*. Leur roi : «Gog», aurait régné en Lydie (685-652 av. J.-C.), une zone située le long de la Côte égéenne de l'Asie Mineure occidentale. Il était connu sous le nom de Gygès par les Grecs et Gugu par les Assyriens. Il apparaît donc que trois descendants de Japhet se sont installés à l'ouest des descendants de Gomer.

Le nom de **« Madaï »**, le fils mentionné par la suite, se reflète dans la désignation de la nation des «Mèdes»[219]. Il existait un autre groupe d'Indo-européens installé sur le plateau iranien aux alentours de la fin du second millénaire av. J.-C. Ils sont mentionnés sur des inscriptions assyriennes datant du neuvième siècle av. J.-C., qui rapportent

---

[218] Voir <u>Les Cimmériens en Anatolie - Persée (persee.fr)</u> article de Jan Bouzek, Actes du Colloque de Cortone de Mai 1981, Publications de l'Ecole française de Rome, 1983.
219 *2 Rois 17.6 ; Esther 1.3 ; Ésaïe 13.17 ; Jérémie 25.25 ; Daniel 8.20 ; 9.1*

les attaques de Salmanazar III contre les peuplements éparpillés des Mèdes en Iran du Nord.

« Javan » est relié au nom d'une tribu hellénistique, Ionia, qui désignait tout particulièrement la Côte ouest de l'Asie Mineure, même si plus tard il a désigné l'ensemble de la zone égéenne. Les marchands ioniens avaient prospéré en faisant du commerce avec les Phéniciens de Tyr d'après *Ézéchiel 27.2, 13,* et d'autres peuples autour de la Mer Méditerranée. Du temps des prophéties de Daniel : *«Javan»* était devenu un terme identifiant les Grecs[220]. Zacharie a prophétisé contre eux dans *Zacharie 9.13.*

« Tubal » et **« Méshec »** sont habituellement cités ensemble dans les Écritures hébraïques[221]. Ces noms représentent les peuples qui ont vécu au sud de la Mer Noire, en Asie Mineure centrale et orientale. *«Tubal»* est souvent cité en lien avec le Tabal Akkadien et *«Méschec»* est associé aux Mushki, tous deux étant des ennemis de l'Assyrie, mentionnés dans ces textes.

Genèse 10.2 et *1 Chroniques 1.5* sont les seuls passages de l'Ancien Testament qui parlent du **Tiras**.

---

220 *Daniel 8.21 ; 10.20 ; 11.2.*
221 *Ésaïe 66.19 ; Ézéchiel 27.13 ; 32.26 ; 38.2-3 ; 39.1*

Certains l'ont assimilé à la Thrace antique, située sur la péninsule des Balkans, dans ce qui est composé aujourd'hui du nord-est de la Grèce, du sud de la Bulgarie et de la partie européenne de la Turquie ; néanmoins, d'autres associent ce nom aux Étrusques, qui s'étaient fermement établis en Italie au huitième siècle av. J.-C.

Verset 3. « Les fils de Gomer » sont mentionnés ensuite, avec Achkenaz en tête de file. En *Jérémie 51.27*, Dieu a donné ordre à Jérémie d'inciter **« Achkenaz »**, Ararat et Minni à attaquer Babylone. Le peuple appelé Ashkenaz est d'ordinaire identifié avec les Ashkuza (connus sous le nom de Scythes dans les œuvres classiques) vivant dans le périmètre de l'ex-Arménie soviétique. Environ un siècle avant la prophétie de Jérémie, ils étaient mentionnés dans les textes akkadiens comme l'un des alliés de Minni dans leur lutte contre les Assyriens.

« Riphath » se nomme «Diphath» en *1 Chroniques 1.6.* Des manuscrits probants remontant à l'Antiquité soutiennent avec force qu'un «R» doit être placé au début de ce mot, au lieu d'un «D». La lettre hébraïque *resh,* (ר=r) ressemble beaucoup à un *daleth* (ד=d), par conséquent, il en fallait peu pour qu'un scribe se trompe sur une lettre en copiant le texte. *«Riphath»* n'est mentionné dans aucun autre texte du Proche-Orient. Flavius Josèphe l'a identifié avec les Paphlagoniens qui ont vécu sur les rivages méridionaux de la Mer Noire en Bithynie ; toutefois, il n'a fourni aucune base pour cette identification[222].

« *Togarma* » est relié à Yavân, Méchek, Toubal, et Gomer en *Ézéchiel 27.13-14 ; 38.3-6*. Les textes antiques hittites et assyriens mentionnent une ville et ses alentours, appelée Tegarama, au nord de Karkemish entre le Haut Halys et l'Euphrate. Une fois encore, cette zone géographique est proche de celle occupée par les peuples qui descendaient de Gomer, mais l'identification en reste incertaine.

Verset 4. La Table se poursuit avec une liste des **« quatre fils de Javan »**. Le premier était **« *Élisha* »**, en *Ézéchiel 27.7*, que beaucoup assimilent avec Alashiya. Les Phéniciens tiraient des étoffes de pourpre des îles d'Elisha et comme les côtes de la Laconie et les îles voisines étaient connues dans l'antiquité pour leur pourpre, on a appliqué le terme d'Elisha au Péloponèse, où se trouvait la province nommée *Elis*. Mais il est probable qu'il ne faut pas restreindre ce nom à cette contrée et que la Sicile et

---

222 *Flavius Josèphe Antiquités 1.6.1*.

l'Italie méridionale, qui portaient le nom de Grande Grèce, doivent aussi être comprises dans Elisha. Ces pays fournissaient aussi de la pourpre.

« *Tarsis* », en hébreu *Tarshish*, mot souvent employé dans l'Ancien Testament, est le correspondant du grec *Tartessos* et désigne sans doute l'Espagne. D'après *Jérémie 10.9* et *Ezéchiel 27.12*, Tarsis fournissait en abondance de l'or, de l'argent, du fer, de l'étain et du plomb. Or, on sait que les vaisseaux phéniciens allaient chercher ces métaux en Espagne. Le nom de Tarsis s'est conservé dans celui d'un peuple transporté par Annibal d'Espagne en Afrique les *Thersites*, et dans celui de leur ville *Tharseion*, à comparer avec le nom de Tortose en Catalogne. Plusieurs auteurs ont pensé à Tarse en Cilicie; mais ce n'est pas un port de mer, et cette contrée n'est pas connue pour ses mines.

« *Kittim et Dodanim* », doivent être cherchées plus près du berceau de la famille ionienne. Kittim désigne l'île de Chypre, où se trouvait la ville de *Cittium,* d'après *Ésaïe* 23.1 ; par extension, ce nom s'étend à d'autres îles, probablement celles de l'Archipel[223].

---

223 Jérémie 11.10; Ezéchiel 27.6.

Dans des temps plus récents, ce nom reçut une nouvelle extension et s'appliqua à toutes les côtes de la Méditerranée orientale; en effet, dans le livre apocryphe de *1Maccabées 1.1 et 8.5*, Philippe et Alexandre de Macédoine sont désignés comme rois de **« Kittim »**. On a voulu étendre cette désignation plus loin encore et l'appliquer même à l'Italie, en s'appuyant sur *Daniel 11.30*, qui parle de vaisseaux romains comme vaisseaux de Kittim. Mais il est possible que, dans ce passage les vaisseaux romains soient considérés comme partant de Kittim, où ils s'étaient arrêtés quelque temps. *Nombres 24.24* parle aussi de *vaisseaux de Kittim* qui viendront humilier les Assyriens et les Hébreux. Cittium était, il est vrai, une colonie phénicienne dans *Ésaïe* 23.1, 4, mais le déchiffrement de plusieurs inscriptions anciennes trouvées dans l'île a prouvé que sa population était de race hellénique.

« Dodanim ». On a voulu appliquer ce nom à *Dodone*, petite ville de la Grèce septentrionale, ou aux *Dardaniens*, ancien nom des Troyens. Mais Dodone n'était pas habitée par un peuple spécial, et les Troyens n'étaient pas de race hellénique. Aussi préférons-nous lire *Rhodanim*, en adoptant une variante qui se trouve dans 1Chroniques 1.7, et qu'ont déjà suivie les LXX et le texte samaritain. (Les lettres *d* et *r* sont très semblables en hébreu, comme nous l'avons vu plus haut). Sous cette forme, ce nom désigne évidemment l'île de *Rhodes*, peut-être avec les îles qui l'entourent immédiatement. Rhodes est l'une des premières îles de l'Archipel dont l'histoire fasse mention; dans Homère, elle apparaît comme l'un des principaux Etats helléniques, et les colonies des Rhodiens dans la Méditerranée occidentale sont parmi les premières fondées. Nous arrivons ainsi au même résultat pour Javan que pour Gomer; la race primitive s'est établie en un point central, la Grèce, d'où elle a envoyé ses rameaux dans diverses directions (les îles de l'Archipel, l'Italie méridionale et l'Espagne).

Verset 5. L'affirmation contenue dans ce verset est semblable aux remarques de conclusion au sujet des fils de Cham et de Sem dans les *versets 20, 31*. Ici l'auteur anticipait la conclusion du chapitre en *Genèse 10.32*. Cette dernière pensée s'applique nécessairement aux fils de Japhet *(10.2)* et pas simplement aux fils de Javan *(10.4)*. Le commentaire selon lequel ce sont ces populations, descendantes de Japhet, qui ont peuplé les îles et les régions côtières, et ont été *«séparées»* (Bible Chouraqui) indique que ces peuples se sont, pour la plupart, tenus éloignés autant que possible de la lignée d'Abraham par Isaac et Jacob tout le long de la période patriarcale. De plus, l'auteur dit que ceux qui descendaient de Japhet ont été séparés selon la langue de chacun, *«selon la langue de chacun, selon leurs familles, selon leurs nations »*. Cela se réfère clairement aux déplacements des populations disséminées en divers groupes selon leurs langues après l'incident survenu à Babel au sujet de sa Tour, en *Genèse 11.1-9*.

Les fils de Cham *(10.6-20)*

6 Les fils de Cham (prononcer « *Ham* ») **furet: Cush,** (prononcer « *Couche* »), **Mitsraïm, Puth** (prononcer « *Poute* ») **et Canaan. 7 Les fils de Cush: Saba, Havila, Sabta, Raema et Sabteca. Les fils de Raema: Séba et Dedan. 8 Cush engendra aussi Nimrod; c'est lui qui commença à être puissant sur la terre. 9 Il fut un vaillant chasseur devant l'Éternel; c'est pourquoi l'on dit: Comme Nimrod, vaillant chasseur devant l'Éternel. 10 Il régna d'abord sur Babel, Érec, Accad et Calné, au pays de Shinear. 11 De ce pays-là sortit Assur; il bâtit Ninive, Rehoboth Hir, Calah, 12 et Résen entre Ninive et Calah; c'est la grande ville. 13 Mitsraïm engendra les Ludim, les Anamim, les Lehabim, les Naphtuhim, 14 les**

Patrusim, les Casluhim, d'où sont sortis les Philistins, et les Caphtorim. 15 Canaan engendra Sidon, son premier-né, et Heth; 16 et les Jébusiens, les Amoréens, les Guirgasiens, 17 les Héviens, les Arkiens, les Siniens, 18 les Arvadiens, les Tsemariens, les Hamathiens. Ensuite, les familles des Cananéens se dispersèrent. 19 Les limites des Cananéens allèrent depuis Sidon, du côté de Guérar, jusqu'à Gaza, et du côté de Sodome, de Gomorrhe, d'Adma et de Tseboïm, jusqu'à Lésha. 20 Ce sont là les fils de Cham, selon leurs familles, selon leurs langues, selon leurs pays, selon leurs nations.

Verset 6. Les descendants de « *Cham* » sont à présent énumérés. La table des fils de Cham commence comme la liste des fils de Japhet en *Genèse 10.2*, mais la progéniture de Cham semble être énumérée selon l'ordre géographique de son installation du sud au nord.

La liste débute avec le fils et la zone géographique, tous deux appelés ***« Cush »***, traditionnellement associé à l'Éthiopie, selon la Septante[224]. Dans l'Antiquité, l'Éthiopie se situait dans la zone qui correspond à présent à la partie

---

[224] Ésaïe 18.1 ; Jérémie 13.23 ; Ézéchiel 29.10 ; Sophonie 3.10

nord du Soudan. Les auteurs grecs classiques appellent cet endroit la Nubie. « ***Cush*** » était le terme général employé par les Égyptiens pour le sud de la zone de l'Égypte située entre les deuxième et troisième cataractes du Nil. La Table des Nations en *Genèse 10.7-12* semble faire état d'une Cush arabe et d'une Cush kassite (les Kassites étant des nations qui ont régné sur la Babylone antique et l'Assyrie) ; ainsi les premiers peuplements des Cushites ont pu avoir lieu en Arabie et en Mésopotamie, alors que des descendants ultérieurs de Cham ont traversé la Mer Rouge pour émigrer en Afrique du Nord-Est, en Éthiopie.

« ***Mitsraïm*** » est en réalité une transcription du terme hébreu employé pour l'Égypte dans l'Ancien Testament. Il est à la forme duelle parce que l'Égypte était considérée comme ayant deux parties distinctes : la Haute Égypte et la Basse Égypte.

« ***Puth*** » est plus difficile à identifier. Jérémie a mentionné en *Jérémie 46.9, «ceux d'Éthiopie et Puth qui portent le bouclier»* et Ézéchiel a établi un lien entre *«L'Éthiopie, Puth, Lud, toute l'Arabie et Cub»* en *Ézéchiel 30.5*. Ces versets relient Puth à la région de l'Arabie occidentale, ou de l'Afrique du Nord-Est, ce qui semble être le cas dans le texte actuel. Par ailleurs, *Ézéchiel 38.5* mentionne Puth aux côtés de la Perse et de l'Éthiopie (ou Cush).

On a aussi suggéré que le lien avec la Perse était probablement une référence à une Cush mésopotamienne, ce qui situerait Puth quelque part dans cette zone plutôt qu'en Arabie ou en Afrique.

Le dernier fils de Cham était **« Canaan »**, dont le nom se rapporte à divers groupes ethniques en *Ézéchiel 16.3,* ayant habité le territoire géographique connu dans les Écritures comme le *«Pays de Canaan»* qui inclut le Liban et le sud de la Syrie. Il s'agit bien entendu de la Terre qui a été promise à Abraham et à ses descendants [225]. Par la suite, ce pays a été conquis par les Israélites, devenant la Terre d'Israël, plus tard rebaptisée «Palestine».

Verset 7. Les fils de Cush [226] étaient **Seba, «Havila, Sabta, Raema »**, et **Sabteca**. Nous ne savons presque rien quant à ces hommes, sauf qu'ils sont associés dans ce contexte aux peuples et/ ou lieux africains et arabes.

Le premier des fils de *« Raema »* était **« Sheba »**. Une inscription antique fait état d'une

---

225 Genèse 12.1, 5 ; 13.7 ; 15.18-21 ; 17.8
226 Psaumes 72.10 ; Ésaïe 43.3 ; 45.14 ; Ézéchiel 27.22

ville de ce nom en Arabie du sud-ouest, peut-être est-ce la zone connue aujourd'hui sous le nom de Yémen. C'était probablement l'ensemble de la zone du royaume gouverné plus tard par la reine de Sheba, car les documents assyriens font connaître que des reines qui y ont régné. Elles se sont livrées de manière extensive au commerce d'or, d'encens, de myrrhe, d'épices, et de bois aromatique[227].

De même, **« Dedan »** était un centre important du commerce caravanier à travers l'Arabie du Nord[228]. Il était situé près du territoire d'Édom[229], et ses négociants ont entretenu des relations commerciales lucratives avec la ville portuaire de Tyr dont les commerçants expédiaient des marchandises vers les ports éloignés à travers la Mer méditerranée selon *Ézéchiel 27.15*.

Une question se pose ici parce que *Genèse 10.6-7* mentionne Sheba et Dedân comme des descendants de Cham, tandis qu'en *Genèse 25.3* et *1 Chroniques 1.32,* Sheba et Dedân sont des petits-fils d'Abraham et de Qetoura, descendants de Sem, dans *Genèse 11.10-26*. Certains sont parvenus à la conclusion que la présence des mêmes noms dans la

---

227 *1 Rois 10.1-2, 10 ; Ésaïe 60.6 ; Jérémie 6.20 ; Ézéchiel 27.22.*
228 *Ésaïe 21.13 ; Ézéchiel 27.15.*
229 *Jérémie 49.8 ; Ézéchiel 25.13*

lignée de deux fils de Noé est un exemple de mauvaise transcription ; cependant, la répétition des noms n'est pas un phénomène inhabituel parmi les personnes séparées à l'origine mais ayant des liens étroits entre elles.

Verset 8. Vient ensuite un court récit qui donne à cette liste généalogique un style différent de ce qui précède. Cinq fils de Cush et deux petits-fils ont déjà été énumérés, mais à présent, l'auteur fait un retour en arrière pour présenter un sixième fils de **« Cush »**, du nom de **« Nimrod »**. Comme nous l'avons vu précédemment, une référence à un individu qui engendra ou était «le fils» d'un tel n'indique pas toujours un rapport immédiat parent/enfant ; parfois il affirme simplement que l'individu ainsi nommé était l'ancêtre d'un «fils» (ou descendant), avec peut-être plusieurs générations d'écart. C'est peut-être le cas en ce qui concerne «Nimrod». Nimrod est décrit comme vaillant ou plutôt «puissant», en hébreu *guibbor,* sur la terre, selon les versions Ostervald, Darby. Il se peut que l'auteur ait voulu établir un lien entre lui et les *«hommes puissants»* décrits en *Genèse 6.4-5, 11,* dont la violence a conduit au déluge. Après tout, le terme *guibbor* n'apparaît en Genèse que dans ces deux contextes. L'auteur a peut-être également présenté Nimrod comme une espèce de prototype des souverains du Proche-Orient antique qui allaient se livrer à des actes destructeurs sur beaucoup de peuples.

Verset 9. « Nimrod » est de nouveau décrit comme **« un vaillant chasseur devant l'Éternel »**. De nombreuses tentatives ont été faites pour l'identifier avec les dieux ou les gouverneurs antiques d'Assyrie, de Babylone ou d'Égypte, pourtant cette conclusion est une pure conjecture. Néanmoins, des monarques du Proche-Orient antique ont été souvent décrits comme occupés à démontrer leur adresse en tuant des bêtes sauvages au cours de parties de chasse. La destruction des animaux féroces était probablement considérée comme une preuve de leur courage et de leur capacité à tailler en pièces tous les ennemis qui pourraient menacer leur règne. De plus, la référence à l'adresse de Nimrod en matière de chasse comme étant *«devant l'Éternel»* implique que l'auteur attribuait peut-être le mérite de son aptitude dans ce domaine à Dieu lui-même. Cette expression pourrait aussi signifier ironiquement l'orgueil de Nimrod qui défie la puissance de l'Éternel en voyant dans ses aptitudes de chasseur l'occasion de se glorifier lui-même. En effet, Nimrod, le bâtisseur de Ninive, et ses descendants n'ont pas manifesté beaucoup de piété envers Dieu qui leur a envoyé son prophète Jonas pour les appeler au repentir, en *Jonas 1.2.*

Si cela ne signifie pas que l'Éternel ait cautionné tout ce que Nimrod ou d'autres rois ont pu faire tout au long de l'histoire, cela nous rappelle que toute puissance qu'ils aient reçue pour régner était un don de Dieu. Dans l'ensemble de la Bible, Dieu a suscité des rois pour accomplir ses projets, et Il les a également jugés responsables de leurs actes s'ils utilisaient mal leurs dons de meneurs[230].

Verset 10. Les villes principales du royaume de Nimrod étaient situées sur la Terre **« de Shinear »**. Ce terme étant dérivé probablement d'une prononciation ancienne de Sumer, désigne dans la Bible l'ancienne Babylonie en Mésopotamie méridionale[231].

La première ville énumérée, **« Babel »** («Babylone» ; Nouvelle Bible Segond), se trouvait à environ 800 kilomètres au sud de la Bagdad moderne sur le fleuve Euphrate. Babylone a la priorité dans cette liste en prévision de l'Histoire de la Tour de

---

[230] *2 Samuel 7.8-9 ; 12.7-12 ; 1 Rois 3.5-14 ; 11.9-11 ; 2 Chroniques 36.23 ; Esdras 1.1-2 ; Ésaïe 45.1-4 ; Daniel 2.21, 37 ; 4.17, 24-33 ; Jean 19.10-11.*
[231] *Genèse 11.2, 14.1, Daniel 1.2*

Babel en *Genèse 11.1-9.* Si Nimrod a participé à la construction de la Tour de Babel, alors il n'avait pas réussi la première fois car l'Éternel l'a rejeté et a dispersé le peuple, en *Genèse 11.8-9.* Cependant comme ces personnes vivaient encore longtemps durant cette période primitive, il a pu retourner faire de Babel «le début de son royaume» qui devait par la suite englober les autres villes mésopotamiennes citées en *Genèse 10.10-12.*

« *Érec* » (la Warka moderne) était la ville principale d'Ur (ou Our) pour les Sumériens et Uruk pour les Babyloniens. Elle est située à environ 250 kilomètres au sud-est de Bagdad.

Bien que l'identification de **« *Calné* »** soit incertaine, une ville du même nom est mentionnée en *Amos 6.2.* On suppose d'ordinaire qu'il fut question de deux villes différentes du fait que le prophète écrivait au sujet des villes de Syrie du Nord conquises par les Assyriens, tandis que le récit de Genèse se focalise sur les villes situées à Sumer et en Babylonie méridionale. À cette date, aucune ville connue sous ce nom n'a été découverte dans l'un ou l'autre secteur.

Versets 11-12. *De la Terre de Shinear sortit Assour*, mais d'autres traductions comprennent que Nimrod est entré en Assyrie ou Ashshur, interprété non comme le nom d'un individu mais plutôt comme le nom d'une ville. Le nom hébreu «Assour» peut faire référence à la nation assyrienne ou à une ville en Assyrie qui fut sa capitale un certain temps durant. Il est ici dit de Nimrod qu'*« il bâtit »* des villes importantes en Assyrie, et cette idée est reflétée dans la référence de *Michée 5.5* à l'Assyrie comme étant *«du pays de Nimrod»*. L'expansion géographique des descendants de Nimrod depuis la culture sumérienne du sud jusqu'à la zone septentrionale de la Mésopotamie est conforme à ce qui nous est connu grâce aux écritures cunéiformes antiques.

Nimrod *«a quitté [la Mésopotamie du sud] pour l'Assyrie»* au nord (Bible Parole de Vie) et y a construit ses villes principales. **« Ninive »**, la première mentionnée, a été construite sur la rive Est du Tigre. La Mossoul moderne se trouve exactement en face sur la rive occidentale. Déjà résidence royale à la fin du 2ème millénaire avant notre ère, Ninive a atteint son apogée comme grande capitale de l'Empire assyrien aux huitième et septième siècles av. J.-C., jusqu'à ce qu'elle soit détruite par les forces alliées des Babyloniens et des Mèdes en 612 av. J.-C.

«Rehoboth Hir» est peut-être le nom d'une ville, mais certains linguistes estiment que ce terme doive être traduit : «larges endroits ouverts de la ville», ce qui désignerait dans ce cas les grandes places publiques de Ninive. Une note textuelle dans la Bible à La Colombe mentionne *«Ninive et ses places publiques»*.

« Résen », selon le *verset 12*, était située **« entre Ninive et Calah »**. Malgré cette information, son emplacement demeure inconnu.

« Calah », la Nimrod moderne, était également l'une des capitales d'Assyrie. Elle a été établie à l'endroit où les fleuves Tigre et Grand Zab se rejoignent. Vers la fin du *verset 12*, l'ordre naturel des mots en hébreu ne désigne ni Ninive ni *« Résen »*, mais *« Calah »*, comme étant la grande ville. Quoique *«Calah»* soit l'antécédent immédiat de l'expression adjectivale *«la grande ville»*, il est possible que ce soit Ninive qui doive être perçue comme l'antécédent, puisque cette même appellation lui est attribuée en *Jonas 1.2 ; 3.3 ; 4.11.* Cependant, il était plus probable que *« Calah »* fut décrite en de tels termes à une période antérieure, lorsque l'auteur a rédigé la Genèse, car ce n'est pas avant la deuxième moitié du huitième siècle avant Jésus-Christ que Ninive s'est élevée à de tels sommets.

Versets 13-14. Tous les noms énumérés dans ces versets finissent par le masculin pluriel hébreu *-im*, indiquant que l'auteur se référait non pas à des individus mais aux groupes d'individus issus de ceux qui s'étaient installés en **« Mitsraïm »**, c'est-à-dire en Égypte. Les premiers d'entre eux étaient les **« Ludim »** ; ils ont été assimilés aux groupes qui se sont installés en Asie Mineure selon *Ésaïe 66.19*, Au lieu de *«Lud»*, la Traduction Abbé Fillion (1895) mentionne la *«Lydie»* / *«*Lydiens*»*. Les Lydiens ont vécu en Asie Mineure occidentale, aussi bien que quelques peuples africains *Puth et Cub* [232]. Aucune identification précise ne peut être faite pour eux. La même chose est vraie des **« Anamim »**, bien que certains pensent qu'ils furent peut-être des peuplades de Cyrène en Afrique du Nord, à l'ouest du Delta du Nil. **« Lehabim »** est estimé être une orthographe alternative de *«Loubim»*, qui se réfère aux tribus du désert libyen, ainsi que de l'Afrique du Nord. Là encore, nous n'avons aucune assurance que ces informations soient correctes.

« Les Naphtuhim » sont eux aussi inconnus, mais peut-être doivent-ils être associés à une zone du Delta du Nil de la Basse Égypte (Égypte du Nord).

---

232 *Jérémie 46.9* ; *Ézéchiel 30.5*

« *Les Patrusim* », selon d'autres passages, ont vécu en Haute Égypte, c'est-à-dire en Égypte du Sud[233]. Un manque de preuves concernant **« les Casluhim »** a entraîné de pures conjectures les identifiant avec divers groupes de peuplades dans l'ensemble de la Mer Méditerranée. La véritable énigme, néanmoins, est posée par la proposition suivante : **« d'où sont sortis les Philistins »**. Ces mots semblent hors contexte ; certains estiment qu'ils devraient apparaître après la mention des **« Caphtorim »** (les Crétois) parce qu'il est dit des Philistins qu'ils proviennent de Caphtor[234]. Comment l'association des Philistins avec *« les Casluhim »* et avec Caphtor pourrait-elle s'expliquer ? Ce rapprochement suggère un lien entre les *Casluhim* et les *Caphtorim.*

Une possibilité est que les Philistins et *« les Casluhim »* aient entretenu des liens étroits à une période antérieure. Des centaines d'années après, il se pourrait que beaucoup des *« Casluhim »*, qui ne s'appelaient pas encore «Philistins», venant d'Égypte aient émigré sur l'île de Crète et y ont vécu si longtemps que c'en est devenu leur foyer national. Puis, quand les prophètes ont parlé de Caphtor (la

---

233 Ésaïe 11.11 ; Jérémie 44.1, 15 ; Ézéchiel 29.14 ; 30.14
234 Jérémie 47.4 ; Amos 9.7

Crète) comme lieu de résidence des Philistins venus pour envahir Canaan, il se pourrait qu'ils aient mentionné une installation secondaire plutôt que le véritable peuplement d'origine des Philistins (l'Égypte).

Une autre probabilité est que les Philistins dont il est question dans la Genèse soient un groupe ethnique différent des Philistins qui ont envahi la Palestine dans la dernière moitié du treizième siècle avant Jésus-Christ et ont menacé les Israélites jusqu'à ce que David les assujettisse *(2 Samuel 8.11-12).*

Mais les tests ADN sur des squelettes de Philistins découverts à Ashkelon ont récemment démontré leur origine indo- européenne[235].

Verset 15. Le quatrième fils de Cham était « *Canaan* », et « *son premier-né* » était Sidon. *«Sidon»* est également utilisé comme toponyme dans ce même contexte, en *Genèse 10.19*. Même dans l'histoire biblique, le nom de *«Sidon»* était attaché à la ville la plus importante des Phéniciens,

---

235 Voir pour toutes ces indications géographiques et historiques notre bibliographie et le site :
http://www.biblecourses.com/French/fr_lessons/FR_201801_01 .pdf

et il y est indiqué comme *«Sidon la grande»* en *Josué 19.28*. L'absence de Tyr de ce récit suggère que ces données généalogiques datent du début du deuxième millénaire, du fait que cette dernière ville n'a pas éclipsé Sidon avant l'an 1000 av. J.-C., sous Hiram 1er, contemporain du Roi David.

L'expression fils de **« Heth »** est traduite en *Genèse 23.3* par *«Héthiens»* dans la Bible Martin et par *«Hittites»* dans la Segond 21. En l'absence de voyelles, le nom peut se lire indifféremment *«Heth»* ou *«Hith»*, d'où les deux transcriptions différentes. Il est possible que ce peuple ait eu un lien éloigné avec les Hittites anatoliens qui ont fondé un puissant empire, ou peut-être était-il un sous-groupe pré-israélite rattaché aux Héthiens, en *Genèse 23.10*.

Verset 16. **« Jébusiens »** était le nom d'un peuple pré-israélite qui habitait dans et autour de Jérusalem[236]. Ils avaient un nom non-sémitique, mais leur origine ethnique est indéterminée. «Yebous», en hébreu *Yebus* – une version abrégée de *«Jérusalem»* dans *Juges 19.10-11* – est peut-être liée au terme amoréen « *Yabusum* », qui correspond à la déclaration d'Ézéchiel selon laquelle une partie des

---

236 Josué 15.8, 63 ; 18.28 ; 2 Samuel 5.6, 8

ancêtres des habitants de Jérusalem descendent des Amorites en *Ézéchiel 16.3.* Certains noms yebousites qui ont été préservés dans le texte biblique, comme *«Aravna»* et *«Ornan»* [237], pourraient provenir d'un héritage hourrien. Les Hourrites antiques sont venus d'une région d'Arménie et se sont répandus dans l'ensemble du Proche-Orient entre l'an 2500 et l'an 1000 avant Jésus-Christ. Ils ont fondé le puissant Empire Mitanni, faisant de Harân le centre de leur vie économique et politique.

Le nom **« Amoréens »**, qui apparaît en quatrième position sur la liste, se retrouve dans d'antiques sources akkadiennes sous la forme Amurru, terme désignant «l'ouest». Les Amoréens étaient en effet des Occidentaux du point de vue des dynasties amorites de Mésopotamie dont ils émanaient : Babylone, Mari et Assour. Les Amoréens en Syrie, Phénicie et Canaan parlaient une langue sémitique occidentale liée au cananéen ancien. La Bible utilise le terme «Amoréen» de deux manières différentes au moins : (1) elle fait référence aux habitants pré-israélites de la Terre de Canaan, en *Josué 10.5*, même ceux qui habitaient à l'est du Jourdain, dans *Deutéronome 3.8* ; et (2) elle identifie

---

237 2 Samuel 24.16-24 ; 1 Chroniques 21.15-28 ; 2 Chroniques 3.1

le peuple qui a résidé dans le pays des collines centrales, en comparaison avec les Cananéens qui ont vécu sur la plaine côtière le long de la Mer Méditerranée, d'après *Josué 11.3*.

Un autre peuple cananéen qui occupait certaines des terres lorsque les Israélites y ont pénétré, était **« *les Guirgasiens*»**[238]. Nous ne savons presque rien de ce peuple, mais deux noms d'individus mentionnés dans des textes ougaritiques de Ras Shamra (en Syrie du Nord) ont une orthographe semblable à *«Guirgasiens»* et en descendent probablement. Par ailleurs, certains affirment que la région des Gadaréniens ou Géraséniens[239] – où Jésus a guéri un démoniaque – pourrait être l'endroit que les anciens *« Guirgasiens »* ont habité. Néanmoins, Israël a rencontré les *« Guirgasiens »* à l'ouest du Jourdain, tandis que Jésus a accompli son miracle à l'est du Jourdain et de la mer de Galilée.

Verset 17. « *Les Héviens* » sont mentionnés dans de nombreux passages, mais nous avons peu d'informations les concernant. Certains pensent que

---

238 Genèse 15.21 ; Deutéronome 7.1 ; Josué 3.10 ; 24.11.
239 Matthieu 8.28 ; Marc 5.1 ; Luc 8.26, 37 (Les Évangiles synoptiques proposent différentes orthographes du nom de la région).

« *Héviens* » est une orthographe alternative du mot « Horites ». Les traducteurs de la LXX auraient parfois mal compris « Horite » et l'ont changé en « Hivite ». La confusion était rendue aisée par une faute de lecture de deux lettres hébraïques, *resh (r=ר)* et *vav (w=ו)*, qui sont presque semblables à l'œil. Les Héviens se sont peut-être concentrés au Liban et en Syrie[240], mais certains d'entre eux sont mentionnés au sud de Canaan, à Sichem et à Gabaon[241]. ***« Les Arkiens »*** vivaient à environ 12 kilomètres du nord-est de Tripoli, au Liban, près de la côte de la frontière phénicienne. Aujourd'hui, ce site s'appelle Tell Arqa ; ses vestiges datent du début de l'Âge de Bronze. ***« Les Siniens »*** étaient encore une autre tribu cananéenne du Nord, que certains ont associée à la ville de Siyanu en Phénicie du nord.

Verset 18. ***« Les Arvadiens »*** sont bien représentés dans les textes antiques du Proche-Orient. Leur ville moderne est Ruad, située sur une île à un peu plus de trois kilomètres au large de la côte méditerranéenne, à environ cinquante-cinq kilomètres au nord de Tripoli. *Ézéchiel 27.8* se réfère aux *« Arvadiens »* comme à des marins voguant sur

---

240 *Josué 11.3* ; *Juges 3.3*
241 *Genèse 33.18* ; *34.2* ; *Josué 9.3, 7*

les vaisseaux de Tyr, de même qu'à des soldats servant dans l'armée de Tyr. Le nom suivant, celui des **Tsemarien**s, en hébreu *Tsemari*, se trouve dans des textes égyptiens et assyriens, et serait associé au village actuel de Tsumra sur la côte méditerranéenne de Syrie entre Tripoli et Arvad. **« Les Hamathiens »** habitaient la ville d'Hamath, aujourd'hui appelée Hama, au nord de la Syrie sur le fleuve Orontes, frontière nord de Canaan et d'Israël à l'époque de l'Ancien Testament[242].

C'est à partir des familles énumérées en *Genèse 10.15-18* que **«les familles des Cananéens se dispersèrent »**. Le terme utilisé ici pour «*se disperser*», en hébreu *pouts,* est rendu par ««*se disséminer*» dans d'autres versions. Comme avec la mention de *«Babel»* en *Genèse 10.10,* le verbe *«se dispersèrent»* anticipe l'histoire de la Tour de Babel de *Genèse 11.8*, au cours de laquelle l'Éternel *« les dispersa loin de là sur la face de toute la terre; et ils cessèrent de bâtir la ville»*.

Verset 19. Dans un énoncé sommaire, l'auteur décrit les limites **« des Cananéens »** comme s'étendant **« depuis Sidon »** au nord, allant vers le sud **« du côté**

---

242 Nombres 34.8 ; 1 Rois 8.65 ; 2 Rois 14.25 ; Amos 6.2, 14.

de Guérar », et situant la limite méridionale par l'expression *« jusqu'à Gaza »*. Gaza était sur la route principale le long de la côte méditerranéenne en passant par Canaan, reliant l'Égypte au Croissant Fertile et les grandes civilisations mésopotamiennes. La frontière sud-est passait par la région sud de la Mer Morte vers *« Sodome »* et *« Gomorrhe »* et *« Adma »* et *« Tseboïm »*, *« jusu'à Lesha »*. Selon *Genèse 14.2-3,* les quatre premières villes se trouvaient dans «la vallée de Siddim» c'est-à-dire la Mer Morte. Leur méchanceté [243] causa leur destruction par le feu. Aucun indice archéologique n'a prouvé l'emplacement d'aucune de ces villes anciennes. «*Lesha*» est la dernière ville mentionnée, et c'est la seule référence qui y soit faite dans la Bible.

Verset 20. Dans sa conclusion pour cette section, l'auteur a réitéré qu'il s'agissait de la généalogie des *« fils de Cham, selon leurs familles, selon leurs langues, selon leurs pays, selon leurs nations »*. La fin de cette liste de descendants dans la Table des Nations de *Genèse 10.5, 31,* diffère légèrement de celle concernant la famille de Japhet *(10.5)*. La suite

---

243 Genèse 19.24-25, 28-29 ; Deutéronome 29.22-26 ; Ésaïe 1.9-10 ; 3.9 ; Osée 11.8 ; Amos 4.11

de termes *«nation... pays... langue...clan… nation»* concernant les fils de Japhet apparaît dans un ordre différent pour la descendance de Cham.

Les fils de Sem *(10.21-31)*

21 Il naquit aussi des fils à Sem, père de tous les fils d'Héber, et frère de Japhet l'aîné. 22 Les fils de Sem furent: Élam, Assur, Arpacshad, Lud et Aram. 23 Les fils d'Aram: Uts, Hul, Guéter et Mash. 24 Arpacshad engendra Shelach; et Shelach engendra Héber. 25 Il naquit à Héber deux fils: le nom de l'un était Péleg, parce que de son temps la terre fut partagée, et le nom de son frère était Jokthan. 26 Jokthan engendra Almodad, Sheleph, Hatsarmaveth, Jérah, 27 Hadoram, Uzal, Dikla, 28 Obal, Abimaël, Séba, 29 Ophir, Havila et Jobab. Tous ceux-là furent fils de Jokthan. 30 Ils habitèrent depuis Mesha, du côté de Sephar, jusqu'à la montagne de l'orient. 31 Ce sont là les fils de Sem, selon leurs familles, selon leurs langues, selon leurs pays, selon leurs nations.

Verset 21. La généalogie de *« Sem »* est présentée en dernier lieu dans la récapitulation des descendants de Noé du fait que cette branche de la famille revêt une plus grande importance théologique que les autres. Cette vérité apparaît comme une évidence dès lors que le texte mentionne immédiatement que Sem était le *« père de tous les fils de Héber »*, l'ancêtre de la lignée conduisant à Abraham et au peuple hébreu élu. Voici un autre exemple qui montre que *«père»* est utilisé au sens large et signifie en fait «ancêtre», car Héber était en fait l'arrière-petit-fils de Sem, dans *Genèse 10.22-24* et l'ancêtre d'Abraham six générations après lui.

Si Japhet était l'aîné des fils de Noé, il n'y a aucune difficulté quant à l'explication de l'âge de Sem à l'époque du Déluge, en *Genèse 11.10-11*. D'autre part, que Japhet soit l'aîné de Sem correspondrait mieux à l'intention divine de ne pas considérer le droit d'ainesse comme un privilège pour accorder sa grâce : Caïn, Elam et Assour (2 fils aînés de Sem), Ismaël, Esaü, Ruben, ou les frères aînés de David, aucun n'a pu se prévaloir devant Dieu de son rang d'aîné. Dieu regarde au cœur et non au rang social ou familial. Les peuples issus de Japhet ne semblent pas avoir eu d'intérêt pour le culte de l'Éternel, alors que ce fut le cas avec Abraham, le descendant de Sem, dans *Genèse 12.1*.

Verset 22. Parmi les fils de Sem cités comme ses descendants immédiats, **«** *Élam* **»** est premier de la liste. Les Élamites ont vécu à l'est de la vallée du Tigre-Euphrate dans la région du sud-ouest de l'Iran moderne. Suse était leur capitale antique [244]. La confusion vient du fait que la langue des Élamites n'était pas sémitique. Certains pensent que les considérations culturelles et géographiques sont plus importantes que la lignée lorsqu'ils sont considérés comme descendants de Sem. Cependant, les premiers colons d'Élam étaient peut-être des Sémites qui n'ont jamais exercé de domination dans cette zone, mais ont permis que leur culture cède la place à celle d'autres peuples qui dominaient la zone.

Le mot traduit par **« Assur »** peut également se traduire «Assyrie» et c'est le nom employé aussi bien pour les personnes que pour le pays de la vallée septentrionale de Mésopotamie, mais aussi pour sa divinité nationale antique. Le texte de *Genèse 10.11-12* indique que Nimrod, un descendant de Cham, a construit des villes importantes en Assyrie. En *Genèse 10.22*, le nom réel de l'Assyrie (Assour) est de nouveau relié à la progéniture de Sem. Il se peut que les peuples chamitiques de la culture sumérienne aient été les premiers colons d'Assour. Si oui, ils ont été supplantés par les peuples sémitiques pendant que cette dernière culture se répandait dans

---

244 Esther 1.2-5 ; Daniel 8.2.

l'ensemble de la Mésopotamie. Il est possible que Nimrod ait construit ses villes dans la région avant qu'elle ne soit appelée «Assyrie». Dans une approche semblable, l'auteur a utilisé le nom «Assyrie» dans une ancienne description du jardin d'Éden, de *Genèse 2.14*.

« *Arpacshad* » demeure un mystère, et pose un défi en ce qui concerne aussi bien son identification que l'étymologie de son nom. Certains notent que les trois dernières lettres de ce nom hébreu *(k-sh-d)*, pourraient être reliées à Kasidim (les Chaldéens, ou Babyloniens). Une autre possibilité est d'identifier « *Arpacshad* » avec Arrapha (la Kirkouk moderne), une ville située dans le nord de l'Irak. Cependant, ces deux théories posent trop de difficultés pour que les experts en viennent à un consensus sur l'identité de «l'*Arpacshad* » antique.

Un autre toponyme se rapportant à un lieu ne pouvant être identifié est **« *Lud* »**. Tandis que les Loudim provenaient de la lignée de Cham, en *Genèse 10.13-14*, « *Lud* », dont il est question ici était, quant à lui, un descendant de Sem ; il ne s'agissait donc pas du même peuple. Certains y voient un problème ; mais il est assez commun de rencontrer le même nom dans les généalogies de frères aussi bien dans l'Antiquité que nos jours ; aussi, cela ne doit pas nécessairement poser de problème par rapport à ce texte. Pas plus que nous ne savons qui étaient les Ludim, nous ne savons pratiquement rien quant à « *Lud* » ou à l'endroit où sa famille et lui-même ont vécu.

Le dernier fils de Sem cité dans la liste est **« *Aram* »**. Il était peut-être un ancêtre oriental de Kir, près d'Élam dans *Ésaïe 22.6 et Amos 9.7*. Les Araméens se sont établis en divers emplacements en Mésopotamie septentrionale et en Syrie au deuxième millénaire avant Jésus-Christ, et les récits patriarcaux reflètent les rapports étroits qu'Abraham, Isaac, et Jacob ont eus avec Harân, un centre de la culture araméenne[245]. *Deutéronome 26.5* identifie Jacob comme un *«Araméen nomade»* parce qu'il a habité à Harân pendant vingt années. La généalogie de Nahor, le frère d'Abraham, renferme un autre individu appelé *«Aram»* en *Genèse 22.21*.

Verset 23. Cinq fils de Sem sont énumérés en *Genèse 10.22*, mais seulement les descendants d'Aram et d'Arpacshad sont inclus dans l'énumération qui suit. Le premier **« *fils d'Aram* »** est appelé **« *Uts* »**, mais l'on en sait peu de lui et de ses descendants. *«Uts»*

---

245 *Genèse 11.31-32 ; 24.4, 10 ; 25.20 ; 27.43 ; 28.5, 10 ; 31.17-24.*

est employé plusieurs fois dans l'Ancien Testament comme nom d'un lieu. Dans une occurrence, il est mentionné en *Job 1.1,* que c'est à Uts que résidait Job, mais l'emplacement exact est incertain. Certains placent cet Uts au nord-est d'Israël en Aram, alors que d'autres le localisent au sud-est d'Israël en Édom toute proche, selon *Job 2.11.* Les autres textes se rapportent à un Uts méridional[246]. Cet endroit est peut-être associé à l'un des descendants d'Ésaü dans *Genèse 36.1, 28.* Selon Flavius Josèphe[247], l'homme appelé *«Uts»* dans *Genèse 10.23* a fondé Damas, au nord d'Israël : « Des quatre fils d'Aram, l'un, Uts, fonde la Trachonitide et Damas, située entre la Palestine et la Coelé-Syrie ». Même si cela n'est pas certain, cela s'accorde avec le fait que la civilisation araméenne a existé principalement en Mésopotamie nordique, dans et autour de Harân, et en Syrie. Un autre *«Uts»* est mentionné dans la Généalogie de Nahor dans *Genèse 22.21.*

« **Hul** » et « ***Guéter*** » demeurent non identifiés, de même que « ***Mash*** ». L'hébreu *Mash* est rendu *«Méshek* » ou « Meshec » selon Segond. En effet, la forme hébraïque, *Méshek,* est

---

246 *Jérémie 25.20-21 ; Lamentations 4.21*
247 *Flavius Josèphe Antiquités livre I. chapitre 6.4*

attestée en *1 Chroniques 1.17* et dans la Septante. Sans points de voyelle, il y a seulement une différence d'une consonne *(K, k)* entre les noms. Il se peut qu'un scribe ait accidentellement omis cette lettre dans *Genèse 10.23*, ou l'ait ajoutée dans *1 Chroniques 1.17.* Dans ce dernier cas, il se peut qu'il ait été influencé par *1 Chroniques 1.5*, qui mentionne un *«Méschec»* dans la lignée de Japhet. Par ailleurs, quelques manuscrits hébreux portent «Mash» en *1 Chroniques 1.17*. Parmi les emplacements proposés pour *«Mash»* on peut citer l'Asie Mineure centrale, le Mont Masius en Mésopotamie du nord, et les montagnes du Liban.

Verset 24. Comme la généalogie continue, **« Arpacshad »** est mentionné comme le père de **« Schelah »** ; et, à son tour, ce dernier est devenu le père d' **« Héber »**. En ce qui concerne « Shelah », nous savons seulement que son nom apparaît de nouveau dans la lignée de Juda[248]. «Héber» est l'ancêtre des Hébreux. Par ailleurs, le nom propre «Ébrum» a été découvert dans les tablettes d'Ébla qui remontent à environ 2300 avant Jésus-Christ. Cet

---

248 Genèse 38.5, 11, 14, 26 ; 46.12 ; Nombres 26.20 ; 1 Chroniques 2.3 ; 4.21-23

Ébrum était le roi de l'Ébla antique, en Syrie du nord. Tandis que cette trouvaille archéologique significative confirme que *«Héber»* était un nom sémitique attesté dans la dernière partie du troisième millénaire avant Jésus-Christ, l'*« Héber »* en *Genèse 10.24,* ne saurait être identifié avec l'Ébrum de l'Ébla antique. Il s'agit sans doute, de deux personnes distinctes.

Verset 25. Les deux fils d'Héber étaient **« *Péleg* »** et **« *Jokthan* »**. Concernant son fils le plus âgé: *«Péleg»*, nous sommes informés que de son temps la terre fut partagée, selon *Genèse 11.9.* L'auteur faisait de manière très évidente un jeu de mots entre le nom de cet homme et le partage de la terre qui eut lieu de son vivant. Le nom *«Péleg»*, en hébreu Peleg, dérive du verbe et de la racine *palag*, qui signifie «diviser» ; et ici, il préfigure les grands événements qui allaient arriver du vivant de *« Péleg »* : l'éparpillement de l'humanité sur la face de la terre à cause de l'épisode de la Tour de Babel de *Genèse 11.1-9.*

Verset 26. Le groupement final des descendants de Sem en *Genèse 10.26-30* consiste en trente noms, ce qui est la moitié du nombre total d'individus énumérés comme descendants du fils de Noé en

Genèse 10.21-31. Ces peuples se sont installés dans la péninsule arabique.

Pour *« Jokthan »*, aucune identification ne peut être avancée avec certitude, toutefois le nom de ses fils se rapporte à l'étymologie de tribus et de sites connus en Arabie du Sud. *« Almodad »* est lu dans la Septante «Elmodad» ce qui signifie «Dieu ['El] est un ami» ; toutefois cet homme n'est jamais mentionné dans des textes extérieurs à l'Ancien Testament. *« Shéleph »* correspond à une tribu arabe ou à un district proche d'Aden au Yémen. *« Hatsarmaveth »* était l'ancêtre des peuples qui se sont installés en Arabie du sud dans le district d'Hadramaout, au Yémen oriental. *« Jérah »* est dérivé de l'hébreu *yerah*, signifiant «mois». Ce nom est apparenté au mot hébreu désignant la «lune» *yaréah*. Le dieu principal de ce peuple d'Arabie du sud a reçu ce même nom.

Verset 27. *« Hadoram »* signifie littéralement «Had[ad] est exalté». En plus de ce descendant de Sem, le dieu de la tempête en Mésopotamie du Nord et en Syrie était connu sous ce nom. *«Hadoram»* se trouve parmi les noms des individus importants en *1 Chroniques 18.10* et *2 Chroniques 10.18*, et une antique inscription sabéenne atteste aussi qu'il s'agit d'un nom personnel ou tribal, bien que son identité précise et sa généalogie n'aient pu être élucidées. **« Uzal »** est nommé de nouveau en *Ézéchiel 27.19* et a été identifié, non sans quelques débats, comme un nom ancien pour l'actuelle Sanaa, la capitale du Yémen. Ce nom **« Dikla »** est lié à un terme hébreu *deqel* qui signifie «dattier». Pour cette raison, on pense que c'était le nom d'une oasis en Arabie, là où les palmiers dattiers poussaient.

Verset 28. « Obal » en hébreu *'Obal*, apparaît sous le nom d'«Ébal» (*'Eybal*), en *1 Chroniques 1.22*. La différence orthographique est peut-être le fruit de l'erreur d'un scribe entre le vav (w) et le yod (y) dans le texte consonantique. Il est intéressant de noter que le Pentateuque samaritain soutient «Ébal» comme la lecture originale de *Genèse 10.28*. Son emplacement est inconnu, bien que beaucoup l'aient identifié avec l'Ubal moderne ou d'autres emplacements au Yémen.

« Abimaël », qui signifie «mon père est Dieu» est considéré par certains comme un nom composé sabéen ou sémitique de l'ouest. Du fait que ce nom ne se rencontre qu'ici et en *1 Chroniques 1.22*, un emplacement exact ne saurait être confirmé.

Verset 29. « ***Ophir*** » est associé à l'or fin que Salomon a importé sur les vaisseaux d'un site ancien appelé de ce nom[249]. Si l'on a supputé pour elle un emplacement en Inde et en Afrique, le fait que ce nom apparaisse dans la lignée de Sem en fait probablement un endroit de la péninsule arabe.

« ***Havila*** » est mentionné ensuite ; à distinguer d'un autre nom qui se trouve également dans la généalogie chamite de *Genèse 10.7*. L'« *Havila* » mentionné en *Genèse 10.29,* se situe probablement en Arabie occidentale. Cela se rapporte à un autre texte qui situe « Havila » à l'est de l'Égypte, du fait qu'il a servi de foyer aux Ismaélites, d'après *Genèse 25.18*. C'est peut-être dans cette même zone, en Arabie occidentale, que se trouvait la source du Fleuve *« Pishôn »* de *Genèse 2.11-12*.

« ***Jobab*** » était le dernier **« *fils de Jokthan* »**. Ce même nom apparaît plus tard en *Genèse 36.33-34* dans une lignée de rois édomites et ailleurs dans l'Ancien Testament[250]. Certains ont tenté de faire un

---

249 Job 22.24 ; 28.16 ; Psaumes 45.9 ; 1 Rois 9.28 ; 2 Chroniques 8.18
250 Josué 11.1 ; 1 Chroniques 8.9-18

rapprochement avec Juhaibab, une ville arabe située dans la région de la Mecque.

Verset 30. « *Ils habitèrent* » se réfère d'une manière évidente à tous *« les fils de Jokthan »* énumérés en *Genèse 10.26-29*. L'auteur inclut ensuite une affirmation semblable à celle que l'on trouve en *Genèse 10.19*, définissant l'étendue du territoire que ces gens habitaient. Bien que **« Mesha »**, **« Sephar »**, et les **« montagnes de l'orient »** restent encore à identifier de manière certaine, le fait que la famille de *« Jokthan »* a vécu quelque part en Arabie du Sud fait l'unanimité des commentateurs.

Verset 31. Ce verset conclut la section concernant les descendants de Sem. Il dit : « ***Ce sont là les fils de Sem, selon leurs familles, selon leurs langues, selon leurs pays, selon leurs nations*** ». La formulation est semblable à celle employée après la liste des fils de Japhet et de Cham, en *1 Genèse 10.5, 20*. Ces résumés mentionnent également des *«familles»*, des *«langues»*, des *«pays»* et des *«nations»*.

Une rétrospective des fils de Noé *(10.32)*

32 Telles sont les familles des fils de Noé, selon leurs générations, selon leurs nations. Et c'est d'eux que sont sorties les nations qui se sont répandues sur la terre après le déluge.

Verset 32. Ce chapitre se termine par un récapitulatif sur les fils de Noé, qui reprend le contenu et l'objectif de la section. En énumérant des généalogies spécifiques, l'auteur démontrait comment les descendants *« des fils de Noé »* sont devenus des *« nations »* et comment ces *« nations »* se sont réparties *« sur la terre après le déluge »*. Le repeuplement de la Terre répondait au commandement de Dieu : *«Soyez féconds, multipliez-vous et remplissez la terre»,* en *Genèse 9.1,7.*

Cette récapitulation plante le décor pour la narration de l'épisode de la Tour de Babel de *Genèse 11,* qui décrit comment le monde, composé de différentes *«nations»* et *«langues»*, s'est développé à partir de cette famille préservée du déluge dans l'arche et qui s'est répandue dans le monde que Dieu avait purifié.

Quelles leçons tirons-nous de *Genèse 10* ?

Pierre BERTHOUD écrit[251] : « Ce chapitre 10 constitue, en quelque sorte, le cadre dans lequel s'insère l'histoire de la rédemption... Cette table généalogique nous dit comment le repeuplement de la terre s'est opéré, elle nous donne aussi le contexte dans lequel l'histoire du salut va se dérouler. Avant même d'évoquer l'histoire de la descendance de Sem dont les acteurs vont être les patriarches, et ses interactions avec les peuples du Proche-Orient ancien (les Philistins, les Cananéens, etc.), il s'avérait nécessaire d'introduire ces peuples et d'indiquer leur place parmi les familles de la terre... La table généalogique situe ce contexte admirablement. À partir de Noé, des fils de Noé, le repeuplement de la terre commence. Parallèlement à ce mouvement naturel, ce développement prend des directions précises. Au cœur de la croissance de l'humanité, Dieu est à l'œuvre non seulement selon la providence générale, mais aussi de manière spécifique. Les Sémites sont l'objet de sa sollicitude particulière, de son élection. C'est par eux que vont passer la promesse (d'alliance) *et son accomplissement. Au*

---

251 Pierre BERTHOUD : En quête des origines. Les premières étapes de l'histoire de la Révélation : Genèse 1 à 11, pages 353-358.

cœur même de l'étoffe de l'humanité, Dieu tisse son œuvre de rédemption qui demeure cependant encore cachée».

À première vue, une généalogie du type que l'on rencontre en *Genèse 10* semble n'avoir qu'un intérêt limité du point de vue de l'application théologique ou pratique qu'on peut en faire. Cette liste énumère de nombreux noms, sans presque fournir de détail historique, si ce n'est au sujet d'un seul individu : Nimrod. Ce passage se tait quant à la biographie de chacun, de sa date de naissance et de l'année de sa mort, comme c'est le cas en *Genèse 5*. En dépit de ces restrictions, certaines leçons précieuses peuvent être tirées de ce compte rendu généalogique.

DIEU EST SOUVERAIN SUR TOUTES LES NATIONS. Il est bon de citer ici une déclaration de Moïse : « *Quand le Très Haut donna un héritage aux nations, quand il sépara les enfants des hommes, il fixa les limites des peuples d'après le nombre des enfants d'Israël*»[252]. Un commentaire semblable se retrouve dans le discours de Paul aux Athéniens concernant les nations, déclarant dans *Actes 17.26*, que Dieu «*a fait que tous les hommes, sortis d'un seul sang, habitent sur toute la surface de la terre, ayant*

---

[252] *Deutéronome 32.8* ; *Amos 9.7-8*

déterminé la durée des temps et les bornes de leur demeure». Le mot pour «homme» n'apparaît pas dans le grec mais était probablement sous-entendu dans cette expression *« d'un seul sang »* que certains interprètent comme «un homme» désignant Adam, ce qui, bien entendu, est possible. D'autres estiment que Paul faisait référence à Noé, comme une espèce de second Adam et père – à travers ses trois fils – de toutes les nations après le déluge.

La généalogie de *Genèse 10* tient lieu, dans la Genèse, de préface à l'Histoire de la rédemption opérée par Dieu, commençant dans *Genèse 11*. Abraham et ses descendants allaient en fin de compte devenir la nation israélite et engendrer le Messie, le Fils de Dieu et le *«Sauveur du monde»* en *Jean 4.42*. Néanmoins, l'histoire de la relation de Dieu avec un individu en particulier et un peuple choisi est replacée dans le contexte international de nombreuses familles, peuples et nations. Après le Déluge, Dieu avait dit en *Genèse 9.1,* à Noé et à ses fils: *«Soyez féconds, multipliez-vous et remplissez la terre»*; et la généalogie du chapitre 10 nous dit qu'ils ont fait un très bon départ dans ce sens. Encore et encore, le texte de *Genèse 10.5* se réfère à la séparation et la dispersion de ces peuples et nations : *« C'est par eux qu'ont été peuplées les îles des nations selon leurs terres, selon la langue de chacun, selon leurs familles, selon leurs nations »*. Enfin, l'auteur résume la section en affirmant en *Genèse 10.32* : *« Telles sont les familles des fils de Noé, selon leurs générations, selon leurs nations. Et c'est d'eux que sont sorties les nations qui se sont répandues sur la terre après le déluge».* Dieu a œuvré de manière providentielle à travers la séparation des nations et les limites de leur territoire pour accomplir ses objectifs ultimes en tant que Seigneur de l'Histoire, et Dieu d'Israël, son peuple.

DIEU A CONÇU LE MONDE DE MANIÈRE QUE TOUTES LES NATIONS ÉMANENT DE LA MÊME FAMILLE HUMAINE.

Du fait que Noé et ses fils étaient les géniteurs de la race humaine, et que toutes les familles de l'humanité tirent leur origine de Sem, Cham et Japhet, aucune nation ou groupe ethnique ne peut prétendre à la moindre supériorité sur quelque autre race ou peuple que ce soit. Tandis que certaines nations ont fait de plus grands progrès, aux plans matériels, politiques et économiques, que d'autres nations, leurs réussites dans ces domaines ne prouvent pas qu'elles vaillent mieux que d'autres peuples ni qu'elles soient plus agréables à Dieu en raison de leur succès, selon *Proverbes 22.1-2*. Le racisme est quelque chose que Dieu n'a jamais toléré. Sous la Loi, Dieu a demandé aux membres du peuple d'Israël non seulement d'aimer leurs prochains mais aussi d'aimer, de la même manière, l'«*étranger*» qui vivait parmi eux.[253]

DIEU ILLUSTRE QUE LES MONUMENTS DE L'ORGUEIL HUMAIN ET DE L'AMBITION PORTENT SOUVENT EN EUX LES GERMES DE LEUR PROPRE DESTRUCTION.

Les descendants de Caïn ont été les fondateurs de la culture. Ils ont construit des villes et créé les instruments de musique, l'art et les outils de bronze et de fer dans *Genèse 4.17-22*. Néanmoins, ils ont aussi donné naissance à une suite d'individus tragiques qui non seulement ont tué leurs semblables mais se sont aussi glorifiés de leurs crimes[254].

Dans la généalogie de *Genèse 10.8-9*, seuls les actes de Nimrod sont rapportés. « *Nimrod; c'est lui qui commença à être puissant sur la terre. Il fut un vaillant chasseur devant l'Éternel; c'est pourquoi l'on dit: Comme Nimrod, vaillant chasseur devant l'Éternel»*, mais il n'a laissé un héritage que dans le domaine de la chasse et de la construction. Il a construit Babel (Babylone), Ninive et d'autres villes dans la Vallée mésopotamienne, devenues notoires

---

253 Lévitique 19.18, 33, 34 ; Matthieu 28.18-20 ; Marc 11.17 ; Actes 10.35-36
254 Genèse 4.23-24 ; 6.1-5, 11.

plus tard dans l'Ancien Testament pour toutes sortes de péchés et d'atrocités. L'inclusion de Nimrod dans ce chapitre, plante le décor quant à l'épisode de la Tour de Babel de *Genèse 11.1-9*. Il nous sert de rappel que les progrès culturels – la technologie, les villes, les tours et ainsi de suite – trouvent souvent leur origine dans l'orgueil et l'arrogance. Tout progrès qui néglige le Dieu véritable et sa volonté, peut en définitive s'avérer dégradant, voire dévastateur pour l'humanité. Ce type d'activité engendre aussi des divisions ; l'affirmation quant à Péleg en *Genèse 10.25 «de son temps la terre fut partagée»* nous prépare de la même manière pour ce qui va suivre dans *Genèse 11.1-9*.

DIEU VEUT QUE TOUTES LES NATIONS HABITENT TOUTE LA TERRE, selon *Genèse 10.5, 20, 31-32.*

Devant l'Aréopage, Paul a affirmé aux hommes d'Athènes en *Actes 17.26,* que *«Dieu a fait que tous les hommes, sortis d'un seul sang, habitassent sur toute la surface de la terre, ayant déterminé la durée des temps et les bornes de leur demeure».* Ses propos rappellent *Genèse 10.32* : *« Telles sont les familles des fils de Noé, selon leurs générations, selon leurs nations. Et c'est d'elles que sont sorties les nations qui se sont répandues sur la terre après le Déluge».*

De même que tous les peuples ont un ancêtre commun, tous ont des besoins communs. Parlant de cette unicité, Paul ne pensait pas aux besoins physiques de base en termes d'alimentation, de vêtement et d'hébergement. Ce qui le préoccupe le plus est le fait que tous ont besoin de chercher Dieu pour le trouver si possible, même en tâtonnant. Or, *«il a voulu qu'ils cherchent le Seigneur, et qu'ils s'efforcent de le trouver en tâtonnant, bien qu'il ne soit pas loin de chacun de nous, »* selon *Actes 17.27*.

TOUTES LES NATIONS ONT BESOIN DE L'ÉVANGILE.

Christ a envoyé ses disciples en disant ainsi en *Matthieu 28.18-20* : *« Tout pouvoir m'a été donné dans le ciel et sur la terre. Allez, faites de toutes les nations des disciples, les baptisant au nom du Père, du Fils et du Saint Esprit, et enseignez-leur à observer tout ce que je vous ai prescrit. Et voici, je suis avec vous tous les jours, jusqu'à la fin du monde».* Nous avons tous besoin d'avoir l'occasion d'entendre l'Évangile et de développer la foi en Christ, de confesser cette foi, de nous repentir et d'être baptisés en Christ pour le pardon de nos péchés[255]. Pourquoi ? Pour la simple raison qu'un jour *«toutes*

---

[255] *Actes 2.38 ; Romains 10.8-14*

les nations seront rassemblées» devant Dieu pour le jugement[256].

TOUTES LES NATIONS ONT BESOIN DE CHRIST.

Tous ont péché, ainsi, dans toutes les nations, tous ont besoin d'être sauvés du salaire du péché, selon *Romains 3.23 ; 6.23.* Dieu *«veut que tous les hommes soient sauvés et parviennent à la connaissance de la vérité»,* d'après *1 Timothée 2.4,* et ceci n'est possible qu'en Christ. Il a lui-même affirmé en *Jean 14.6 «Moi, je suis le chemin, la vérité et la vie. Nul ne vient au Père que par moi».* Le livre des Actes des apôtres le répète en ces termes dans *Actes 4.12*: *«le salut ne se trouve en aucun autre, car il n'y a sous le ciel aucun autre nom donné parmi les hommes, par lequel nous devions être sauvés».* Jésus est *«la victime expiatoire pour nos péchés, non seulement pour les nôtres, mais aussi pour ceux du monde entier»* selon *1 Jean 2.2.*

---

256 Matthieu 25.32 ; Apocalypse 7.9.

LA DISPERSION DES NATIONS
(Genèse 11)

La première partie de *Genèse 11* porte sur l'histoire de la Tour de Babel. Après le déluge, des hommes pleins d'orgueil ont essayé de bâtir une tour à leur propre gloire, en *Genèse 11.1-4*. Cependant, Dieu a contrecarré leurs plans en semant la confusion dans leurs langues, provoquant ainsi leur dissémination sur la terre, selon *Genèse 11.5-9*. La deuxième partie du chapitre présente la généalogie de Sem jusqu'à Térah et ses trois fils, en *Genèse 11.10-32*. Un de ces fils était Abraham à travers qui Dieu accordera sa grâce au monde.

Construction d'une grande tour *(11.1-4)*

1 Toute la terre avait une seule langue et les mêmes mots. 2 Comme ils étaient partis de l'orient, ils trouvèrent une plaine au pays de Shinear, et ils y habitèrent. 3 Ils se dirent l'un à l'autre: Allons! Faisons des briques, et cuisons-les au feu. Et la brique leur servit de pierre, et le bitume leur servit de ciment. 4 Ils dirent encore: Allons! Bâtissons-nous une ville et une tour dont le sommet touche au ciel, et faisons-nous un nom, afin que nous ne soyons pas dispersés sur la face de toute la terre.

Selon la structure, le style, la langue et les mots employés, l'histoire de la Tour de Babel est un exemple remarquable de récit biblique. Contrairement à l'histoire de Noé et du déluge, aucun texte du Proche-Orient n'a été découvert qui rappelle fortement ce récit de la Tour de Babel. L'explication la plus proche est que les êtres humains ont fabriqué les briques et bâti la Tour dans une vaine tentative de se glorifier et de maintenir leur unité pour échapper à la dispersion sur toute la terre (v4). La Tour était clairement le moyen humain de combler le fossé entre Dieu et les hommes afin de s'exalter et peut-être de faire leur salut. Par ailleurs, il apparaît clairement en Genèse 11 que la diversité des langues est venue à la manière d'un jugement du seul vrai Dieu, et non suite à une rivalité entre les dieux. La confusion des langues était le résultat de l'arrogance et de la fierté des hommes, qui refusaient de se disséminer et de remplir la terre conformément à la mission divine donnée, après le Déluge, en *Genèse 9.1, 7.* C'était peut-être aussi une mesure salutaire de la part de Dieu pour empêcher le développement d'une « pensée unique », source de tyrannie concentrationnaire.

Selon le professeur d'Ancien Testament, Matthieu RICHELLE [257] *« L'histoire de la tour de Babel, nom hébreu de la ville de Babylone, fait partie du patrimoine littéraire de l'humanité. Plusieurs représentations associées à ce récit sont inexactes ou douteuses : ainsi, l'édifice n'était ni à base circulaire, ni resté inachevé, comme dans plusieurs peintures ».*

Verset 1. Le chapitre commence par la déclaration selon laquelle la même langue et **« les mêmes mots »** étaient utilisés dans le monde entier. Cependant, *Genèse 10* nous laisse entendre à trois reprises que l'humanité parlait plusieurs langues en *Genèse 10.5, 20, 31.* Le récit de la Tour de Babel, se situant intentionnellement au centre de deux généalogies, veut porter les regards sur la cause principale de la dispersion des peuples et des langues mentionnés dans ces généalogies. Une fois encore l'ordre chronologique des faits importe peu dans la mentalité orientale.

---

257 Comprendre Genèse 1-11 aujourd'hui, éditions Excelsis - Edifac pages 247.

La répétition insistante *« même langue »*, *« mêmes mots »* («uniques lèvres, paroles uniques») suggère une « pensée unique » qui s'imposait à tous. En soi, cette unité pouvait être bénéfique, Jésus n'a-t-il pas prié, en *Jean 17.21,* pour *« que tous soient uns comme toi, Père tu es en moi et moi en toi, qu'eux aussi soient un en nous »* ? Mais en *Genèse 11.3-4,* les versets 3 et 4 révèlent aussitôt l'objectif de cette pensée unique : se faire un nom en bâtissant une ville et une tour qui touche au ciel. C'était un défi à la volonté de Dieu de remplir la terre.

Verset 2. Après le déluge, comme les descendants de Noé se multipliaient, ils ont séjourné *«à l'orient»*. D'autres traducteurs ont traduit par *« après avoir quitté l'Est » (S21).* Le terme *«Est»* en hébreu *miqqedem* a été traduit de plusieurs façons également : *«vers l'Est»* (PDV) : *«de l'Est»* (BFC, NBS). La PDV illustre le problème de la connaissance du sens précis du terme dans ce passage : elle rend le texte par *«vers l'Est»*, mais propose *«de l'Est»* et *«dans l'Est»* comme les alternatives dans une note de bas de page. Les expressions *«vers l'Est»* ou *«en direction de l'Est»* correspondent mieux à l'usage de ce même terme hébreu en *Genèse 13.11*, lorsque

Loth a décidé de quitter la colline principale de Canaan et de *«séjourner à l'Est»* (BFC, PDV) ou « s'avança vers l'orient » (Segond) près de Sodome.

De même, il s'agit plus d'une description parce que **« le pays de Shinéar »** est l'autre nom de la Babylonie (ou Babylone)[258]. La Septante interprète *«Shinéar»* par *«Babylone»* dans *Ésaïe 11.11* et par la *«terre de Babylone»* dans *Zacharie 5.11*. Cette région se situe au sud des montagnes d'Ararat, où l'arche s'est déposée. La famille de Noé est descendue de cette région en direction de la vallée de la grande Mésopotamie. Il est évident que les membres de ce groupe se sont déplacés vers l'Est (Sud-Est) en direction de la contrée de Babylone et se sont établis dans cette plaine. De l'avis de l'auteur, qui a écrit ce texte dans le pays de Canaan ou à proximité, la région entière de Shinéar occupée par la famille de Noé s'étendait vers l'est.

Verset 3. Ce verset rapporte une discussion entre des personnes qui planifiaient leur projet de construction. Dans un pays où les pierres étaient rares, ils ont été encouragés à s'unir et à faire **« des briques »** et à les brûler [ou les «mettre au feu»]

---

258 Genèse 10.10 ; 11.2, 9 ; Esaïe 11.11 ; Daniel 1.2 ; Zacharie 5.11.

dans des fours pour les durcir. Ils utilisaient du goudron [ou «bitume»] pour le mortier parce qu'il était facile d'accès dans la vallée Tigre-Euphrate. Selon le texte, ils ont utilisé des *«briques»* solidifiées en lieu et place des pierres. Les briques cuites sont plus durables que les briques ordinaires chauffées au soleil fréquemment utilisées pour construire les maisons et d'autres bâtiments privés dans les vallées alluviales du Proche-Orient antique. Elles sont aussi plus solides pour supporter le poids de plusieurs étages, la tour devant s'élever « jusqu'au ciel ».

Verset 4. Une fois de plus, le peuple s'exhorte mutuellement à prendre part au projet et à construire **« une ville, et une tour dont le sommet touche au ciel »**. Le projet de construction a été décrit par certains commentateurs comme étant celui d'une tour large, fortifiée, destinée à protéger le peuple des armées d'invasion, à cause du terme hébreu employé pour *«tour», migdal,* utilisé plus tard dans le même sens[259].

À notre connaissance, tous les descendants de Noé étaient impliqués dans ce projet. Étant donné que personne d'autre n'a vécu après le déluge, la

---

[259] *Juges 8.9, 17 ; 9.46-52 ; Psaumes 48.12 ; 61.3 ; Ézéchiel 26.4, 9*

famille étendue de Noé n'essayait certainement pas de construire une tour défensive, mais un monument imposant l'admiration de tous et dont la renommée ferait la gloire des bâtisseurs. Le projet qui devait atteindre le ciel, ressemble fort à l'ambition du roi de Babylone, préfiguration de Satan : « *Je monterai au ciel, j'élèverai mon trône au-dessus des étoiles de Dieu, ...je monterai sur le sommet des nues, je serai semblable au Très-Haut* » ! Selon *Esaïe 14.13-14*.

On a suggéré que la Tour de Babel était comparable à une ziggourat babylonienne, une sorte de structure pyramidale. Il s'agissait peut-être d'une tombe à l'instar de ce que sont devenues toutes les pyramides de l'Égypte ancienne. Il est clair qu'il s'agissait d'un temple. Les personnes dans l'ancienne Mésopotamie considéraient la ziggourat comme le lieu où se rejoignaient les cieux et la terre. Le jour du Nouvel an, la croyance voulait que le fait de monter les marches vers le temple situé au sommet et de serrer la main du dieu en chef, le roi de la cité-état, était une garantie de paix, de prospérité et de bénédictions pour son royaume au cours de l'année à venir.

Des récits anciens confirment que la ziggourat à Babylone était en effet une gigantesque structure.

Selon Hérodote[260], historien du cinquième siècle av. J.-C., la tour avait huit étages. Sa hauteur a été estimée à deux cents ou trois cents pieds. De telles estimations peuvent nous laisser croire qu'elles sont exagérées. Mais, même si ces temples atteignaient une telle hauteur, la Tour de Babel originale n'était pas comparable et représentait sans doute un prototype beaucoup moins grand. En réalité, le récit biblique ne portait pas sur la taille. L'objectif de la structure importait plus pour l'auteur du texte. En cherchant à manipuler Dieu, ils entendaient se faire un nom, afin de ne pas s'éparpiller sur la surface de la terre.

Une fois de plus, l'orgueil était la raison pour laquelle le peuple voulait se faire ***«un nom»*** (ou une réputation) en réalisant ce glorieux projet de construction, comme dans *Genèse 6.4*, où l'on trouve l'expression : *«ces héros qui furent fameux dans l'antiquité».* C'était ignorer « *Dieu de qui toute famille dans les cieux et sur la terre tire son nom* » d'*Éphésiens 3.15.* Il est clair qu'ils croyaient qu'ils pouvaient combler le vide entre les cieux et la terre et garantir ainsi par leurs œuvres, leur propre salut

---

260 Hérodote Histoires 1.181

et leurs bénédictions. Ils ne cherchaient pas à apaiser Dieu, ils voulaient prendre sa place !

Les semences de la désunion étaient déjà présentes dans cette ancienne communauté. Ils devaient certainement se dire qu'en réalisant cette prouesse, ils seraient unis en tant que peuple. Alors qu'il est évident que Dieu désire toujours la véritable unité au sein de son peuple, ce n'était pas sa volonté que les descendants de Noé demeurent ensemble et coopèrent dans un tel projet concentrationnaire et orgueilleux. En qualité de souverain suprême des cieux et de la terre, il savait que le cœur des hommes est enclin au mal, selon *Genèse 6.5*. Ces personnes se rebellaient contre lui, étant donné qu'en s'installant tous dans une ville, ils s'opposaient à la dernière partie du commandement divin donné en *Genèse 9.1* après le déluge, à savoir *«multipliez-vous et remplissez la terre»*.

Dieu condamne l'orgueil des hommes *(11.5-9)*

5 L'Éternel descendit pour voir la ville et la tour que bâtissaient les fils des hommes. 6 Et l'Éternel dit: Voici, ils forment un seul peuple et ont tous une même langue, et c'est là ce qu'ils ont entrepris; maintenant rien ne les empêcherait de faire tout ce qu'ils auraient projeté. 7 Allons! Descendons, et là confondons leur langage, afin qu'ils n'entendent plus la langue, les uns des autres. 8 Et l'Éternel les dispersa loin de là sur la face de toute la terre; et ils cessèrent de bâtir la ville. 9 C'est pourquoi on l'appela du nom de Babel, car c'est là que l'Éternel confondit le langage de toute la terre, et c'est de là que l'Éternel les dispersa sur la face de toute la terre.

Verset 5. Ce verset marque le tournant de l'histoire. La scène passe de la terre aux cieux ; le ton est ironique. Le récit décrit ***« L'Éternel qui descendit afin de voir la ville et la tour que bâtissaient les fils des hommes »***. Il est évident que cette déclaration ne doit pas être prise dans le sens littéral parce que Dieu n'est limité ni par le temps ni par l'espace selon le *Psaumes 139.7-12*. Il voit et sait exactement ce que fait chaque homme et femme[261]. Les Babyloniens avaient l'intention de bâtir une Tour dont le sommet atteindrait les cieux. Mais l'ouvrage était si petit et si insignifiant aux yeux de Dieu que, de façon imagée, il lui a fallu ***«descendre»*** à proximité de la terre afin de le ***«voir»***.

---

261 *Proverbes 15.3 ; Jérémie 23.24 ; Hébreux 4.13.*

Verset 6. Parlant du fond du cœur, l'Éternel dit : **« *Voici, ils forment un seul peuple* »** ! Ils parlent tous un même langage. Il a vu **« *ce qu'ils* »** avaient **« *entrepris* »** de faire. Si Dieu leur permettait d'accomplir cet objectif, rien ne serait plus impossible pour eux. Ceci ne signifie pas que Dieu avait peur de la puissance ou de la connaissance de l'homme. Son souci était plus celui d'un père aimant pour ses enfants, non seulement pour le présent, mais aussi pour le futur. Il savait que s'il leur était permis de continuer sur la voie de l'arrogance, ils pourraient retourner à une sorte de dépravation comme avant le déluge, qui les conduirait à leur autodestruction. Le langage ici est semblable aux paroles du Seigneur dans le jardin d'Éden, lorsqu'il a déclaré en *Genèse 3.22* : « *Maintenant que l'homme est devenu comme l'un de nous pour la connaissance du bien et du mal, évitons qu'il tende la main pour prendre aussi de l'arbre de vie, en manger et vivre éternellement»*. Vivre éternellement en tant que pécheurs dans un monde déchu reviendrait à expérimenter l'enfer sur terre. Dieu, dans sa grâce, a déterminé d'épargner à l'humanité une telle destinée.

Versets 7-8. Les paroles de l'Éternel, **« *Allons! Descendons, et là confondons leur langage* »**, annulent la délibération de l'ensemble de la communauté qui avait dit : *«Allons ! Bâtissons-nous une ville et une tour»* en *Genèse 11.4.* L'ironie du texte est aussi dans la répétition de l'injonction « Allons » et des mouvements contraires qu'elle introduit au *verset 4* : à l'injonction des hommes « Allons, montons jusqu'au ciel », Dieu répond « Allons, descendons » au *verset 7* ! On peut considérer aussi cette descente comme une image préfiguratrice de l'incarnation de Jésus, par laquelle Dieu est descendu vivre parmi les hommes, condamnant ainsi toute tentative des hommes pour monter au ciel par eux-mêmes et acquérir le salut par leurs propres efforts. Ici Dieu descend pour empêcher le totalitarisme de s'installer et en libérer ceux qui veulent le suivre.

Une fois de plus, la déclaration de Dieu correspond à ses observations dans le jardin d'Éden : *«Maintenant que l'homme est devenu comme l'un de nous»* dans *Genèse 3.22.* Pour contrecarrer cette ambition arrogante, Dieu a renvoyé Adam et Ève du jardin. Ici, en confondant leur langue, l'Éternel les a empêchés de se comprendre. Par conséquent, ils ont abandonné le projet, cessé de construire la ville, et ont été dispersés *« loin de là sur la face de toute la terre »,* accordant ainsi à son peuple la liberté de le servir, de l'adorer, et de faire connaître Son nom. On peut considérer la cessation des travaux et la dispersion des peuples comme une bénédiction divine pour que soit faite sa volonté d'expansion sur la terre et que son plan de salut pour les hommes se poursuive.

Verset 9. L'auteur a apporté une conclusion théologique à l'histoire en utilisant un jeu de mots qui était en fait une sorte d'ironie. En effet, le terme Babel signifiait «la porte de Dieu» pour les Babyloniens. Cependant, l'écrivain biblique a employé une étymologie populaire et a établi le lien entre «Babel» et un terme hébreu de prononciation similaire *balal*, qui signifie rendre confus, brouiller. En révélant que les constructeurs de la Tour avaient l'intention d'en faire un portail vers le ciel, l'auteur a indiqué que la Tour, de façon ironique, est devenue un portail de confusion. Le langage de toute l'humanité a été confondu en raison de ce projet païen. Les hommes de l'ancienne Babel (Babylone) n'ont pas réussi à atteindre leur objectif, et l'Éternel les a éparpillés à l'étranger sur toute la terre.

Le Nouveau Testament montrera l'antithèse de la tour de Babel dans le récit de la Pentecôte : les hommes retrouveront leur unité dans l'effusion de l'Esprit qui leur permettra de se comprendre malgré leurs langues différentes, selon *Actes 2*.

L'arbre généalogique de Sem *(11.10-26)*

10Voici la postérité de Sem. Sem, âgé de cent ans, engendra Arpacshad, deux ans après le déluge. 11 Sem vécut, après la naissance d'Arpacshad, cinq cents ans; et il engendra des fils et des filles. 12 Arpacshad, âgé de trente-cinq ans, engendra Schélah. 13 Arpachad vécut, après la naissance de Schélah, quatre cent trois ans; et il engendra des fils et des filles. 14 Schélah, âgé de trente ans, engendra Héber. 15 Schélah vécut, après la naissance d'Héber, quatre cent trois ans; et il engendra des fils et des filles. 16 Héber, âgé de trente-quatre ans, engendra Péleg. 17 Héber vécut, après la naissance de Péleg, quatre cent trente ans; et il engendra des fils et des filles. 18 Péleg, âgé de trente ans, engendra Rehu. 19 Péleg vécut, après la naissance de Rehu, deux cent neuf ans; et il engendra des fils et des filles. 20 Rehu, âgé de trente-deux ans, engendra Serug. 21 Rehu vécut, après la naissance de Serug, deux cent sept ans; et il engendra des fils et des filles. 22 Serug, âgé de trente ans, engendra Nahor. 23 Serug vécut, après la naissance de Nahor, deux cents ans; et il engendra des fils et des filles. 24 Nahor, âgé de vingt-neuf ans, engendra Térah. 25 Nahor vécut, après la naissance de Térah, cent dix-neuf ans; et il engendra des fils et des filles. 26 Térah, âgé de soixante-dix ans, engendra Abram, Nahor et Haran.

L'histoire de la Tour de Babel n'est pas la conclusion de la première partie de la Genèse. Si c'était le cas, la première partie se serait terminée sur une note sombre, par une histoire supplémentaire du péché, de l'orgueil et de l'échec de l'homme. Au contraire, comme dans les premiers chapitres du livre, la grâce de Dieu est présente en son jugement. À la suite de la dispersion des descendants de Noé et de la confusion de leurs langues, une autre généalogie de Sem est donnée, dans laquelle figure l'espoir. Dans la liste de *Genèse 10* figurent deux fils d'Héber à savoir Péleg et Joqtân. Toutefois, seule la descendance du premier est citée dans *Genèse 10.25-31.* Le récit généalogique de *Genèse 11* déclare par contre qu'Héber avait un certain nombre de fils et de filles, en *Genèse 11.17,* mais ne mentionne que Péleg et ses descendants jusqu'à Abraham en *Genèse 1.16-26.* Ceci rassure le lecteur sur le fait que le plan de Dieu pour bénir l'humanité ne sera point affecté par quoi que ce soit. Abraham devait être le moyen à travers lequel les bénédictions iraient à *«toutes les familles de la terre»* selon *Genèse 12.3.*

La généalogie de Sem, y compris la lignée de Térah dans le passage *de Genèse 11.10-32,* complète celle de Seth en *Genèse 5.3-32*, retraçant la famille élue par laquelle Dieu mettra en œuvre son plan de rédemption de l'humanité. Le récit fait dans *Genèse 11* est plus réduit, se limitant uniquement à un descendant-clé pour chaque génération jusqu'à Térah. Les noms de trois fils de Térah sont ensuite cités. Ce sont : Abram (plus tard, Abraham), Nahor et Harân. Abraham, le premier de la liste, est devenu le personnage le plus marquant de la famille.

Tout comme dans les chapitres *5 à 10*, les nombres «10» et «7» sont significatifs dans *Genèse 11*. Par exemple, dans *Genèse 5*, la liste qui débute par Adam contient dix noms et s'arrête à Noé et à ses trois fils : Sem, Cham et Japhet en *Genèse 5.32*. Étant donné que Noé est le pont entre l'ère antédiluvienne et postdiluvienne, il serait donc logique de commencer par lui dans *Genèse 11* et de compter les générations de Sem jusqu'à Térah. La liste contient dix générations, se terminant par trois fils de Térah : *«Abram, Nahor et Harân»* en *11.26*. Toutefois *Genèse 11* ne contient pas le nom de Noé. Par contre, Matthieu a utilisé cette méthode à deux reprises lorsqu'il a évoqué le nom de Yékonia, Joachin : à la fin d'une époque et au début de la suivante dans *Matthieu 1.11-12*. Si Noé n'est pas compté à l'ère postdiluvienne, alors Abraham est de la dixième génération à partir de Seth et de la vingtième (10x2) à partir d'Adam. En *Luc 3.34-38*, Abraham est répertorié comme la vingt-et-unième génération depuis Adam. Il est également de la septième génération à partir d'Héber, père des Hébreux, et Héber lui-même est le quatorzième (7x2) à partir d'Adam. Il s'en suit que les lignées généalogiques n'ont pas toujours été comptabilisées de la même façon. Elles étaient souvent sélectives, avec des interruptions, car les noms les moins importants ont été omis. Ce sont peut-être aussi des procédés mnémotechniques ?

Étant donné que le nombre «7» symbolise l'achèvement et la perfection, le fait qu'Abraham était le septième à partir d'Héber coïncide avec le fait qu'il a reçu un *«nom grand»* dans *Genèse 12.2*. En tant que don parfait de Dieu, un tel *«nom»* ou une telle réputation, démontre la perfection du plan de grâce de Dieu de sorte que *«toutes les familles de la terre seront bénies en toi»* selon *Genèse 12.3*. Il était appelé à être le père spirituel de tous les croyants selon *Romains 4.11.* Tout ceci se produira afin de glorifier Dieu.

Versets 10-11. La lignée des descendants de Noé qui porteront la promesse faite à la femme dans le passage de *Genèse 3.15* est à présent liée à une personne, Sem, que nous avons rencontrée quatre fois auparavant dans la Genèse. Cette fois, elle énumère les générations, en hébreu *toledoth,* **« *de Sem* »** qui ont conduit à Abraham à la fin du chapitre.

Selon le texte, Sem **« *était âgé de cent ans* »**, et est devenu le père d'**«*Arpacshad deux ans après le déluge* »**. On peut tirer de l'ensemble des âges de conception des fils, que les pères sont très jeunes (la trentaine) par rapport à leur longévité qui malgré tout régresse au fur et à mesure qu'on sort de la première période de l'histoire de l'humanité et qu'on s'approche de la période patriarcale avec la naissance d'Abraham.

Par la suite, le texte déclare que **« *Sem vécut, après la naissance d'Arpacshad, cinq cents ans ; et il engendra des fils et des filles* ».** Dans *Genèse 10.22*, il est dit qu'Arpacshad est le troisième des quatre fils de Sem, de sorte que la priorité dans la lignée dépend du choix de Dieu, et non de l'ordre de naissance. De même, en engendrant des enfants à 100 ans et en mourant à 600 ans, Sem est une figure de transition entre les générations d'avant et d'après le déluge. Par exemple dans *Genèse 5.3-32*, l'âge moyen[262] de ceux qui ont engendré des enfants était de 105 ans, et leur âge moyen à la mort était de 907 ans [263]. Dans *Genèse 11.12-20*, les âges moyens correspondants pour ceux qui sont nés après le déluge étaient de 43 ans lorsqu'ils ont eu des enfants, et de 332 ans à leur mort. On peut constater que la longévité des hommes diminue dramatiquement au fur et à mesure que l'humanité s'éloigne de la Création et de la présence de Dieu. C'est d'autant plus net après le déluge qui marquait la conséquence de la séparation de l'homme d'avec Dieu.

---

[262] *L'âge moyen se calcule en additionnant les âges de chaque individu, et en divisant la somme obtenue par le nombre d'individus*

[263] *Sans compter Hénoc enlevé directement par Dieu à 365 ans. Genèse 5.21,24*

Versets 12-19 : En commençant par Péleg, la durée de vie des membres de la lignée de Sem s'est réduite de façon plus drastique encore. Péleg a vécu environ l'équivalent de la moitié de la vie de son père Héber. Il marque également la division entre la descendance élue d'Héber et celle non élue. La division de ces deux lignées n'a pas garanti le salut ou la condamnation de leurs descendants individuels, mais elle permet d'identifier la lignée d'où Dieu tirera Abraham, Israël et enfin, Jésus-Christ sur terre.

Versets 20-21. Le fils de Péleg **« Rehu »** est mentionné uniquement dans ce contexte dans l'Ancien Testament, mais certains relient son nom à *«Réuel»*. Un des fils d'Ésaü portait ce nom en *Genèse 36.4, 10, 13*, ainsi que Réuel ou Jéthro, le beau-père de Moïse en *Exode 2.18*. Le nom peut signifier «ami de Dieu». Rehu était âgé de 32 ans lorsqu'il eut **« Serug »**. Il vécut 207 années de plus. Comme son père Péleg, il avait 239 ans lorsqu'il mourut.

Versets 22-23. Le nom **« Serug »** peut permettre d'identifier cet individu comme étant «un descendant» ou d'une «branche plus jeune» que Péleg. Ce nom peut être relié au nom hébreu *śarig*, qui signifie «sarment» ou «branche». Le nom «Serug» est associé au site néo-assyrien de Sarugi, situé à environ 56 km à l'ouest de l'ancien Harân au nord-ouest de la Mésopotamie. À l'âge de 30 ans, Serug eut « *Nahor* ». Il vécut 200 ans supplémentaires. Serug est mort à 230 ans.

Versets 24-25. « *Nahor* » était âgé de 29 ans lorsqu'il eut « *Térah* ». Il vécut 119 ans de plus avant de mourir ; soit à l'âge de 148 ans.

Verset 26. « *Térah* » est la dernière personne mentionnée dans cette section. Il avait 70 ans lorsqu'il a eu son premier fils. Térach est devenu le père d' « *Abram* », de « *Nahor* » et d' « *Haran* » et par conséquent, l'ancêtre de toutes les personnes qui sont nées de ces trois hommes. Il a vécu 135 ans de plus et est mort à 205 ans selon *Genèse 11.32*. Le nom «Nahor» était à la fois celui du grand-père d'Abraham en *Genèse 11.24* et celui d'un de ses frères en *Genèse 11.26*. Ce dernier a joué un rôle important dans l'histoire des patriarches de *Genèse 22.20-24 ; 31.53*. «La ville de Nahor» est mentionnée dans le passage de *Genèse 24.10*. Certains ont relié le nom à la cité de Nahur, qui était située à proximité d'Haran, selon plusieurs textes de l'ancienne Mésopotamie. Il est probable que l'expression «la ville de Nahor» ne désigne pas une ville portant ce nom, mais la ville où Nahor a vécu, c'est-à-dire Haran[264].

La famille de Térah *(11.27-32)*

La prochaine section est d'une importance particulière parce qu'elle sert de transition entre l'ère primitive des chapitres de *Genèse 1 à 11* et l'ère patriarcale du peuple élu de Dieu des chapitres de *Genèse 12 à 50*. Abram ou Abraham y est présenté. Il s'agit d'une personne qui revêt une importance si capitale dans l'histoire biblique que Dieu s'est lui-même nommé *«le Dieu d'Abraham»* et de ses descendants dans *Exode 3.6, 15*. Les chrétiens étaient appelés *«fils d'Abraham»* par Paul dans *Galates 3.7*.

27 Voici la postérité de Térah. Térah engendra Abram, Nahor et Haran. -Haran engendra Lot. 28 Et Haran mourut en présence de Térah, son père, au pays de sa naissance, à Ur en Chaldée. 29 Abram et Nahor prirent des femmes: le nom de la femme d'Abram était Saraï, et le nom de la femme de Nahor était Milca, fille d'Haran, père de Milca et

---

264 Genèse 11.31 ; 27.43 ; 28.10 ; 29.4.

père de Jisca. 30 Saraï était stérile: elle n'avait point d'enfants.

Versets 27-28. La descendance de Térah est énumérée en six brefs versets, en *Genèse 11.27-32*. Térah n'est pas mentionné une fois de plus dans Genèse, car il est probable qu'il ne partageait pas la foi d'Abraham. **« Abram »**, Nahor et Haran » sont énumérés comme les fils de Térah, mais les noms ne peuvent pas être mentionnés dans l'ordre de naissance. Peut-être que la position d'Abraham dans la liste ne se justifie pas par le fait qu'il était l'aîné des fils de Térah, mais en raison du fait que sa lignée devait porter la promesse de *Genèse 12.3*. Avec le temps, il deviendra le père de tous les fidèles qui marchent sur ses pas selon *Romains 4.12, 16*.

« Haran », le frère d'Abraham, était le père de Loth. Il est mort en présence de son père Térah dans son foyer ancestral en **« Ur en Chaldée »**. Les références à la cité d'Ur ici et en *Genèse 11.31*, désignent sans doute la grande cité au sud-est de la Mésopotamie proche du Golfe persique, contrairement à Urfa au nord de la Mésopotamie ou Ura en Arménie. Ur était un important centre religieux et politique au cours du troisième millénaire av. J.-C. L'un de ses grands rois, du nom d'Ur-Nammu, était connu pour sa loi et la construction d'une grande ziggourat aux alentours de 2100 av. J.-C., dont les ruines sont encore visibles à ce jour.

L'identification d'Ur avec l'expression «des Chaldéens» semblait distinguer la ville des autres lieux ayant des noms similaires. La preuve disponible suggère que les Chaldéens (Kaldu en assyrien) se sont d'abord installés dans la région de l'ancienne Babylonie vers l'an 1000 av. J.-C., environ mille ans après le départ d'Abraham. Si tel est le cas, l'expression *«Ur des Chaldéens»* n'aurait pas été utilisée à l'époque d'Abraham ou lorsque Moïse a rédigé la Genèse. Pour cette raison, l'expression «des Chaldéens» semble avoir été ajoutée ultérieurement par un éditeur sous l'influence du Saint-Esprit.

Versets 29-30. **«** ***Abram et Nahor*** **»** se sont tous deux mariés quand ils étaient encore à Ur. L'épouse **«** ***d'Abram* »**, nommée Saraï, se révélera être sa demi-sœur plus tard, en *Genèse 20.2, 5, 12*. Elle **«** ***était stérile* »**. Le nom de l'épouse de **«** ***Nahor était Milca* »**. Elle était la fille d' **«** ***Haran* »**. Par conséquent, Nahor s'est marié à sa nièce.

Le fait d'épouser sa demi-sœur a été par la suite interdit dans la Loi de Moïse[265] mais il n'était pas interdit pour un oncle de se marier à sa nièce, même si un mariage entre un neveu et sa tante était banni[266]. Aucune **raison n'est donnée pour justifier que ces deux types de relations reçoivent** un traitement différent, mais certains ont présumé que la première relation pouvait être plus acceptable parce que l'homme à l'origine de l'initiative était d'une génération antérieure, et qu'il y avait moins de risque de stérilité de l'épouse liée à l'âge.

Le nom d'origine de la femme d'Abraham est «*Saraï*». Mais il a été plus tard changé par Dieu en «*Sarah*». Les deux formes du nom viennent probablement de l'hébreu *sarah*, qui signifie «princesse», alors que «*Milca*» est dérivé de l'hébreu *malkah* : «reine». En Akkadien, langue de la Mésopotamie : «Šarratu était l'épouse du dieu lune Sin, et Malkātu était sa fille»[267]. Les noms «Saraï» (Sarah) et «Milca» pourraient provenir de cette mythologie païenne, corroborant ainsi les déclarations de Josué selon lesquelles Térah,

---

265 Lévitique 18.9 ; 20.17 ; Deutéronome 27.22
266 Lévitique 18.14 ; 20.20.
267 Wenham selon www.biblecourses.com, Commentaire de la Genèse de Bill Grasham

Abraham et Nahor *«rendaient un culte à d'autres dieux»* lorsqu'ils *«habitaient depuis toujours de l'autre côté du fleuve [Euphrate]»* d'après *Josué 24.2*. Ur et Haran, premiers foyers de la famille patriarcale, étaient les centres d'adoration du dieu lune Sin. C'est ce qui explique pourquoi Dieu a demandé à Abraham de briser ses liens culturels, religieux et familiaux, afin d'aller à Canaan et prendre un nouveau départ. Selon la tradition juive, Térah était un fabricant et un marchand d'idoles, et Abram brisa les idoles de son père.

La migration de la famille de Térah *(11.31-32)*

31 Térah prit Abram, son fils, et Lot, fils d'Haran, fils de son fils, et Saraï, sa belle-fille, femme d'Abram, son fils. Ils sortirent ensemble d'Ur en Chaldée, pour aller au pays de Canaan. Ils vinrent jusqu'à Haran, et ils y habitèrent. 32 Les jours de Térah furent de deux cent cinq ans; et Térah mourut à Haran.

Verset 31. Quoique ce verset n'affirme pas réellement que Dieu a appelé Abraham à quitter *« Ur en Chaldée »* et à se rendre au pays de Canaan, les passages de *Genèse 15.7, Néhémie 9.7 et Actes 7.2-4,* l'affirment. À ce point, l'auteur semble soutenir que ses lecteurs savent que Dieu a lancé un appel ; sinon, rien n'expliquerait que la famille ait à quitter sa maison à Ur pour un aussi long et rude voyage pour une terre inconnue. Selon *Genèse 11.31*, au lieu de permettre à Abraham de quitter sa famille comme Dieu l'en a instruit, « ***Térah*** » a exercé son autorité parentale et a pris « ***Abram* »**, « ***Lot* »** et « ***Saraï*** » avec lui afin d'entrer en Canaan. Pour quelque raison que ce soit, la famille ne voulait pas immédiatement effectuer le voyage. Le texte affirme qu'ils ne sont pas allés plus loin qu'Haran et s'y sont installés. «Haran» était situé sur un affluent du fleuve Euphrate au nord-ouest de la Mésopotamie. Ce lieu était à mi-chemin entre Ur et Canaan.

Verset 32. La famille a vécu à Haran pendant plusieurs années, jusqu'à la mort de Térah à 205 ans. Abraham a ensuite obéi à l'ordre de l'Éternel d'aller en Canaan, selon *Genèse 12.1-3.*

Les 205 années de la vie de Térah ont été perçues comme présentant un problème chronologique. Certains ont déduit de la déclaration du passage de *Genèse 11.26,* que Térah avait 70 ans lorsqu'Abraham est né. Abraham aurait donc eu 135 ans lorsque son père Térah est mort et qu'il a quitté Haran. Toutefois, le passage de *Genèse 12.4* indique qu'Abraham avait 75 ans lorsqu'il a quitté H̲aran pour Canaan. Si plusieurs solutions ont été proposées pour résoudre cette difficulté, seules deux des plus importantes feront l'objet d'une étude.

La première solution porte sur l'âge de Térah̲ à sa mort au *verset 32*. Alors que le texte massorétique déclare qu'il avait 205 ans, le Pentateuque Samaritain parle de 145 ans. Pour certains chercheurs, ce dernier manuscrit est conforme à la lecture originelle.

Si l'on s'en tient à celle-ci, Abram est né lorsque Térah̲ avait 70 ans et Abraham avait 75 ans lorsque son père est mort à 145 ans. Cet argument résout le problème. Mais il est peu probable que le Pentateuque samaritain ait maintenu la lecture originale. En fait, plusieurs nombres dans ce manuscrit diffèrent du texte massorétique ; ce qui le rend peu fiable quant à l'âge qu'avait Térah̲ à la naissance d'Abram.

La solution la plus probable au problème est qu'Abraham n'était pas le fils aîné de Térah̲. Comme nous l'avons déjà vu avec les fils de Noé, l'ordre des noms dans la généalogie ne reflète pas nécessairement l'ordre de naissance. Au lieu d'être l'aîné, il peut être celui considéré comme prioritaire théologiquement parlant. Par conséquent, le passage de *Genèse 11.26* pourrait simplement signifier que Térah a commencé à avoir des enfants à l'âge de 70 ans. Haran serait probablement mort en premier, selon *Genèse 11.28* et Abraham n'était pas né avant que son père n'ait 130 ans. Térah aurait donc eu 205 ans à sa mort et Abraham, 75 ans lorsqu'il a quitté Haran.

CONCLUSION

Les onze premiers chapitres du livre de la Genèse contiennent en germe le plan de Dieu pour l'homme. Ils donnent le ton à toute la Bible. La Genèse pose les fondements bibliques de toutes les vérités subséquentes : sans ce livre, nous ne pourrions comprendre le reste de l'Écriture. Elle explique pourquoi les êtres humains ont besoin d'un Sauveur.

Ces chapitres commencent avec Dieu, mais se terminent « dans un cercueil » ! Car c'est le récit de l'échec de l'homme, mais nous apprenons aussi que Dieu remédie à tous les échecs de l'homme par sa grâce et son amour. C'est un Sauveur glorieux ! Car *« là où le péché a abondé, la grâce a surabondé »* selon *Romains 5.20.*

L'histoire rapportée dans ce début du livre de la Genèse est celle de la grâce absolument gratuite de Dieu, celle de son amour et de sa faveur envers ses créatures humaines qui en sont indignes à cause de leur péché et de leur rébellion. Bien que *« Par un seul homme le péché soit entré dans le monde, et par le péché la mort et qu'ainsi la mort se soit étendue sur tous les hommes, parce que tous ont péché »* de

Romains 5.12, Dieu leur donne sa promesse de grâce. Il mettra inimitié entre la postérité du serpent (Satan) et celle de la femme (le peuple de Dieu), et il garantit la victoire de cette dernière. Cette postérité ou cette descendance d'Eve donnera un jour naissance à un Sauveur qui écrasera la tête du serpent. De même lors du déluge provoqué par la méchanceté des hommes, l'un d'eux, Noé, trouve grâce à ses yeux. Face à la destruction totale, la grâce prévaut, et une famille est sauvée pour une ère nouvelle, un nouveau commencement.

La Genèse montre que lorsque les êtres humains vivent avec Dieu, ils peuvent vivre en paix et en harmonie avec leurs semblables. Le but final du livre de la Genèse est de nous mettre en contact avec Dieu. Où trouver cette satisfaction profonde que procurent la justification, la paix et la joie et à laquelle aspire tout être humain ? L'apôtre Paul répond en *Romains 14.17* : *« Dans le royaume de Dieu, ce n'est pas le manger et le boire qui importent, mais une vie juste, la paix et la joie que produit le Saint-Esprit ».* Seul Dieu accorde ces biens à sa postérité. C'est ce que montrera la fin du livre de la Genèse.

Salah MOKRANI

Bibliographie sélective d'ouvrages de références

- Une encyclopédie contemporaine de la Bible : *Origine, archéologie, Traductions, découvertes.*/ Divers auteurs (éditions Bayard).
- Nouveau Commentaire Biblique (éditions Emmaüs).
- Différents dictionnaires Bibliques (éditions Emmaüs, Excelsis).
- La BIBLE déchiffrée / (éditions Ligue pour la Lecture de la Bible).
- COMMENTAIRE biblique du chercheur A.T et N.T / (éditions impact).

- BERTHOUD Pierre, En quête des origines Genèse 1-11 / (éditions Kéryma).
- BERGEY Ron, Découvrir Dieu à travers le Pentateuque / (Maison de la Bible).
- BLOCHER Henri, Révélation des origines / (éditions Presse bibliques universitaires).
- MAC DONALD W.et FARSTAD A., Le commentaire du disciple A.T. et N.T./ (éditions la joie).

- EVESON Philip, La Genèse-le livre des origines / (éditions Europresse).
- FEINBERG VAMOSH Miriam, Les nourritures aux temps de la Bible / (éditions ligue pour la lecture de la Bible et Biblio).
- FEINBERG VAMOSH Miriam, Les femmes aux temps de la Bible / (éditions ligue pour la lecture de la Bible et Biblio)
- GALBIATI Henri, Ancien Testament, histoire des hommes que Dieu sauve / (éditions Médiapaul).
- GODET Frédéric (sous la direction de) La Bible annotée (édition Neuchâtel).
- HALLEY Henry, Manuel Biblique de Halley/ (éditions Vida).
- HOFF Paul Le Pentateuque/ (éditions Vida).
- JAEGER Lydia (Sous la direction de), De la Genèse au Génome : *Perspectives bibliques et scientifiques sur l'évolution /* (éditions Excelsis).
- KITCHEN Kenneth A., Trace d'un monde / (Collection théologique Hokhma).
- KUEN Alfred, Le Labyrinthe des origines / (éditions Emmaüs).
- KUEN Alfred (sous la direction de), Encyclopédie des difficultés bibliques A.T. et N.T / (éditions Emmaüs).

- MARCHADOUR Alain Commentaire de la Genèse / (éditions Bayard et Centurion).

- MOORE Phil, Commentaire de la Genèse / (éditions Ligue de la Bible).

- NOUIS Antoine : Le Pentateuque- commentaire intégral verset par verset / (édition Olivétan et Salvator).

- RICHELLE Matthieu Comprendre Genèse 1-11 aujourd'hui / (éditions Excelsis et Edifac).

- ROCK Lois et MOON Steve, Fenêtre ouverte sur la Bible et son époque / (éditions Excelsis).

- SANCHEZ Jean-Pascal, Mes pensées ne sont pas vos pensées : *Evolution et Création* / (éditions Mission Timothée).

- SCHAEFFER Francis A, La Genèse berceau de l'histoire / (Maison de la Bible).

- THOBOIS Jean-Marc, Au commencement / (éditions Emeth).

- TRUSCHEL Théo, La Bible et l'archéologie / (éditions Viens et Vois).

- YOUNG Edward, Au commencement Dieu/ (éditions Kéryma).

- WALTON J.H. et MATTHEWS V.H, Le Pentateuque expliqué / (éditions Multiligues).